大方廣佛華嚴經

八十華嚴講述 3

世主妙嚴品

【下冊】

夢參老和尚主講
方廣編輯部整理

目錄

凡例

本書的科判大綱是以〈華嚴經疏論纂要〉爲參考架構，力求簡要易解，如欲學習詳密的科判，請進一步參考清涼國師〈華嚴疏鈔〉與李通玄〈華嚴經合論〉。

書中的經論文句，以民初鉛字版《大方廣佛華嚴經》（方廣校正版《八十華嚴》）暨〈華嚴經疏論纂要〉爲底本；惟華嚴經論的名相用典，屬唐代古雅風格，與現代習慣用詞大相逕庭，尚祈讀者閱讀之餘，詳加簡擇。

凡書中列舉的傳說典故，係方便善巧，以得魚忘筌爲旨趣；有關文獻考證，僅在必要處以編者按語方式，註明出處。

夢參老和尚主講之〈八十華嚴講述〉正體中文版DVD光盤，業已製作完成，流通日久；惟影像的講經說法與書籍的文字書寫，呈現方式有所差異，爲求義理結構的完整敘述，書中文字略經刪改潤飾，如有誤植錯謬之處，尚祈不吝指正，是爲禱！

方廣文化編輯部　謹誌

世主妙嚴品

【下冊】

◯得法讚佛

◎雜類諸神衆

主藥神十法

復次吉祥主藥神。得普觀一切眾生心而勤攝取解脫門。栴檀林主藥神。得以光明攝取眾生俾見者無空過解脫門。離塵光明主藥神。得能以淨方便滅一切眾生煩惱解脫門。名稱普聞主藥神。得能以大名稱增長無邊善根海解脫門。毛孔現光主藥神。得大悲幢速赴一切病境界解脫門。破暗清淨主藥神。得療治一切盲冥眾生令智眼清淨解脫門。普發吼聲主藥神。得能演佛音說諸法差別義解脫門。蔽日光幢主藥神。得能作一切眾生善知識令見者咸生善根解脫門。明見十方主藥神。得清淨大悲藏能以方便令生信解解脫門。普發威光主藥神。得方便令念佛滅一切眾生病解脫門。

雜類的神衆，這是說主藥神十法。我們有病不是要吃藥嗎？藥都有神管著，這是諸佛菩薩化度衆生的示現。這藥是草藥？還是動物藥？這是指著草藥說的。現在發明的藥、機器生產的藥，有小包裝、有膠囊的，這些都有神管著嗎？

主藥神是指著植物藥說的，現在的藥有很多是動物藥，鹿茸、麝香、熊膽、蛇膽，用動物身上的肢節分來補人。我們說的主藥神不是主這些藥的，這屬於殺生；這裡所說的是指著根、果植物的主藥神，有沒有神管著呢？有的。名貴的藥草，像靈芝，凡是成了能療病的、好的靈芝，都有蛇護持，那蛇就是龍，護藥龍，那也是這些神所化現的。

我們先不說藥物，在人生中什麼都有神，神，其實就是你自己的心，「心生故種種法生，心滅故種種法滅。」好比說這個人神了，就是說的心，神是什麼呢？一切衆生的自然心，自然心就是原來本具的，不是現在這個妄心。神名天心，天心就是自然的心。像我們抓一帖草藥，這也有神管著？不會的，神管不了這麼多。動物用牠的生命來保護我們的生命，當用動物藥的時候，你要多發菩提心，多給衆生迴向，這些神都是發菩提心行菩薩道的，得這樣來理解。

「吉祥主藥神，得普觀一切衆生心而勤攝取解脫門。」攝取就是攝受衆生，順著衆生的感情攝受他，他高興就容易得度，若對衆生說不好聽的話，那你就變成討人嫌。所以知道衆生是不容易調伏的，很難得調伏的。逆他的意，很難調伏；順他的意，他就是行五欲境界。所以菩薩道難行，不是那麼容易的。

我們有些道友學了好多年，連發菩提心的涵義還弄不清楚，那你的心怎麼發？人人都要發菩提心，而且你已經做了，還不知道自己所做的就是發菩提心。

我在這兒附帶說一下，說順情攝，順情跟不順情，不順你討人嫌，順著增長他的五欲，你說你這菩薩怎麼辦呢？順著他？不順著他？順著他是不可以的，逆著他，那得看你分寸掌握得好。出家落髮不是厭離世間嗎？不是發菩提心嗎？不過這是最淺近的發菩提心，自己得度了，看見在那紅塵滾滾裡頭受災難的，你想度他。「想度他」這個念，就是發菩提心。不說你度不度乃至度多少，那是另外一回事，就只說你的發心，還沒有說行道。菩提就是覺悟，你信佛皈依三寶就是覺悟的開始，落髮染衣，那更是進一步的覺悟，你已經發菩提心。

有的還說我不發菩提心，不發心，你乾脆穿在家衣服，還俗去吧！這個心非發不可的。菩提心包括的內容很多，這些大菩薩行菩薩道順著眾生，並不是完全順著他，順著他是爲了要轉變他；逆著他，是他這個情感不對、是背道的，越墮落越深。菩薩度眾生的時候，應該順著他的時候順，不應該順的不順。但是你得知機，要普觀一切眾生。

以後，諸位菩薩度眾生的時候，盡討眾生喜歡的說，這不對吧？硬讓眾生生煩惱的說，這也不對吧？爲什麼要學？現在你學習的階段，就是要學會觀機。若順著他，示現同事攝，順著他用愛語攝。若是逆著他，說這個事不是佛的教導，違背你所受的三皈！他認為做這個事是好事，依佛的教授說這是壞事，阻止他不要去做。說你有病了，有病了要吃藥，若固執有病不吃藥，這怎麼好呢？藥是苦的，有的藥很難吃，為了治病你必須得吃。

吉祥主藥神是順著一切眾生而攝取他，完全攝取隨順眾生，但是有的眾生不願吃藥，拒絕吃藥，拒絕藥，病怎麼好呢？懂得這個涵義，這個主藥神是普觀一切眾生心。這點你必須得修成，不修成怎麼知道眾生心，然後你就按四攝法來攝取他。

「名稱普聞主藥神，得能以大名稱增長無邊善根海解脫門。」「大名稱」，名稱是虛的。名稱，有時候稱實，有時候不稱實，稱實就是有德，名稱是虛的、是賓，實在有德，有時沒德卻有名稱，這就是虛的。「大名稱」，有時候是善，增長善業，因為你盡做好事、盡做利益眾生的事，使你善根增長。初學者當然沒有名，有實就好，這是真正的能夠使眾生得益。哪管你是個沙彌，沙彌也現僧相了，也算見著三寶，見你這個相，他已經得了利益。眾生得了利益就有了善根，不管他的心怎麼想，不管信不信，他就算有緣，結這麼一個善緣，這個涵義很深的。

「毛孔現光主藥神，得大悲幢速赴一切病境界解脫門。」這有很多的涵義，這些主藥神有的還懂中醫，是位醫生。「大悲幢速赴」，害病了，你很快去給他治療，藥本身不能去赴，還得醫生給他開方才有藥。這個涵義就是藥神不但管藥，而且還懂得醫，那是大菩薩寄位的。毛孔現光主藥神，得大悲幢速赴一切病境界。這個大慈大悲，前頭哪一眾神裡頭都有的，離不開「慈悲喜捨」，這叫四無量心，慈無量、悲無量、喜無量、捨無量。

每個行菩薩道的，不管他是信位的菩薩、住位的菩薩、三賢位的菩薩、十地的菩薩，都如是做。赴一切病，指使這個藥，吃了這個藥病就好了，藥到病除。是這樣嗎？我們在事實當中，是不是吃了藥病就好了呢？我進來講課時剛吃了藥，並沒有好，有時候還是咳三兩聲。這怎麼理解呢？每個主藥神，這麼多的主藥神，這麼多的藥，眞正是這樣管著的嗎？把藥管得藥到病除嗎？

這是說菩薩行菩薩道的時候，在自份當中得到解脫，但是眾生並沒有解脫，他是以這個方法來教育眾生，令眾生種善根的意思。什麼善根呢？大悲幢，種大悲幢的善根。在〈疏鈔〉裡解釋的是慈悲，大悲幢說是慈，慈悲兩個互用，前頭講的有時慈是慈，悲是悲。慈時行布施，一切聲聞、緣覺、菩薩、諸佛如來所有的善根，都是因爲發了大慈心，大慈心是根本，修行慈心能生出無量的善根。我們把藥物布施給眾生，用藥來布施供養，發願讓一切眾生的病都好，病好了就快樂了。

慈是看到眾生的痛苦，要給他們快樂，這只是約菩薩發心方便說的。慈是眞實的，不是虛妄的，若有人問：「什麼法是一切諸善的根本？」就應該說大慈是一切善根的根本。你要如是的思惟，怎麼樣思惟呢？思惟慈是如來，慈是大乘，大乘即是慈，菩提道即是如來，如來即是慈。

我們約身約心來說慈，身能利物是以慈，心能利物是以法，給他說道理，說覺悟的道理，這個道理就講的很多，每一部經都如是講的。我們上面講了一百多位神，哪位神沒有慈？都如是，這是通的。

日常生活當中，怎麼樣具足我們的慈心呢？如果你的慈心修好了，煩惱就輕了、沒有了。別人要是傷害到你，你反過來以慈心來觀念，哎呀！他的業障很重，盡惱害別人。不但不生他的氣，不生他的煩惱，而是給他迴向、消他的業障，這就是大慈悲，還不是小慈悲。如果到佛堂裡拜，你又怎麼想的？佛是大慈的，我一定也具足佛的大慈。

智首菩薩問文殊師利菩薩的時候，文殊菩薩就告訴他，教導一切眾生，「善用其心」，把你的心轉變成全都是慈心，對誰都是慈心。逆境來了，心裡頭不但接受，而且以慈悲對待他。爲什麼他業障這麼重？盡傷害別人，不但不惱害他，還可憐他，那你這慈悲就進了一大步了；順境來了，你對於順境不貪戀、不執著，你說這是諸佛的大慈加持我。就看你怎麼樣想，在這個道理上，一個是迷一個是悟，很容易顯現你的慈悲。

慈善根力可以治兩種病，一個是心病，一個是身病。身病好治，心病難醫。好多的道友們，心病比身病重得多。主藥神大多數是治眾生心病的，身病藥很多，心病藥很少。剛才我們講的慈悲，慈悲是對著什麼說的？不慈悲。瞋恨心重的、貪心重的、煩惱心重的，他沒有慈悲的觀念。

我們學佛者要破一切衆生的黑暗，這有兩種愚癡，一個迷理一個迷報，迷理是心迷了；迷報是對他現實所受的報，但是自己並不清楚，爲什麼我變成這樣一個人？這是自己過去做的，現在是受報了。儘管我們發心、出家，應該說善根很重吧？但是我們這個報身的業障也很重的，經常害病。

我在美國，有間道場的出家二衆，比丘尼、比丘衆，一百個人檢查，九十八個人有胃病。爲什麼？思想不解脫，給身體帶來病。那個道場規定夜不倒單，沒有床舖給你睡。日中一食，行佛制修行，即生成佛！但是思想先有個負擔，哎呀！這早晚太餓了，一天只准中午吃一頓；因此每人都準備兩個大鉢，每頓吃兩個鉢的飯菜，結果把胃都撐大了。如果到那兒去看，你會嚇一跳的。請三寶弟子的醫生一檢查，十個有八個、九個都害病，一兩個能克制的，那算不錯。病由心生，他的思想沒有解決問題。

夜不倒單就不能好好睡覺了，我在那裡也是一天上一課，上課時他們都在睡覺，上課時坐著睡覺還可以。我跟他們上殿，他們上殿都在睡覺，這個本事很大的，養成習慣了。我曾抽問了兩個人：「剛才念的這個，你念了沒有？」「我沒念。」「念什麼了？」「不知道。」

我說：「你幹什麼了？你不是在這裡頭嗎？」他說：「我睡著了。」他在繞佛的時候也能睡覺，這叫慣習。我說這個是什麼意思呢？迷理、迷事，事就是報，我們這個業報身。這兩種愚癡讓我們跟瞎子一樣的盲冥，因爲過去起惑造業有這個報身了；但是我們現在要翻染成淨，翻染成淨就是出家修行、修道，恢復我們本來的清淨面目。這該什麼藥來治呢？世間藥不行，得用法藥，心病還得心來醫，身病可以用世間藥物，心呢？要用法來醫。

「明見十方主藥神，得清淨大悲藏，能以方便令生信解解脫門。」這是無愛見的大悲，其他的主藥神我們就不作解釋了。無愛見的大悲就是智慧的大悲，般若的大悲，清淨大悲藏裡含藏的都是大悲，這個大悲是什麼呢？令一切衆生生信、生解，信什麼呢？信清淨。解什麼呢？解清淨的大悲藏。清淨的大悲，這個大悲是純粹的，拔衆生苦的，給衆生快樂的，不是愛見大悲，是有智慧的，般若跟大悲和合的。般若智慧的大悲心，這就是德。

這種大悲心令一切衆生能夠生信解，信這種道理、明白這種道理而後去行，行就是他修行了。這種藥物是什麼呢？是法藥，法藥可以對治你這個病，慈悲是對著不慈悲說的。你沒有大悲心，處處給自己打主意，怎麼讓自己身心舒服、健康，從來沒想到別人，這就是沒有大悲心。若是處處想到別人忘了自己，在做這件事上你能這樣做，在這件事上你就是菩薩。另一件事盡爲自己打算，想不到別人了，那你就是眾生。

我們一天當中，不知道要反覆生起多少次念頭，時而大悲心生起了，或者看到佛的教導，或者看經也好，聽到講說也好，大悲心生起了，一切盡給眾生著想，忘掉自己，你就是菩薩。一念間這樣做、這樣想，就一念間的菩薩，你若念念這樣做，念念這樣想，你就念念是菩薩。今天做了，今天是菩薩，明天不做了，明天就不是菩薩。或者再生害別人的心，那就是羅剎，不是菩薩。

學佛者是從他的心地來觀察，觀察每個人的時候，不要看他的現相。在社會上說，要看他的本質，在我們佛教道友之間來說，則是看他的思想活動。思想活動你看得到嗎？他會表現出來的，觀其面而知其心。你看他的臉、看他眼睛的活動，知道他心裡在打主意，不論是好的主意、壞的主意，他會告訴你的。好多人自以爲：「這是機密，反正我心裡的活動你不知道。」如果你的定功稍微深一點的，他全告訴你了，他還認爲能隱瞞，沒有秘密的。這個不是神通，如果你的心經常這樣觀察別人的善惡，或者想著怎麼樣施教，怎麼樣使他得好處，你觀察他心地的變化，這是練習神通，不是具足神通。

「普發威光主藥神，得方便令念佛滅一切眾生病解脫門。」這個主藥神是什麼藥呢？勸他人念佛的藥。這個藥一吃，就可以把一切貪瞋癡煩惱病都解脫了。世間醫生治療的是世間病，出世間的業，他消不了的。當他病苦很重的時候，你跟他說念佛能使病減輕，能使痛苦減輕。病急亂投醫，在痛苦當中，醫生說什麼他都信。他一念，效果很好，等病好了不念了，再有病了他會再念。你跟他說，病好了你別忘了再照常念，念完了不害病了，不是更好嗎？

學佛的人都知道，佛有無邊相、無邊好，說三十二相、八十種好，不一定的。佛能放無量光、無邊光，光就能攝受一切眾生。我們念的「阿彌陀佛」，華言就是「無邊光、無熾光、無量光、無量壽」，不同的翻譯很多，都是無量、普徧的意思。當你念佛的時候，心裡想著佛的功德，那你念佛的時候，佛的功德你就有了。念念不離心，念念從心起，這叫念佛三昧，念佛三昧不是口念的，而是心念的。這樣令一切眾生，什麼病都消了，不但病消了，把死都消了，分段生死、變異生死，二死永亡。所以這個方便，念佛的方便把一切眾生病，從根上取消。

這十種主藥神，大家知道這個涵義就行了，以後的主地神、主山神、主林神，大致都是慈悲喜捨，寄位利益眾生的。

爾時吉祥主藥神承佛威力。普觀一切主藥神眾。而說頌言。

如來智慧不思議　悉知一切眾生心
能以種種方便力　滅彼羣迷無量苦

佛的智慧是不可思議的，知道一切眾生心，而且也知道一切眾生用什麼方便法門得度，便以什麼法門度他，滅無量的苦難來攝取他。

大雄善巧難測量　凡有所作無空過
必使眾生諸苦滅　栴檀林神能悟此

栴檀林主藥神，以光明攝受眾生，令見他者不空過，見到他就得好處。寺廟的正殿都叫大雄寶殿，「大」，在佛教講就是偉大的，在世間上來說，形容這個人的人格很偉大的；「雄」就是世間稱的英雄，佛教是出世英雄。這是佛的德號，因爲他具有大慈、大悲、大智，有這些力量能降伏魔軍，以降伏義，因此稱佛爲「大雄」。

汝觀諸佛法如是　往昔勤修無量劫
而於諸有無所著　此離塵光所入門

離塵光明主藥神，他勸化一切眾生觀佛的法，「諦觀法王法，法王法如是。」法王法是什麼樣子？根本是離言說，離一切行爲、一切言語，「言語道斷，心行處滅。」文殊師利菩薩在佛陞座時，念了個開經偈：「法筵龍象眾，當觀第一義，諦觀法王法，法王法如是。」「汝觀諸佛法如是」，佛沒說法，佛就下座了，那大家就觀一觀吧！

「諸佛法如是」，什麼樣子？沒有言說、沒有行動，但可意會，不可言傳，言語道斷，心行處滅，這叫不思議。議是言語，思是心，說不出來，議論不出來，想也想不到。這是理了，那事就不是這樣子，隨緣吧！緣起諸法，往昔他是無量劫修行，才證成佛果的。所有一切世間的有法，他不起執著的，於法無所著。「法王法如是」，什麼樣子呢？於一切無著，絕四相，離百非。無我相、無人相、無衆生相、無壽者相，這叫四相。百非，但有言說都不是。這樣來觀佛法，所有的一切都不執著、無所著。

離塵光明主藥神入得這個法門，這個法門是什麼法門呢？讓一切衆生解脫，滅一切衆生的煩惱。

佛百千劫難可遇　若有得見及聞名
必令獲益無空過　此普稱神之所了

佛難得出世，不容易遇到佛，因爲你沒有這個因緣。如果有福報的話，釋迦牟尼佛入滅，就到極樂世界去親近阿彌陀佛；阿彌陀佛入滅了，到東方藥師琉璃光如來世界，我們沒有這個福報。大家天天念三十五佛吧？那是住世的，五十三佛是過去的，三十五佛都在世上，你一個也遇不到。還有我們不知道名字的，那裡沒有藥師琉璃光如來，也沒有阿彌陀佛，都是住世的諸佛。你怎麼沒去參學？業所障，就是你的福報還沒有到，百千劫難得遇。

若是能見到，那是最好，見佛聞法，聞法就解脫。就是見佛這個福報，起碼你了生死了，但是我們沒見到。現在我們不但聞名還能學法，學他所教授我們的方法，不但學，我們還去實行，實行就是現比丘相、比丘尼相，出家了。只要見、只要聞名，都能夠得到好處，沒有空過的。等將來我們成佛的時候，你回憶：「喔！我是在釋迦牟尼佛的末法時候種的善根。」不僅如此，大家念過《金剛經》吧？《金剛經》說，若能聞到《金剛般若波羅蜜經》的名字，都不是一佛、二佛、三四五佛種的善根，是在千萬佛所種的善根，何況你還學？何況你還去做？何況還受持？那功德、福德就更大了。

但是自己不認識、不深入，那所得的利益就不太大。獲益沒空過者，是說你所獲的利益是一定有的，但是沒有深入，為什麼？因為你沒有觀、沒有修，或者信解力不強。這種道理是普稱神所了知的。「普稱」就是普聞的意思，這個主藥神已增長無邊善根解脫，意思就是說都能得到，所以見到、聞名都很不容易。

如來一一毛孔中　悉放光明滅眾患

世間煩惱皆令盡　此現光神所入門

毛孔現光主藥神，他得大悲幢速赴一切病境界解脫門，對一切有病的眾生，他能速疾地治療，不是光給藥吃。

一切眾生癡所盲　惑業眾苦無量別
佛悉蠲除開智照　如是破暗能觀見

「開智照」，照就是破暗的意思，以智慧照他，他的黑暗就破除了。以日光、燈光、星光來照他，黑暗就消除了；以佛光來照他，惑業就消除了。「一切眾生癡所盲」，善財童子最初見文殊師利菩薩，文殊師利菩薩叫他去參學，走過一百一十城，參了五十三位善知識，善知識都告訴他說，信你自己的心。

「信你自己的心！」說這話好像開玩笑似的，誰不信自己啊？沒有！若能夠信自己的心，才叫有信心。我們最初就講相信自己，說：「有沒有信心？」你很隨便的就答覆說：「我有。」說：「相信你自己的心不？」「相信。」再問：「你自己是不是佛？」不敢相信了。「我怎麼是佛？我業障這麼重，什麼煩惱都沒斷。」其實，相信自己的心就是佛。

另外，再第二個問題：「你信不信佛法？」說：「信。」「成就沒成就？」

也不敢答覆了，其實是成就了。善財童子參過彌勒菩薩之後，彌勒菩薩叫他到福城東，再去參見文殊師利菩薩，他知道現在所證得的心跟最初的心，不兩樣！後心不異初心，現在明白了。我所證得的這個心，還是最初見文殊師利菩薩那個心，心是一個，前頭是信，後頭是證。初發心時便成正覺，初發心、究竟覺悟的心，如是二心初心難。這是他的智慧，現在的智慧跟他本具的契合，跟理契合了，現在是終，最初發心是始，始終不二，智慧還是一個。最初也是這個智慧，現在成就了還是這個智慧，智照也無二。因爲把暗破了，得到究竟清淨了，所以就能讓一切冥盲眾生的惑業得到解脫。

如來一音無限量　能開一切法門海
眾生聽者悉了知　此是大音之解脫

「普發吼聲主藥神，得能演佛音說諸法差別義解脫門。」「如來一音演說法，眾生隨類各得解」，那就無限量了。說的是一音，但是眾生隨類各得解，那就不同了。說能把一切眾生的智慧開發出來，但也不是開發出來，原來就有的；因爲迷了，迷了就生了很多的障礙，眾生聞法了，聽了就明白，聞法悉了知，全部都明白了。這是大音的菩薩。這個主藥神跟如來也是這樣普發吼聲的，他能演佛法音，說諸法的差別義。

汝觀佛智難思議　普現諸趣救羣生
能令見者皆從化　此蔽日幢深悟了

蔽日光幢主藥神，他能作一切眾生的善知識，令一切眾生能夠生善根。佛與眾生之差別就是一個見，佛是圓滿的，佛本有具足的智慧發顯出來了，是最勝無上的、正知正見的一切種智，因此就能夠使一切眾生得到解脫。

如來大悲方便海　為利世間而出現
廣開正道示眾生　此見方神能了達

這是明見十方主藥神，他得到清淨大悲藏解脫門。清淨大悲藏含藏的都是清淨大悲，以這清淨大悲洗刷眾生的污濁。他利益眾生，都能夠得到這種智慧而出世間，這種智慧是從大悲方便而生的，大悲方便像海那麼廣、那麼深。從大悲產生的善巧，以悲心來利益眾生，他的方便道都是正道，廣開正道讓眾生得知。

如來普放大光明　一切十方無不照
令隨念佛生功德　此發威光解脫門

普發威光主藥神，他得的方便就是讓一切眾生念佛，把你的煩惱病、一切業障病都消除，乃至二死永亡，他得到這樣一個法門。

主林神十法

復次布華如雲主林神。得廣大無邊智海藏解脫門。擢榦舒光主林神。得廣大修治普清淨解脫門。生芽發耀主林神。得增長種種淨信芽解脫門。吉祥淨葉主林神。得一切清淨功德莊嚴聚解脫門。垂布燄藏主林神。得普門清淨慧恆周覽法界解脫門。妙莊嚴光主林神。得普知一切眾生行海而興布法雲解脫門。可意雷聲主林神。得忍受一切不可意聲演清淨音解脫門。香光普徧主林神。得十方普現昔所修治廣大行境界解脫門。妙光迥曜主林神。得以一切功德法饒益世間解脫門。華果光味主林神。得能令一切見佛出興常敬念不忘莊嚴功德藏解脫門。

「布華如雲主林神，得廣大無邊智海藏解脫門。」「廣大」是指佛德說的，布華如雲主林神，他也能夠依著佛的智慧海，舒光發燄。主林神就是發葉生芽，令一切佛的功德，像光明一樣流布十方，所以叫藏。「智海藏」，含藏著佛的智慧德光。

「擢幹舒光主林神，得廣大修治普清淨解脫門。」這是具足度生的大悲，大悲廣大，讓眾生一一離開障礙，恢復他的清淨，所以叫普清淨。

「生芽發耀主林神，得增長種種淨信芽解脫門。」像我們聞法或者入了寺廟，或皈依三寶，就算發芽了，發什麼芽呢？信心的芽。種種芽生，就像我們過去都在煩惱、污染中，現在生了清淨的芽，這個信心芽是清淨的，清淨是離染污義。這是一種因，有這個因將來一定能結果，結什麼果呢？成佛。

「吉祥淨葉主林神，得一切清淨功德莊嚴聚解脫門。」你對寺廟或者佛像，供養一物乃至一汗毛的功德，雖然莊嚴很少，感的果德就很大。等你成佛了之後，回顧一下子，原來你在修因的時候，對佛像、佛的寺廟、對佛法僧的三寶，做了這麼樣的功德。現在因成了，就感果了，一因生一果，一切因生一切果，一因生多果，多因成一果，這都是圓融無礙的。

「垂布燄藏主林神，得普清淨恆周覽法界解脫門。」什麼叫「垂布燄藏」呢？垂布是形容詞，燄是火燄，形容智慧。智慧能演萬法也通萬法，萬法就是普偏的意思。以智慧門通達萬法，萬法也回歸智慧門。我們經常說內在意識是主，外邊六塵境界是客塵。主觀意識清淨了，六塵客塵就不生了，這就清淨了。你開悟、明白了，就像日光照耀一切似的，能周覽法界。你所修的功德就像佛的光明圓滿大智慧，跟鏡子一樣的，你漸漸的智明、漸漸的光現，智慧圓滿了，業障沒有了，癡暗消除了，恢復你本來光明淨智的明。最初都是漸來的，就像我們現在都是漸，等到圓滿成功了，圓滿就是圓滿前頭的漸。

「妙莊嚴光主林神，得普知一切衆生行海而興布法雲解脫門。」「興布法雲」是普徧的意思，就像你修行萬行一樣，佛說的萬法，你哪一法都可以得入。「興布法雲」是布施一切法語，佛所說的一切法，像雲那麼多。因爲衆生有種種心，種種心就產生種種的行爲，要糾正衆生的心，糾正衆生的行爲，就得給他說無窮無盡的法，讓他入法修行。

「可意雷聲主林神，得忍受一切不可意聲演清淨音解脫門。」我們的耳朵所聞的音聲太多了，但是你能把它會歸到佛音。上回我記得給大家念過這麼一個偈子：「風聲、雨聲、鐘磬聲，聲聲自在」，自在義，聽著什麼聲音都是佛音，沒有不可意的，都是可意的。颳風、下雨、打雷、打鐘、打磬、念佛，一切音都是佛音，觀想一切音聲都是佛音，這就清淨了，這叫演清淨音解脫門。

「香光普徧主林神，得十方普現昔所修治廣大行境界解脫門。」「昔行」就是過去生了，往昔過去無量生，境界廣大。佛成了佛之後神通廣大，令一切衆生都能夠見到。或者我們說：「我就沒有見到。」你得有緣，我說你見到了，但是見到了你也不信。

「普現廣大行」，我們現在所見到的佛像、所見到的寺廟、所見到的三寶，這都是佛在往昔所修行的境界，現在現於世間。因爲我們這是末法時代，所見的是影像而非眞實，若生在正法時代就能見到眞實。對影像，我們能把它當成眞實的，我們就得到利益了。如來在往昔修行的時候，他的修行徧周法界，所以叫廣大行境界。佛以神通力讓一切衆生都能見得到，見到了就仿效佛所做的去做。

「妙光迴曜主林神，得以一切功德法饒益世間解脫門。」衆生都是虛妄的、諂媚的、不實在的，又不修德。自己不修又怎麼幫助別人呢？又怎麼有福智幫助其他的人呢？現在妙光迴曜主林神，假佛的力量，假佛的功德，令一切想離苦得樂的衆生，讓他們得到福德得到智慧，讓他們能蒙受利益。

「華果光味主林神，得能令一切見佛出興常敬念不忘莊嚴功德藏解脫門。」敬念，恭敬念佛，佛就出興了。常恭敬念佛，就是莊嚴佛世界。恭敬念佛，在你心裡頭就生起佛，你得做這樣的理解。佛出興了，就莊嚴了。衆生沒有緣的，業障很重的，他不念也不見，不見故就不念。佛是常如是，不見是他沒有緣法，是他沒有這個因。見者就有這個因。這是十個主林神。

爾時布華如雲主林神承佛威力。普觀一切主林神眾。而說頌言。

佛昔修習菩提行　福德智慧悉成滿
一切諸力皆具足　放大光明出世間

廣大無邊智海藏，這個解脫門是布林如雲主林神，他所證得的。

悲門無量等眾生　如來往昔普淨治
是故於世能為益　此擢榦神之所了

「擢榦舒光」就是修治普淨的意思，好比說去掉林子裡頭腐敗的葉子，使新發的葉子成長，葉子舒展了就是舒光的意思，讓枝幹長得順序。

若有眾生一見佛　必使入於深信海
普示一切如來道　此妙芽神之解脫

樹的成長，先得發芽，發了芽才能有枝幹，這是比喻假使眾生若能見佛，在你信解當中就發芽了，發芽是你現在的因，能夠發芽將來就能成佛，有芽有根就結果，結果就成就了。

一毛所集諸功德　劫海宣揚不可盡
諸佛方便難思議　淨葉能明此深義

吉祥淨葉主林神，他得到清淨功德莊嚴聚解脫門，清淨功德莊嚴聚是佛的一分功德，他得了佛的這麼一分。

我念如來於往昔　供養剎塵無量佛
一一佛所智漸明　此燄藏神之所了

垂布燄藏主林神，他得了一個普門清淨慧恆周覽法界解脫門。佛在往昔修因的時候，供養了無量諸佛。垂布燄藏主林神他得到這個法門，說一一佛所，都是使我智慧漸漸的成長，乃至成了大光明耀，這是燄藏神他所證悟的。

一切眾生諸行海　世尊一念悉了知
如是廣大無礙智　妙莊嚴神能悟入

妙莊嚴光主林神，他得到一個普知眾生的行，像海一樣的深廣而興布法雲，就是到處說法。說法得對機，他值遇眾生的心，隨眾生心給眾生說法，因機說法。

恆演如來寂妙音　普生無等大歡喜
隨其解欲皆令悟　此是雷音所行法

可意雷聲主林神，他得到的法門是忍受一切不可意聲演清淨音解脫門，把不可意的音聲變成清淨音。如來所演的音是什麼呢？是寂音，寂音沒有音，但是妙，寂妙音是無音的音。寂者是無聲的意思，妙就不可思議了。隨緣而利益眾生，普利一切眾生，使一切眾生都能得大歡喜。隨其解欲而令悟，佛的音聲隨你能夠理解的，你所歡喜的而使你能得到開悟，這是可意雷聲主林神所行的法。他忍受一切不可意的音聲，把不可意的音聲都變成可意的清淨音。如果有人罵你、有人批評你、有人責怪你，這是不可意的音聲；但是你若把它變了，你聽到這很可意，罵你，你不但不煩惱還生歡喜心，這樣的人很少，必須得菩薩。

如來示現大神通　十方國土皆周徧
佛昔修行悉令見　此普香光所入門

香光普徧主林神，他得到的這個法門是十方普現往昔修治廣大行境界解脫門。佛往昔在十方修行廣大行，這個境界他了知了，他得到這麼個解脫門。

眾生諂誑不修德　迷惑沉流生死中
為彼闡明眾智道　此妙光神之所見

這個偈頌是妙光迴曜主林神說的，他得到用一切功德法饒益世間，令世間得到解脫。就是修行的功有得於心，把你修行的功德回歸到自心，然後把所修的功德，以慈心施捨供養給世間一切有情，讓一切世間都能夠領悟，都能夠得解脫。令眾生檢查、驗收，把不修行翻過來變成修行，這就是德。這你必須得用你的智慧，把懈怠變成精進修行，對迷惑沉流在生死海中的眾生，給他們說般若智慧、說慈悲，讓他們都能夠得到智慧的道果，這就把不修德變成修德。

佛為業障諸眾生　經於億劫時乃現
其餘念念常令見　此味光神所觀察

華果光味主林神，他能夠令一切見佛出興的，常恭敬、念念不忘佛的莊嚴功德，他得到這麼一個解脫門，也就是說用此法來教化其他一切眾生，讓其他眾生也得到這麼一個解脫門。

主山神十法

復次寶峯開華主山神。得入大寂定光明解脫門。華林妙髻主山神。得修習慈善根成熟不可思議數眾生解脫門。高幢普照主山神。得觀察一切眾生心所樂嚴淨諸根解脫門。離塵寶髻主山神。得無邊劫海勤精進無厭怠解脫門。光照十方主山神。得以無邊功德光普覺悟解脫門。大力光明主山神。得能自成熟復令眾生捨離愚迷行解脫門。威光普勝主山神。得拔一切苦使無有餘解脫門。微密光輪主山神。得演教法光明顯示一切如來功德解脫門。普眼現見主山神。得令一切眾生乃至於夢中增長善根解脫門。金剛堅固眼主山神。得出現無邊大義海解脫門。

現在我們講主山神眾，如果修行得觀主山神，你住山裡可就得了寶藏，主山神就護持你。

這些主山神各個所證得的法門不同。

「寶峯開華主山神，得入大寂定光明解脫門。」寂定就是禪定，禪定也叫三昧，寂是定，定能生慧，慧又叫光明。我們說寂而常照，照而常寂，寂照相合，也就是定慧相等。就像什麼事情你觀照一下，做什麼事不會冒然的去做，因爲你經過思惟，定能發慧，你發慧判斷這個事你怎麼做，這就是定和慧相結合。說在一切諸法上不起妄想，不起妄想並不是等於不起觀照。在定中觀一切，看著好像是虛的，實際上是眞實的。

例如你在忙亂當中不能下決定，你說：「我想一想，等我想了之後再答應你。」這個想就是用觀照的功夫，判斷這個事情能做不能做。若是常定等於癡定，那不能發慧。常時觀照分別，那又容易散亂，所以要定慧均等，智慧跟定力均等。如果有定力、有寂定的，他一切方便，使人家解脫，自己也不被束縛；如果是沒有定力的，那你做什麼事情就雜亂。

雜亂的意思就是你會負擔很重，負擔很重就是你的身體不相適應，被很多事物纏縛住了。你不能夠定慧均等，不可能在處理一切事情之後，還在定中。這種功夫靠平常的用功，到境界現前了，你就能夠判斷得很準確。

「寂」就表示在山林之中，「山」是表示寂的意思，我們前頭講林，「林」就表慧照的意思，山林是互相配合的。為什麼我們出家的道友們經常要住山呢？第一個環境清淨、污染少，事緣都斷絕了。過去有這麼句俗話，山中如果沒有修道者，世間就沒有好的國王、大臣，乃至那些負責治理國家的人，沒有智慧、沒有定力，這國家是亂的，眾生沒有福報，是這個涵義。

「華林妙髻主山神，得修習慈善根，成熟不可思議數眾生解脫門。」說他修慈善的善根，也就是大慈大悲。慈就是給眾生快樂，怎麼給法呢？讓眾生都得到解脫，而不是一個眾生、兩個眾生，成熟不可思議數眾生，讓他們入於解脫。這個意思就是說成熟一切善根，讓眾生也能得到慈悲。

「高幢普照主山神，得觀察一切眾生心所樂，嚴淨諸根解脫門。」眾生都有希求，若知道他希求什麼，能夠有這種智慧，就能使這一類眾生修行。修因才能得果，如果你不修，對眼、耳、鼻、舌、身、意六根，不能使他清淨，不能使六根不放逸、不懈怠。普照主山神他普照一切眾生，隨順一切眾生，讓他們生歡喜心，而能夠修因，觀察一切眾生心所樂嚴淨諸根，就是這個涵義。

「離塵寶髻主山神，得無邊劫海勤精進無厭怠解脫門。」離塵就是離開世間的纏縛，離開六塵境界，不染於六塵，而且這樣長時間，不懈怠地精進自修，以此法門來利益一切眾生。

「光照十方主山神，得以無邊功德光照覺悟解脫門。」光照就是智慧，智慧是破什麼呢？破眾生的黑暗，使眾生能夠覺悟，能夠培福修慧。

「普眼現見主山神，得令一切眾生乃至於夢中增長善根解脫門。」我們說做夢是假的，但是做夢還能增長善根。睡覺了才做夢，叫他在夢中都能修行。聞法進修，在夢中能夠不斷，好多經都這樣說。《瓔珞經》說，過去有佛，沒有專指哪尊佛，他要說法的時候，就令大眾睡覺，在夢中說法令他成道。《涅槃經》也這樣說：其人夢中見羅刹像等，夢中見羅刹像是警覺他的意思。若是已經聽過《大般涅槃經》的，還不發菩提心，那是毀謗正法。「見羅刹像」是因為他不發菩提心，夢中就見了羅刹，羅刹跟他說，「你若不發菩提心，我就把你的命斷了。」換句話說，我就把你害死了。這個夢中人就憶念著發菩提心，因為怕死啊！如不發菩提心，羅刹要整死他，這是說夢中作佛事的意思。

「金剛堅固眼主山神，得出現無邊大義海解脫門。」什麼叫大義？圓教所講的稱性法門，就是「緣起性空、性空緣起」，這就是大義。稱性法門，包含了無窮無盡的義理，在一音之中都能演出來，都能出現。「如來一音演說法，衆生隨類各得解」，這一音演什麼法門？稱性法門。什麼叫稱性法門呢？就是相信自己能成佛，因爲自己本具有佛性。要成佛有很多門都可以入，門就是佛說的種種法，都是入你本性的門，是演這種道理的。

爾時開華市地主山神承佛威力。普觀一切主山神衆。而說頌言。

往修勝行無有邊　今獲神通亦無量
法門廣闢如塵數　悉使衆生深悟喜

寶峯開華主山神他得入大寂定光明解脫門，定慧平等運用，以定攝衆生，以慧開導衆生。

衆相嚴身徧世間　毛孔光明悉清淨
大慈方便示一切　華林妙髻悟此門

華林妙髻主山神修慈悲，能夠成熟不可思議眾生，讓眾生都能得到解脫。

佛身普現無有邊　十方世界皆充滿
諸根嚴淨見者喜　此法高幢能悟入

高幢普照主山神，他觀察一切眾生心所樂，令一切眾生眼耳鼻舌身意六根清淨。我們六根清淨不清淨？眼耳鼻舌身意都是妄想紛飛的，見什麼執著什麼，見什麼分別什麼。例如，我們說善法，執著善法對不對？執著善去惡，是對的，但是你過分執著了，怎麼叫過分呢？我們很多執著的人，不能得解脫。還不說法執，法執的邊還沒見到呢！這六根門頭，以我爲主的那個我執是很重的。爲什麼執著不得解脫呢？沒得智慧；有智慧的人，他是解脫的。我們經常講解脫門，解脫門是讓你去掉執著得解脫。

很多的事物，在你行的當中，總認爲自己看問題的看法才是對的，不接受別人的意見。我們都有個主觀意識，主觀意識就是我見，說好聽一點是主觀意識，其實就是我見。不錯，你所執著的也是佛教導的，但是你對這個根是不是相應？你對這個法是不是你眞正證得？眞正善根成熟？確實能加持到別人？能不能做到？這就是問題。所以不要執著自己的意見，多隨順眾生的因緣。一定要理解，一切緣起諸法，它的體性是空的。這諸法雖是佛所說的，但你用得不恰當，這就成著，著就是執著的意思，你沒有達到性空，在緣起上執著，這是不可以的。

「諸根嚴淨見者喜，此法高幢能悟入。」高幢普照主山神，觀察一切眾生心，隨機說法，讓他諸根清淨。佛並沒有給眾生添煩惱，菩薩也沒有給眾生添煩惱，而是眾生的執著心，他聞什麼執著什麼，聞什麼執著什麼，不是求解脫的。

我們看這些護法神，全部都說解脫，每一個都說解脫門，那我們從中怎麼樣理解呢？說一切眾生心，他所喜歡的，讓他解脫，不是讓他束縛，佛的八萬四千法門都是讓你解脫，不是讓你束縛的。如果聞了法，聽到佛的教導，整天愁眉苦臉的，那不是解脫。那是添些繩子把你捆上，誰捆你的？自己捆的。

我們經常講這個故事。兩個師兄弟過河的時候，一位懷孕的婦女，過不了河，沒有船，什麼都沒有，那師兄就發慈悲心說：「我揹妳過河！」他就把這位婦女揹過河了，那沒事了，各回各的地方。哎！睡了一宿覺，師弟問他：「師兄，你昨天做的那個事，對嗎？」他師兄說：「什麼事？」他說：「你昨天揹那位婦女過河，對嗎？」「我昨天揹的婦女過河，我放下了，你怎麼還揹著？」

大家知道這是什麼意思嗎？過去了，過去就沒有了，他還揹著，揹著就是他對這個問題放不下。他的意思是說：「師兄，你破戒了！你怎能揹婦女過河？」菩薩行菩薩道的時候，嚴淨眾生的根門，當他嚴淨眾生的時候，嚴淨不嚴淨自己啊？

像我剛才講的故事，他揹那位懷孕的婦女過河，是解脫？是束縛？是破戒？是行菩薩道？怎麼叫度衆生？這個很深。我們看見事情好像很淺陋的，實際上很深。我們一天所做的事務當中，眼耳鼻舌身意六根，根據自己所學的，根據自己的理解，自認爲都是學得很好的，都照佛所說的去做了，但是沒有理解佛的意思，我們會做錯很多事。

好像是慈悲，其實慈悲生禍害，不慈悲又傷了大慈悲心。你不度衆生，你怎麼能成佛？這就要靠你的方便智慧。應作、應止、應遮，應作的你不作，大概我們學戒律的多學遮止，很少說作持。這兩種，止你做了，不錯！該做的你不做，犯不犯戒？

道友們大多是三壇大戒一起受，不受菩薩戒的絕對不能成佛。剛才說的，你不發菩提心，羅剎鬼要吃你的。發了菩提心就要利益衆生，但是利益衆生又犯戒，發菩提心跟持戒，有沒有矛盾？剛才我說這個比丘揹這位懷孕婦女過河，犯戒不犯戒？

我看我們道友遞個東西，得擱到桌子上，說是授受不親。現在是二十一世紀，我們這種做法，衆生看見反對不反對？他說你裝模作樣，那飯給你，還不是照樣吃，肚子餓的呱呱叫！見到饅頭，你還不是抓起來就吃？比如說比丘尼師父在街上買東西，或者比丘師父在街上想買東西、買饅頭，在家人根本不懂，他把饅頭給你，就遞在你手上啊！他會把饅頭擱到這兒，等你去拿？

很多事情，地方的風俗習慣很多，我們現在得學大乘法，大乘法就是治你的心。剛才我說的饅頭擱在桌子上，就算隔半里路你去取，你心裡不清淨，照樣犯，你的心清淨，連國土、依報全都能清淨了。

我們剛才講的都是行菩薩道的，像這些鬼神教給我們的，他們都是受菩薩戒的，都是大菩薩。菩薩戒是這樣子，你該做的不做，犯了，你光看遮的一方面，該做的你不做，菩提心戒、金剛乘戒，你看看那戒怎麼制的？多學一點吧！我們學菩提心、發菩提心，菩提心戒是以發菩提心，成就菩提心為主的，違背菩提心的，那你就犯戒了。所以，你若學性空緣起，學開遮持犯，那就很難、很難。

比丘戒跟菩薩戒一起學，是不是行比丘戒，就犯菩薩戒？不是的；行菩薩戒把比丘戒就犯了？不是的。看你學沒學好，還要學通。怎麼叫學通呢？菩薩行菩薩道的時候，要有方便善巧，得要開智慧。像我們眾生的顧慮很多，一事當前，先爲自己打算，他就沒有考慮眾生，讓人家怎麼合適，讓人家怎麼舒服，讓人家怎麼解脫，先考慮自己。

這還算不錯的，有的從來不考慮別人，光考慮自己，這個不用說菩薩了，連比丘也不可以，沙彌也不可以。菩薩爲眾生寧可自己下地獄，寧可自己代眾生受苦，大家都讀〈普賢行願品〉，誰也不肯行〈普賢行願品〉，行的還是自己那一套。看看〈普賢行願品〉教我們怎麼做的，這個非常難。這些護法神若護持你，你得夠資格他才護持你，你不夠資格，護持你什麼呢？

所以這裡說護一切衆生根，讓一切衆生得解脫，這個涵義非常深。我們天天念、天天講，都有個解脫門，不是讓你執著，執著不是解脫。什麼是大乘道？什麼是菩提心？就是解脫，不要執著。別的不懂，《金剛經》上說的三心，你該知道吧？過去心不可得，不可得就是沒有，在這裡頭你還找一個犯戒、持戒，過去心過去了，心都沒有了，都建立在空上，般若義上。

理解這個意思你才能夠善護衆生根，才能讓衆生解脫，否則我們就給衆生增加很多束縛，不是讓他解脫。包括財、色、名、食、睡（這五種是地獄五條根），這五種也要讓他們解脫，不是讓他們束縛。你現在的心是不住的，隨時就消失了，心都不可得，身所做的事還有嗎？還有身嗎？大家要思惟修。

歷劫勤修無懈倦　不染世法如虛空
種種方便化羣生　悟此法門名寶髻

「不染世法」，心根本不染世法，像虛空似的，虛空什麼也不沾，但不是無知。你這個智慧是歷劫所修行的、從來不懈倦的，諸根很清淨的，從來如是。對一切世間法從不染，「種種方便化羣生」就不容易了。這個法門是寶髻入的，這個法門跟高幢普照神入的偈子大致都相同，都是方便化羣生，不但自己悟入，還讓一切眾生都這樣做。這個不染，不是約身說的，是約心說的。心為主導者，是要你的心不染，你的身不能離開世間，因你生在世間，你的衣食住行，一舉一動，都離不開世間。

說在塵不染塵，這是菩薩境界，我們就往這個方向去奮鬥，你要行菩薩道度眾生，你若離開塵世間，你到哪兒去度眾生？你離開六道去度？那都是諸佛來度你。所以不染是約心，以種種的方便化度羣生。殺人放火是最大的罪，但是菩薩行菩薩道的時候，為了眾生他殺人放火，他願意自己受這個報，那得是眞正的菩薩。

眾生盲暗入險道　佛哀愍彼舒光照
普使世間從睡覺　威光悟此心生喜

眾生在睡眠當中，讓他覺醒吧！別再睡覺，有人偷你的財物；別再睡大覺、迷糊，有人來偷你的法財。

眾生因為造業，沒有智慧，盲、暗，盲是瞎子，又碰上黑天氣，走到險道，佛哀愍他、放光明照他。大菩薩行菩薩道的時候，越是五濁惡世，越是行菩薩道的地點。不來塵世間，不在這個娑婆世界，他到極樂世界去度誰？極樂世界還有窮的嗎？地下隨手一撿都是黃金，抓把金沙子，拿著又有什麼用處？像我們在這個道場裡頭，你不用度，人家都清淨的，但是，你到寺外頭去看看，你要先度那些人。

當然我們這些人還沒有得到究竟，六根還沒清淨，現在讀誦大乘、禮拜諸佛、懺悔業障、發願利生，這個是我們應當做的。如果沒做，對你每天所消受的，你就要負擔，怎麼負擔呢？「常住一粒米，重如須彌山」，除了一粒米，還有穿的呢？用的呢？只是說你吃的一粒米就重如須彌山，「若還不了道，披毛帶角還。」是這樣嗎？這是一方面；另一方面，我念一聲阿彌陀佛，至誠懇切地念，消無量億劫的罪，那又都消了。

你一天念不了一聲嗎？「禮佛一拜，罪滅塵沙」，有河沙那麼多的罪，我磕一個頭就夠了。但是，這個頭是怎麼磕的？是以什麼心磕的？懺悔業障是怎麼懺悔的？磕頭有個偈子，「能禮所禮性空寂，感應道交難思議，我此道場如帝珠，諸佛菩薩影現中，我身影現諸佛前，頭面接足歸命禮」，第一句「能禮所禮性空寂」，在性體上沒有能禮的我，也沒有所禮的法，也沒有受禮的佛，三輪體空，空中又現有，這個有是妙有。

禮阿彌陀佛，阿彌陀佛現前，這個佛是妙有的佛，是法性如來。我也是我性禮，性是自己的性，法性那個性去禮。我禮的、能禮的、我所禮的佛，在性體上是一樣的。禮佛如是，誦經何嘗不如是呢！能誦的我、所誦的經，性空寂，性體上不存在的，這叫無相禮、無相誦。

知道無相吧？就是《華嚴經》所講的實相。你這一禮的功德，不是用形相算的，不是用功德存在好多劫來計算的，都沒有了，這叫三輪體空。這個就是文殊師利菩薩教我們的「善用其心」。你這個身體做，還有一個主導的思想，身體受思想的支配，再加上你口裡頭唱、念佛號，默念也可以，這是三業清淨，三輪體空，諸根悅淨。所有諸根都是清淨的，淨的是指性體上清淨的，雖然清淨但能產生一些妙有，妙有就是禮拜三寶，你這樣的禮就不同了。

我記得以前有位道友問我：「圓人受法，無法不圓，什麼叫圓人？」他問我。圓就是圓滿的圓，你能夠如是誦讀大乘，從而如是觀想，你的思想一天裡總在這個觀想當中，這叫圓人，圓融無礙，心是圓融無礙的。

我剛才講的那個故事，他的師兄就是圓融無礙的，沒有執著，沒有男女相，什麼過河不過河的。他的師弟第二天還惦著昨天那事呢！他師兄說：「你還沒放下，我早放下了。」揹完就完了，遇境而現，境過即空，境界來了現了，境界過了空了，沒有了。過去心、現在心、未來心，三心了不可得。你若證到這種境界，還有不解脫的嗎？

我們上面講的這些神、這些護法都如是，他們都是異生類，到後面的菩薩眾，那更不同了。我們連護法的資格都沒有，華嚴海會這些護法，才講到異生類，還沒有說到人，還沒有說到菩薩；其實這也是菩薩，不過他現的身不同。眾生盲暗入了險道當中，佛就哀愍他，以他的智慧來攝受、來照，來給你說諸法，讓一切世間人別再睡覺、迷糊，解脫吧！覺悟吧！

昔在諸有廣修行　供養剎塵無數佛
令眾生見發大願　此地大力能明入

大力光明主山神，他得到自己成熟了，成熟就是成道、解脫，還令一切眾生都捨離愚癡、迷惑，讓一切眾生都成熟、解脫。

見諸眾生流轉苦　一切業障恆纏覆
以智慧光悉滅除　此普勝神之解脫

威光普勝主山神能夠拔眾生苦，讓眾生別再受業障纏縛了。

一一毛孔出妙音　隨眾生心讚諸佛
悉徧十方無量劫　此是光輪所入門

微密光輪主山神，他演說法就像光明一樣，能入眾生心，讓眾生瞭解一切諸佛的功德。他教授的法、演暢的法，都是顯現光明，如果你聞到、沾到他的光，看你沾的是什麼光？我們見到光了嗎？特別是在五臺山，人家說一到五臺山，就能見到文殊菩薩的智慧燈，光明常時照耀，感覺到了嗎？即使滿山都是智慧燈，那個光還不行。得你的心光！你的心光跟文殊師利菩薩光，接足化爲一個。

光是什麼？破黑暗。你的心不黑暗了，沒有障礙了，你明白了，明白什麼？明白生死苦。現在我們這一點很欠缺，什麼是往生死道上走的？現在我們究竟走的是哪條跑道？自己先搞清楚。究竟是光明道？是黑暗道？是生死道？是解脫道？自己要能先判斷，哪些法是生死法？一定要斷絕。哪些法是光明法、解脫道，一定要堅持不懈的，加倍的努力。這個主山神，他的每個毛孔都出妙音，這恐怕不是一般菩薩，而是大菩薩。你的心怎麼樣想的？這個主山神，他就現光明給你說妙法，讓衆生聞到他的妙法就得到解脫。

你做夢有沒有人給你說妙法？不管他現什麼相，或者現一個老太婆相，文殊菩薩經常現老太婆相，一個很老的、髒兮兮的老者相，在五臺山他現這個相太多了！無緣無故你碰見一個很奇怪的老頭，這老頭跟別的老頭不一樣的，他會度你，那你把他盯住吧！雖然你不認識也沒有關係，你說：「搞錯了吧！他不是文殊師利菩薩。」沒有關係，把他當文殊菩薩，他就是文殊菩薩，這是你的主觀，不是客觀的現實。

把一切都看成菩薩，把一切都看成是佛，那些人不都是佛，你的心才是佛，明白這個道理嗎？你以佛眼看一切眾生，一切眾生都是佛，菩薩眼看一切眾生，眾生都是大菩薩。你以凡夫眼、煩惱心看一切眾生，一切眾生比你還煩惱，都是煩惱眾生，這是我們修行最要緊的觀念。

上述觀念就是以你的心主導思想，你怎麼觀想的？成道解脫不解脫？來生還受不受苦難？你不用向外求，也不要在經本上找，你就找自己的心。你的心在想什麼？如果六道輪迴想的多，你出不了六道；四聖法界你想的多，一定入四聖法界。諸佛都如是，諸菩薩教誨也如是，這是千眞萬確的，決定無疑的，你不要懷疑。懷疑就麻煩了，千萬要去除疑惑。

佛徧十方普現前　種種方便說妙法
廣益眾生諸行海　此現見神之所悟

「普眼現見主山神，得令一切眾生在夢中增長善根解脫門。」大家都做過夢，夢中增長善根，夢中產生些覺悟。各有所夢，怎麼樣是善根的夢？怎麼樣是惡業的夢？這個你得分清楚。凡是你在夢中，親近三寶、利益眾生，這都是善夢，夢中跟人爭財、爭利，或者夢中搞貪瞋癡，這不是解脫門，而是障礙門。

法門如海無邊量　一音為說悉令解

一切劫中演不窮　入此方便金剛目

「金剛堅固眼主山神，得出現無邊大義海解脫門。」「大義海」，《華嚴經》就是大義海，什麼義海呢？第一義。第一義是什麼義呢？就是佛的境界心。佛心、眾生心，就是我們修道者的心，這個涵義無邊，演起來也無窮無盡。

《華嚴經》講的就是一個字：「大」，大就是心，也就是體大，方、廣就是相和用，大、方、廣就是佛的因果。佛華嚴也是佛因果，華是因，嚴是果。

主地神十法

復次普德淨華主地神。得以慈悲心念念普觀一切眾生解脫門。堅福莊嚴主地神。得普現一切眾生福德力解脫門。妙華嚴樹主地神。得普入諸法出生一切佛剎莊嚴解脫門。普散眾寶主地神。得修習種種諸三昧令眾生除障垢解脫門。淨目觀時主地神。得令一切眾生常遊戲快樂解脫門。金色妙眼主地神。得示現一切清淨身調伏眾生解脫門。香毛發光主地神。得了知一切佛功德海大威力解脫門。寂音悅意主地神。得普攝持一切眾生言音海解脫門。妙華旋髻主地神。得充滿佛剎離垢性解脫門。金剛普持主地神。得一切佛法輪所攝持普出現解脫門。

「普德淨華主地神，得以慈悲心念念普觀一切眾生解脫門。」念念無間，平等普觀，修慈悲法，修慈護法，得到不壞的金剛體。金剛體是什麼？就是實相。什麼是實相呢？就是自己本具的一眞法界。《華嚴經》就是金剛體，剛才說「大」，就是永遠不壞的金剛體。眾生本具足的，諸佛已經修成的，諸位菩薩在修行當中，將成未成的就是這個。

爲什麼在文裡頭，一個是解釋他的名字，一個是說法名？法名是他修道成就，法身的法名。從這些神，大家都體會到，就是慈悲。每一個菩薩都是這樣子，但是他的慈悲心是怎麼用的？法門不一樣，但都是慈悲，都行慈悲利護眾生。

「念念普觀一切眾生」，如果我們每位道友，都能念念的「阿彌陀佛」，釋迦牟尼佛絕不打妄語，你絕對生極樂世界。普德淨華主地神，他念念的不是佛，念念的是一切眾生。有沒有包括我們在內？都包括在內。現在他護持毗盧遮那佛的法，我們現在學這個法，也就護持我們了。

念念是說不間斷，平等普觀是說沒有遺漏一個眾生。修大慈，給眾生快樂，拔眾生痛苦，修慈護法，就能得到金剛不壞體。我們都希望得金剛不壞體，金剛不壞體不死也不生病，什麼毛病也沒有，金剛不爲一切所壞的。這是什麼？自己的般若智，照自己的實相理體，實相理體就是金剛體。云何得到金剛不壞身？那就是長壽，密宗有一個白度母法，也叫長壽法，是觀音菩薩的化身，說布施一切眾生就能得到金剛不壞體。

「堅福莊嚴主地神，得普現一切衆生福德力解脫門。」「福」，得福多少，不論做的事情大或是事情小，得看你的心量。我們前面講的笑話，拔一毛表寸心，拔一毛也很不容易！不是那種情況之下，他是一毛不拔。但是我們恐怕到現在都一毛不拔！我這樣說大家可能感覺過分一點，你每天吃飯的時候，要施食給鬼神。

你自己怎麼做的？在你做夢，或者走在路上，看見螞蟻、看見一些衆生，你給他說過三皈依沒有？你遇見一切衆生，你說過法沒有？不是講陞大座，我要給他講一段經文，不是這樣子的。你給他念句「阿彌陀佛」，他有你這個念阿彌陀佛的氣息，他就得度了。你別認爲這個事小，其實這個事很大。一毛的福很小，你布施過好多？可能也有些道友放過生，放生都做些什麼事？不是把他放了就完了，還得給他說法，這叫法布施，也叫法供養。你做過好多？如果沒做過的，以後多做一點，隨時隨地都有衆生，都有護法神。我們這是講到主地神，大家都念過《地藏經》，佛讚歎堅牢主地神，他發的願專護地藏法，我們這大地都歸他管、歸他主持，凡大地所出的水、穀物、土地、山林，地表之上都歸地神主持的。

一毛的福力可以頓現一切福，不是說我出一萬塊錢，種的福就大了，我出一毛錢，這福就小了。大小不在這上頭定，要看你的心力來定福的大小，來定你是否竭盡施，是否吝嗇施、是否輕慢心施。這布施有好多種類，看是以什麼心布施，效果不同感果不同。這一點點福，你能把它變得很大，無窮無盡，很大的福你也會把它縮小。

這個問題在《地藏經》第十品，校量南閻浮提功德，說這福德怎麼定？爲什麼有大、有小？爲什麼有三生受？有的千萬億生還在受？他那福德無窮無盡，看你布施的時候是以什麼心布施。如果我們布施，三輪體空，沒有我相、沒有人相、沒有衆生相，也沒有所施的財物，更不用說回報心，那得的福德就大了。

我們一般的都是有回報心，等到身體不好、害病了，才到廟裡打個齋，或者拜拜菩薩，這還是信三寶的，不信三寶連這個也沒有。這個福報有，但是量不大，只爲自己。現在這個世界上災害頻繁，殺盜、搶劫、瘟疫、水災、火災、地震，一旦遇著災害了，你馬上念佛菩薩、念經、念論，或者就念一聲佛號也可以，念菩薩號也可以，把這個功德布施給他們，讓他們消除災難。他沒求你，就算你發大慈心來布施，因爲沒有緣，他得到的很少；但是能得到，也能沾個光。我們經常說沾光、借個光，就是沾那個光，借那個光明。懂得這個道理了，修福就會修了，修福也有修福的方法。

「妙華嚴樹主地神，得普入諸法，出生一切佛刹莊嚴解脫門。」你自己修道證得了，若能證得無生，那就不消說了。如果你現在沒有證得，是凡夫僧，你把你所修的，供養給他們，那你很快能證入無生。我們說莊嚴佛國土，是莊嚴阿彌陀佛的？或者莊嚴釋迦牟尼佛的？都不是。是莊嚴自己的佛國土，佛是你自己本性的佛，土是你自己本性的土，是將來你成佛的時候，度眾生的國土，嚴佛國土是這個涵義，不要光往外頭想，回歸往自己方面想。

「普散眾寶主地神，得修習種種諸三昧，令眾生除障垢解脫門。」這是純粹為眾生，修行種種三昧，不是為了自己，讓眾生去除障垢。

「淨目觀時主地神，得令一切眾生常遊戲快樂解脫門。」這個遊戲快樂跟世間的遊戲快樂不一樣，他的心解脫了，遊戲三昧海。這個快樂，不是拿一般世間所能得到的。佛菩薩以神通力度化眾生的時候，就是他自己的遊戲三昧。舉個現實的例子，大家看濟公傳，濟公眞有其人，《大藏經》上記載宋朝年間道濟禪師的事蹟，你看他一天嘻嘻哈哈，盡是跟你開玩笑似的，那叫遊戲三昧。他是在度眾生，因為他能觀機。在小說當中說他是阿羅漢，可是他在行菩薩道，已經不是阿羅漢。剛才我們講解脫，菩薩利益眾生的時候，是解脫的不是執著的，是灑脫沒有疲勞的，他不感覺度眾生是行苦事，那不是罰苦工，是自己發心的，那叫遊戲三昧。度眾生他認為是遊戲，眾生得度，他就快樂了。

我們現在感覺一天從早到晚，上殿、拜懺、念佛，搞得很疲勞，哪裡還能說快樂呢？簡直是腰酸、腿痛、背痛，折騰得要死，快樂不起來了，從頭都是苦。為什麼？心裡沒有解脫。解脫了，他就感覺這是遊戲。有了力量，他不感覺這是苦，你剛修的時候是苦，得了三昧就自在了。三昧不一定是說入定。學教理的人用觀，觀就是三昧，一直思惟、思惟，思惟達到一定程度，就入了三昧。三昧就是慣習，等你入定的時候，水火都不近，火也燒不了你，水也潑不近你，那個時候是真正得到究竟三昧。

「金色妙眼主地神，得示現一切清淨身調伏衆生解脫門。」「清淨身」，什麼叫清淨身？一切世間相你都不迷惑了，惑染染不了你，世間種種諸相，你不被他們所迷惑。但是，可不能沒有大悲心，慈悲心是有的，慈悲心是因爲憐憫衆生的迷惑，生起慈悲心來調伏衆生，自己是清淨的。你清淨怎麼度衆生呢？你不清淨又怎麼度衆生呢？清淨是你的內部，你的心裡沒有惑染，外部現的是肉體，肉體本身就是不清淨的。舉剛才道濟禪師的例子，誰看見他，都髒兮兮的，穿得破破爛爛的，一擤鼻涕，就這一抹，你看他多髒！可是他清淨的，他看你才髒呢！內淨外穢，外頭跟衆生一樣的。菩薩如果高高在上，那衆生怎麼親近他。

文殊菩薩度衆生，現的相不是黛螺頂，或者廟上拜的那尊文殊像，不是這樣的，他現衆生身，你不曉得是哪一位。你看《地藏經》裡，佛跟地藏菩薩說，「我並不是光現佛身，什麼衆生相我都現。」這才能利益衆生。外在示現的是惑染，內在則是清淨的，這樣才能調伏衆生。

「香毛發光主地神，得了知一切佛功德海大威力解脫門。」內具德海是說地含眾寶，什麼都從大地出，一切眾生的衣食住行，什麼都靠大地出，百穀、藥草，都是從地出。香毛發光，地所生的草就是毛，這裡頭用一個「香」字形容。

大家可能去過野外，你在草地上躺一躺，聞著那草確實是香。如果你在西藏少數民族待慣了，你就知道，西藏燒牛糞，我看到他們抓把牛糞往火裡填，再把手這麼蹭一蹭，就抓糌粑往口裡吃。哇！我感覺髒兮兮的，等住久了，他那牛糞是香的。牛糞都是雪裡甕乾的，你在雪裡頭把牛糞撥拉出來，是乾的，燒起來非常好燒，還是香的，特別怪。你看起來是髒的，燒起來是香的。

我這是形容香毛發光。往往我們見的跟實際的情況不同，但是大陸的牛糞就不行。為什麼？他那裡的牛在山上吃的，儘是藥草，那草確實具足很多香氣。內蒙就有點味道，跟西藏完全不一樣了。你到西康到甘孜，那個地方的牛，牠屙出來的糞便完全不同。為什麼呢？牠吃的原料不同，草不同。西藏人在西藏沒有什麼病，一到大陸來不行！氣候一變，各種病都發作了，他在西藏沒事，一出來到四川到甘孜，到康區到青海，都不同了。

過去古人說，一方水土養一方人。現在整個世界都交流了，哪方水土都養，十方水土養十方人。以華嚴境界來說，華藏世界就養華藏人，管你極樂世界也好，藥師琉璃光如來世界也好，現在我們所待的世界都如是。

「寂音悅意主地神，得普攝持一切眾生言音海解脫門。」「寂音」，寂是寂靜，形容不高聲、不大聲喧嘩。佛弟子言語之間要輕微，要微細柔和、不粗獷。大概學戒律的，三千威儀、八萬細行，就包括這些。菩薩是隨類現身的，不一定現哪一類身，對著哪一類眾生，他表現的，都是攝受那一類眾生的。

「妙華旋髻主地神，得充滿佛剎離垢性解脫門。」離垢爲性，等到〈離世間品〉講離垢性講的特別多。前頭講燄雲，燄是表智慧的，智慧像雲一樣，普徧的把眾生的垢染去除掉，讓他恢復本來的。

「金剛普持主地神，得一切佛法輪所攝持普出現解脫門。」我們經常說「佛法輪」，輪者是比喻，形容旋轉不息。旋轉不息做什麼呢？除掉一切眾生的惑染。車輪是不停的，車輪一開動就不停，永遠有人相續說法不斷，只要有法緣，沒有法緣聞不到。法輪常轉，一個是摧破一切眾生無明，一個是恆轉不息，一個是圓滿。佛所說的法圓滿沒有缺陷，就像那輪子是圓的、沒有缺陷的。佛轉法輪，一切世間天人，都能夠聞法，都能遇到法輪，除掉你的惑業、惑染；惑染一般是指邪見、惡見，以見爲主，同時也攝持你的心，心常載道。

爾時普德淨華主地神承佛威力。普觀一切主地神眾。而說頌言。

如來往昔念念中　大慈悲門不可說
如是修行無有已　故得堅牢不壞身

佛的身是不壞的，法身是不壞的，因地當中，佛慈悲利益一切衆生，是爲了衆生修行的，不是爲了自己，沒有自己的觀念。

三世眾生及菩薩　所有一切眾福聚
悉現如來毛孔中　福嚴見已生歡喜

這是堅福莊嚴主地神。他普現一切衆生，令一切衆生得福德力解脫門。

廣大寂靜三摩地　不生不滅無來去
嚴淨國土示眾生　此樹華神之解脫

妙華嚴樹主地神，普入諸法出生一切佛刹莊嚴解脫門。

佛於往昔修諸行　為令眾生消重障
普散眾寶主地神　見此解脫生歡喜

普散衆寶主地神，得修習種種諸三昧，令一切衆生除垢障染。

如來境界無邊際　念念普現於世間
淨目觀時主地神　見佛所行心慶悅

淨目觀時主地神，他令一切眾生常時得快樂，遊戲三昧。這個我想大家都想入遊戲三昧，天天快樂。

妙音無限不思議　普為眾生滅煩惱
金色眼神能了悟　見佛無邊勝功德

金色眼神顯示一切清淨調生的，調伏一切眾生身口意三業。

一切色形皆化現　十方法界悉充滿
香毛發光常見佛　如是普化諸眾生

香毛發光主地神，他了知佛的一切功德，了知佛的一切威力，然後讓眾生假佛的威力，得到解脫。

妙音普徧於十方　無量劫中為眾說

悅意地神心了達　從佛得聞深敬喜

寂音悅意主地神，他得普攝衆生言音海，說法令衆生都能解，都能生歡喜。

佛毛孔出香燄雲　隨衆生心徧世間
一切見者皆成熟　此是華旋所觀處

妙華旋髻主地神，他得充滿佛刹離一切塵垢解脫門。

堅固難壞如金剛　不可傾動踰須彌
佛身如是處世間　普持得見生歡喜

金剛普持主地神，得佛法輪所攝持普出現解脫門。這在〈疏鈔〉上解釋很多。四大部洲中心有個須彌山，又叫金剛山，翻譯的不同，解說的也不同。

現在我們對這個的爭議很多，經上說這個世界唯獨須彌山，現在科學家發明了，可以到月球轉一轉，連飛機都能到火星，但是沒有碰到須彌山。須彌山在哪裡呢？須彌山是世間相，說以須彌山爲分，以一個太陽行星、一個月亮行星，圍著四大部洲轉，另外的沒有。那四天王頂，須彌山頂上呢？帝釋天就在須彌山頂。

這個我們現在說不清楚，講是可以講，在〈世界成就品〉講得很多。妙高峯是意境，不是形象。兜率天在須彌山頂上，不是我們這個山頂上，不要儘將那個意識放到我們那個山，說須彌山也是像我們這個山一樣的，待在山頂上有個帝釋宮，天有四個就是四大天王。四天王天既然是天，自然就離開物體，在空中了。須彌山叫妙高峯，屬於意境。

主城神十法

復次寶峯光曜主城神。得方便利益眾生解脫門。妙嚴宮殿主城神。得知眾生根教化成熟解脫門。清淨喜寶主城神。得常歡喜令一切眾生受諸福德解脫門。離憂清淨主城神。得救諸怖畏大悲藏解脫門。華燈燄眼主城神。得普明了大智慧解脫門。燄幢明現主城神。得普方便示現解脫門。盛福威光主城神。得普觀察一切眾生令修廣大福德海解脫門。淨光明身主城神。得開悟一切愚暗眾生解脫門。香幢莊嚴髻主城神。得觀如來自在力普徧世間調伏眾生解脫門。寶峯光目主城神。得能以大光明破一切眾生障礙山解脫門。

一共有十法。中間的第九位主城神脫落了，我們念的偈頌只有九個。

寶峯光曜主城神，他得到的是方便利益眾生，什麼方便呢？光。以光爲方便來成熟眾生，光的涵義就是智慧。

妙嚴宮殿主城神，他得的法門是知道一切眾生的根教化成熟，得到這麼個解脫門，就是知道眾生的根機。知道眾生的根機，就應機說法，對症下藥，就是這個涵義。

清淨喜寶主城神他得到的法門，是令一切眾生常時歡喜，常時受福德，不失掉福德。怎麼樣才能福德常存呢？必須護持三寶，得到三寶的加被，使他得的福德不失掉。我們經常說護法、護法，護什麼法？法是指著什麼說的？法是指有教法、有理法、有行法、有果法。有的人對三寶譏毀，毀謗三寶，佛弟子對著人家毀謗三寶，你該如何呢？折伏他，不讓他毀謗。這就有鬥爭，有利害關係，你若怕失掉你所得到的利益，護法心就不切了。

在《華嚴經》講護法心，寧捨生命，特別是法受到傷害的時候，你就要護持。這個後面會解釋的，前面是標題，大略說一下。

佛所教授的言語，後來把他結集成經，這叫「教法」，就是佛教授我們的一些修道方法。所謂言說必詮實義，實義就是理，這叫「護理法」。修道者修行的時候，有被人傷害的時候，阻礙他修道的時候，我們要護持他，這叫護行，成就佛果。但是教、理、行，這三個要特別注意，佛已經成正覺了，但是有人毀壞佛像，你應當如何？這叫護的果法，護法有這麼四種區別。人家毀壞佛經，你護持；佛經裡頭教法也含著理；遇到單獨修行的行者，要護持他，讓他得成道業，這些都叫護法。在十信當中，護法心很重要的。這有內護、外護，出家二眾，叫內護，在家二眾叫外護。又者，在家出家四眾弟子都稱外護，什麼是內護呢？護心，防護你的心，這就不容易，這個心就具足教、理、行、果。護法的時候，法就存在，沒人護法了，法就漸漸淹滅了，就是這個涵義。

「離憂清淨主城神，得救諸恐怖大悲藏解脫門。」憂是憂愁、煩惱，一有憂愁煩惱，就不清淨了，有憂愁的人，你把他的憂愁給解除了，來救護他，但是得有大悲心。而這個悲救無盡，無盡是含藏的意思，悲無盡、救亦無盡，大悲心救度眾生無盡。

「華燈燄眼主城神，普明了大智慧解脫門。」「普明了」，了解佛的智慧，了解並不等於證入。我們講《華嚴經》，可以從菩薩講到佛果，了解成佛就是這麼成的。先發心，有了信心了，再發菩提心，三十法門，十住、十行、十迴向，然後十地，這個我們都了解了。這個了解是識的了解，不是智的了解，而且是從佛的教授語言文字了解的，不是證的。這個了解有深有淺。「華燈燄眼」，燈燄都是形容智慧的，他得了「普明了」這麼個大智慧。

「燄幢明現主城神，得普方便示現解脫門。」「方便示現」，遇著什麼因緣，得方便善巧，示現眾生所喜歡的，使他能得度。

「盛福威光主城神，得普觀察一切眾生令修廣大福德海解脫門。」這個解脫門是讓一切修行者具足佛德。這個有淺有深，淺說了，說現在從文字、從語言理解到佛的福德，佛德有法身德、有般若德、有解脫德，能夠具足跟佛的福德相似，乃至分證究竟圓滿。

「淨光明身主城神，得開悟一切愚暗眾生解脫門。」「淨光明身」，這很不容易。我們因爲不懂俗諦的道理，所以就迷俗諦；眞如道理不懂，這叫迷眞。俗諦也不懂，眞諦也不懂，這叫愚暗。因此佛才開示令我們悟入佛的眞俗理體，就是令我們眾生悟入佛所證的果德。

在《法華經》講「開示悟入」。清涼國師舉例說，有一個人生下來就是個瞎子，既不能明事也不能明理。在解釋經卷的時候，有時經文上不理解，就打比方吧！因緣譬喻，十二種教法有因緣譬喻。說這個不知道，加個譬喻、比方說吧！以前不知道，到佛出世，佛給我們講解就知道了。

例如，我們不明白什麼是常樂我淨，常樂我淨是佛的四德。他就用這四種譬喻，貝殼、稻米、雪、鶴。生盲的人，從來沒有看見，他喝牛奶、喝乳酪，他問人家：「這乳酪我喝著是喝了，不知道是什麼顏色？」別人就告訴他了，乳酪是白色的，他說看不見、不知道。說像貝殼似的，是白色的；又像稻米末是白色的。

這盲人怎麼理解呢？盲人是從他的感受來理解，我們是從看見來理解。說那個乳的顏色，像貝一樣的，是白顏色的，盲人就不清楚。他說這個乳的顏色像稻米那樣子似的，稻米是柔軟的，他當成柔軟的解釋，這是從他的感受來理解的。說像雪一樣的，雪是白的了，說稻米末像下雪一樣的，他也不理解，什麼叫雪，沒看過；他說像水一樣的，這也不是水。又把這個再理解說像白鶴，這叫四種比喻，他還是不能懂。用四種比喻來認識乳的顏色，他還是不能知道，爲什麼呢？他沒有看見，他是從他領受的感覺，把乳一比成鶴，鶴是動的，他說那個乳的顏色是動的，因爲白鶴是動的，這是錯誤的。

佛所說的常樂我淨四德，或者諸位祖師，給我們講常樂我淨，我們的智慧眼沒有開，沒有智慧就是瞎摸索，根本不理解常樂我淨。我們沒有智慧的時候，對我們所修道、所聞法、所理解佛的教授，都是瞎揣，慧眼沒有開，都在摸索當中。

大家在拜佛的時候做觀想，說能禮的我，現在求懺悔的我，所禮的佛，能禮是空的，所禮也是空的。我們是摸索的，所理解的那個空不是智慧，空是空智，我們往往理解空就是沒有，這個理解是錯誤的。空不是沒有，你現在就在這兒拜佛，怎麼沒有？佛沒有住世，你拜的化身佛，就是佛像，這是有。這得有智慧，智慧怎麼理解呢？說這是像，不是眞佛，能禮的我也不是眞我，是四大假合的假我，這樣理解就叫眞正地理解了，不這樣理解就不是眞正理解。

香幢莊嚴髻主城神，他破了一切煩惱的臭氣，出生一切智，智裡具足了性的香氣，得這麼一個解脫門。這個解脫門用智慧眼來觀，就是心。香臭是聞性，這個聞不是聽聞的聞，是香的氣味跟臭的氣味。香就是智慧，就是解脫，臭就是煩惱，以智慧的體爲香體，化度衆生的一切法門，這叫香氣。

這個是約智性去理解的，怎麼樣理解呢？性空之體，沒有香也沒有臭。煩惱呢？本來沒有煩惱，像我剛才講：「能禮所禮性空寂」，智慧跟煩惱兩個都沒有實體的。看見這個人不高興，知道他煩惱了，但是拿不出來，煩惱是什麼樣子呢？表現的不高興。有了智慧，度生也好，利己也好，都能明了。沒得智慧了，他處於黑暗當中。因此有智慧跟沒智慧，就跟香和臭似的。若吹陣香風來，人都高興了，神清氣爽；若臭氣來了，人就躲避它，就煩惱了。

這個香幢莊嚴髻主城神，他開發一切衆生的智慧。一切事物都有個氣氛，例如我們一進屋子，看見這個房屋裡坐著幾個人，這個繃個臉，那個一臉不高興。你就知道氣氛不對，說話要注意。看大家歡歡喜喜的，這叫氣氛，見聞覺知都有個氣氛。前頭說的色是見，現在香、臭氣是聞，無論見、聞這個氣氛，你覺悟了就能調理它。

做夢，夢是神遊。清涼國師引證迦旃延的故事，說做夢，夢是神，是你那個神識作用，肉體沒有什麼。我們講這個夢，夢裡頭含著什麼呢？聞香、聞臭。講做夢的意思，夢，我們經常講，說「一切有為法，如夢幻泡影」，夢是假的了。但是，有時它不假。怎麼樣不假呢？舉個例子，漢武帝有個圓夢的大臣，專門圓夢的，你一說出夢來，他就給你圓成了吉凶禍福。

皇帝他沒有做夢，他跟那個圓夢的大臣說：「我做個夢。」其實他沒有做夢，說假話了，他考驗考驗這個圓夢大臣，看他怎麼圓。夢見什麼呢？「夢見我這個殿上兩片瓦變了鴛鴦飛走了，你給我圓圓，這是什麼夢吧？」圓夢的說：「宮中必有暴死之者」，說後宮一定有人突然間死亡。皇帝說：「你瞎說，我是戲你的，我沒做夢。」正在這個時候，後宮來跟他說，後宮兩個宮人相毆，互相殺死了。

漢武帝非常驚訝，他說：「我沒有做夢，你怎麼把它圓成了呢？」夢是神遊，夢是神，是你精神的神遊。你想說話，一定動腦筋的，動了你那個神了，你想說的話就是做夢。從這個道理，你可以開悟。

像你要說話，說出話來就是做夢，「但有言說都無實義」，是這麼解釋的。他本來沒做夢、瞎說的，想看看這個圓夢的，嘿！這個圓夢的就把他圓好了，後宮就實現了，變成事實。

你想說話就是做夢，這叫什麼呢？見聞氣氛，見聞覺知都有氣氛，這就叫氣氛。人，你看得多、事情知得多，愛做夢，夢境就多，它就反應到你的神識當中。你的熱氣多了，溫度熱得高了，你夢見就是火；你的身上寒冷了，你夢見就是水。

等你睡覺時氣很不順，這個氣不順就是氣很多，就夢見飛，這就屬於風。見聞多了就入夢，天人入夢，菩薩給你示現在夢裡頭，讓你做夢示現境界相。

修道者的夢多數是護法，或者你修哪個本尊，或者地藏菩薩，或者文殊師利菩薩，來入你的夢幫助你做事。你念《地藏經》得到加持，你的道友們，或者皈依你的弟子也念《地藏經》，這叫神交。他的夢跟你的夢，他念《地藏經》跟你念的通了，你也念他也念，他得到效果，夢是假的，但它變成眞的了。

阿羅漢有這本事叫你做夢，我們剛才講的迦旃延尊者，迦旃延尊者有位徒弟是希羅王。這國王把王位捨掉了，跟著迦旃延尊者出家，到山林裡頭修道。在修道當中，另一個國家的國王到這個山裡頭郊遊，這個鄰國的國王叫阿盤地，阿盤地國王有點疲勞了，他休息一下，結果就睡著了。在他睡著的時候，他的宮女就到迦旃延弟子希羅王跟前聞法，他給她們說法。這阿盤地國王醒了以後，看宮女都沒有了，他就找，這一找看見他這宮女在比丘那兒聞法。

這國王不信佛的，生起嫉妒障礙了，他就鞭打這位比丘。這位比丘心裡很痛苦，很煩惱，心想非要報復不可，生起怨恨心要報復。他跟他的師父迦旃延尊者告假說：「我要回去。」迦旃延尊者就勸他：「不要回去，好好修道。」說：「不，我一定得回去。」迦旃延尊者說：「好吧！你要回去，明天早晨走，今天晚上在這兒住一晚上。」希羅王說：「那可以，留一宿吧！再住一晚上。」

晚上，迦旃延尊者就讓他做夢，夢見什麼呢？希羅王夢見他回國了，回到國內後，國人都歡迎他，還把他立為王。他跟大臣商議，他說：「鄰國阿盤地這個國王他污辱我，我要發兵去跟他戰鬥、報仇。」就發兵跟阿盤地國王打仗，結果打了敗仗，打敗了就被阿盤地國王抓起來了，就要殺他、要刑戮他。在這個時候，希羅王遇見他的師父迦旃延，迦旃延就告訴他說：「我以前勸你，你硬是不從，現在被人殺戮了。」他說：「師父，你救我命！」他祈求師父。

這麼一求救命的時候，就醒了，醒了一看是做夢。不是留他一宿嗎？這一宿，迦旃延就讓他做個夢。夢醒了，他也不要回家，也不當國王，這個冤仇就解了。這是印度的故事。

夢是眞的？假的？有好多人因夢覺悟了，這裡頭有菩薩加持力，有護法加持力。大家怎麼樣認識夢？這個夢你容易認識，睡著了醒了，這是個夢，現在你還在做夢呢！這個夢，你可不容易醒，說死了，該醒了！死了你也沒醒，死了還繼續做那夢。

現在講了一百多尊神，你從那個理上去悟，理上怎麼悟呢？都是教授你的，隨時用夢警覺你，是你做的不夠。像我個人，差不多一生盡得到夢的警醒，出家也是做夢，朝山也是做夢，入佛學院也是做夢，常時做夢。犯了錯誤，住監獄之前做夢，要離開監獄了，也做夢，說你要出去了。

最近我又做夢，護法神責備我，說我沒有慈悲心，天天講大慈大悲，他問我：「大慈大悲怎麼講？」我就按我學的來給他講，唉！他說：「你說的是一套，做的不是這麼回事。」

怎樣才是大慈大悲呢？大家想吧！我們在講每一個神的時候，有時候我們把他發揮一下，遇著那個境，隨那個緣，有的就隨文念一下，因爲這是通的。你看吧！慈悲，答的都是慈悲喜捨，誰都知道，做起來可完全不是這麼回事。我們都是佛弟子，都發慈悲心吧？遇著境了，慈悲沒有了，都想到自己的利害關係。什麼叫利害關係呢？說這樣做可能有害，這樣做了可能沒害。有利的就做，有害的就不慈悲了。說那還行？慈悲生禍害了。說代眾生受苦，能讓一切眾生破障礙、除煩惱。度眾生，我們講的不但度眾生，而是大慈大悲。華嚴境界是什麼境界？都是學華嚴的，但遇著事實了，退縮得連二乘人、佛弟子的資格都失掉了，都是考慮自己的利害關係。

學法呢？找一個解脫的方法，找個了生死的方法，找個斷煩惱的方法，就是學法。學就是學方法，可是學而不用。說這樣做不好，這樣對我有害，不做吧！對於人家有好大利益，那不管他了，對我有害，我就不做了，對我有利的就去做，以爲我就是慈悲了，那不叫慈悲。

每位道友學法的時候，現在我們學的都是菩薩，這些大菩薩不管他示現神也好，示現鬼也好，示現夜叉也好，不管他示現什麼也好，心是菩薩。我就隨著清涼國師，引證這一段，說夢是神遊，解釋迦旃延這個故事。

你的鼻子聞著這個香氣，聞著這個臭氣，乃至於發了衆生的智慧，像夢遊一般，這都是神識所顯現的。懂得這個道理，把他運用到自己的生活當中，運用到行菩薩道當中，運用到你的修行當中。我們都在修行，怎麼修？把你的行爲修得跟佛菩薩相合，如果你修來修去，還是離不開衆生界，還在六道裡頭轉，那等於沒有修，就是這個涵義。

「寶峯光目主城神，得能以大光明破一切衆生障礙山解脫門。」衆生他沒有障礙了，還求菩薩做什麼？若行菩薩道的時候，衆生都像菩薩一樣的，那你這個菩薩道向什麼行去？衆生就是衆生。看他的業障重，那他正要靠著你幫助，他的業障不重，怎麼墮落衆生？怎麼到這個世界來？你是菩薩應當這樣來認識，那一切衆生五蓋、十纏，這二障，重重疊疊的，若沒有大智慧怎麼能破得了呢？

所以必須以大光明的智慧破一切衆生的障礙，幫助一切衆生解脫，每一個佛弟子都應當這樣做的，因爲佛是這樣做的。你不是學佛嗎？不是想成佛嗎？你也應當這樣做。自己障礙重，做多、做少，隨你的力量。

什麼叫解脫呢？解脫就是無罣無礙無障的。我們不行，這個規矩、那個制度，把你都障礙住了。舉個例子，我們知道大悲觀世音菩薩吧？我們有什麼事都求觀世音菩薩，因爲他大慈大悲。觀世音菩薩是持戒是破戒？我們沒有一個人敢說觀世音菩薩破戒了，沒有一個人敢這樣說吧？但是觀世音菩薩度衆生的時候，什麼相都現。

例如觀世音菩薩有個像，提著個籃子，是提籃觀音。籃子裡裝的是什麼？是魚，賣魚去了。化現非常美麗的美女，拿著魚去賣，那才好賣啊！衆人圍的不得了，她以色相示人，有些貪她的色，想要娶她爲妻，其實她是度這些人。那些年輕的，愛她的美色，要討她爲妻，她說可以啊！就先讓他們背《心經》，《心經》大家都背了，她說你們這麼多人都背了，我嫁給誰？再念〈普門品〉。〈普門品〉也都會背了，再念一部《法華經》。要求去要求來，最後只剩一個，以一天的時間就把《法華經》背了。但是，她結婚的當晚就死了，那馬狀元看見，哎呀！人命無常，放下出家，修道成就了。

菩薩是這樣度人的，每個菩薩都如是。現在我們這個道場的本師文殊師利菩薩，什麼相都現，我們能見到有幾個呢？每天都跟文殊菩薩在一起，還要去見文殊菩薩，你哪兒見去？文殊菩薩告訴你了，你修文殊法，那就是文殊菩薩，天天跟你在一起。你修觀音法，觀音菩薩就天天跟你在一起。你修地藏法，地藏菩薩跟你天天在一起。

菩薩知道你的心，讓你怎麼去做，讓你怎麼去修行，這就是眞的，這才能把衆生的障礙山破了。要想度衆生，破衆生的障礙心，破衆生的貪、瞋、癡，哪是那麼容易的？無量刦來根深蒂固的，那些大菩薩他不捨啊！所以就把他度了。我們學菩薩道，學斷煩惱，要學解脫，得這樣去做。

再舉個例子，我在杭州聽到很多，這是事實，所以傳了五六百年。道濟禪師有很多例子，但是他走的地方不多，從溫州到寧波到杭州，方圓十幾縣，這十幾縣的人，得他度的相當多。有人這樣問過我：「你們和尙，現在還有沒有像濟公的？」我說：「我不知道，起碼我不是。」他說：「爲什麼你不學他？」我說：「我學不了，我若像他我就下地獄，他可以解脫，可以度別人，我不知道別人想什麼，我沒有那麼大本事。」

比如說道濟禪師度董平，董平是個幹什麼的呢？殺狗賣狗肉的，他把他度化了。道濟禪師度化他的時候，得讓他生起善念，不生起善念來，因緣不成熟，你度不了他；他發起善念來，你一幫助他，他就得度了。道濟禪師有這個本事，但是你的善根沒成熟、度不了。

董平是個賣狗肉的，這天他殺狗時，明明把刀子拿出來了，擱到接狗血的盆子裡，他到屋裡去轉一圈回來，刀子沒有了！他就很奇怪，東找西找，怎麼也找不著，後來在母狗的小狗身底下發現。小狗把那刀叼著，趴到牠身底下，董平這麼一踢那個小狗，他看那個刀就在小狗底下趴著了，他就難過了。因爲他很不孝順，打他媽媽、罵他媽媽，他說：「我還不如一隻狗，這隻狗還知道護持、孝順牠母親，我對我的媽媽太不孝了。」

就這麼一念，本來他今天該死的，道濟禪師才來度他。然後，他就給他媽媽磕三個頭，他說：「我今天向您老人家懺悔，我以後絕對孝順您，我今天先把狗肉賣了，再不做這個生意。」他把狗肉推出去賣。一會兒他內急，想解大手，他就把推的那小獨輪車擱那兒了，跑到一個牆背後去解手。哈！濟公就來了，推著他的小車就跑了，這一下他急了，「這是我全部的家當，你給我推跑了，我將來怎麼生活？」提起褲子就攆，他剛一起來往外一跑，解手的那個牆，突然就倒了。把他嚇得一身汗，他說：「假使晚起來兩步，那牆不就把我打死了？」

他一邊走一邊喊，說：「師父，你救了我一命，我分給你一半。」其實濟公要他的狗肉幹什麼！這是一件事，我們說這犯戒不犯戒？

另外一件事，道濟禪師度董春香。董春香被人家賣到妓女院，他到妓女院去度董春香，叫他一個在家弟子蘇北三，讓蘇北三陪他逛妓女院，你說一個和尚逛妓女院犯戒不犯戒？而且又穿著和尚衣服。所以，大菩薩示現度眾生的行跡，不拘小節。也有人問我說：「道濟禪師在靈隱寺住，是他的師兄廣亮對？還是他對？」好多人都罵廣亮和尚。我說：「廣亮對，道濟不對。」他說：「哎！你怎麼這樣看法？」我說：「我是和尚，我當然是這樣看法。」他說：「和尚，你怎麼不學濟公？」我說：「我學他幹什麼？」他說：「你學他度人。」「我沒有那個本事。」

廣亮和尚是廟上的當家師，是維持廟上秩序的，道濟是破戒的，和尚都那樣做行嗎？都到廟上吃狗肉、喝燒酒，這個廟還像個廟嗎？

我說，不能從菩薩的權巧方便，來作爲寺廟的常規，這是不可以的。不管怎麼承認他是菩薩，佛沒有這樣做，我們是學佛的，這是菩薩示現，舉觀音也好，文殊師利菩薩也好，示現很多的，大菩薩可以，他有這個本事，他可以、我們不行。

學佛法的時候，有時要權，有時要實，權是方便善巧。有了智慧，方便都是解脫的，做什麼都是解脫的。沒得智慧，你做什麼都是束縛的。學法要學得能夠通權達變，權是善巧方便。人世間的一切事物變化無常的，有時就要隨緣，不能太執著了。有時候也不能太隨緣，太隨緣就亂了。隨緣不是轉化成跟壞事一樣的，隨緣要轉緣，諸佛菩薩是隨眾生緣，隨緣的目的叫他達到性空，隨他緣起的緣，讓他回到性空的境界來，不是隨緣一直隨緣，那就麻煩了。

但是，度得量力，看我自己有沒有那個道德？我有沒有那個力量？你沒有那個道德、沒有那個力量，還是守成規爲好，老老實實修行，不能成佛、不能了生死，至少我還不會下地獄，這點一定要掌握住，不然你隨緣了，就隨到地獄。所以這些菩薩他雖然示現，他的本體不是這樣子。

「寶峯光目主城神，得能以大光明破一切眾生障礙山解脫門。」這樣才能破一切衆生的障礙山，大光明就表示智慧無礙，善巧方便無礙，這是十個主城神，他們所得的法門。

爾時寶峯光曜主城神承佛威力。普觀一切主城神衆。而說頌言。

導師如是不思議　光明徧照於十方
衆生現前悉見佛　教化成熟無央數

這個爲首的主城神以他所證的境界讚歎佛的功德，導師就是佛了，佛是眞正不思議的。佛的功德不思議，佛的利生事業不思議，佛的智慧德行是徧照十方的，「光明徧照於十方」。衆生哪個有緣，哪個求，「衆生現前悉見佛」，佛就現一切衆生前，教化成就所有的衆生，離苦得樂的數字太多了。寶峯光曜主城神，他就跟著佛學，得到佛的方便利益衆生解脫門。

我們經常說學佛學佛，爲什麼要學佛呢？因爲他能解脫，能夠得自在，能夠光明。光明就有智慧，光明能破除黑暗，能把我們的障礙山都破了，這個要學佛。像剛才舉的那些祖師，那不是常法，學不好會下地獄的！學佛不會的，永遠不會走偏路。人說畫虎不成反成貓，你想當菩薩沒當好，還是跟佛學最穩當。我剛才說善巧方便，各個祖師很多，還是以學佛爲準。

諸眾生根各差別　佛悉了知無有餘
妙嚴宮殿主城神　入此法門心慶悅

以下每個主城神，都得了佛的一部分解脫，得了一部分的心要。

如來無量劫修行　護持往昔諸佛法
意常承奉生歡喜　妙寶城神悟此門

諸佛都是護持佛法，護持往昔的一切佛法。釋迦牟尼佛護持迦葉佛的佛法；彌勒佛下生的時候，護持釋迦牟尼佛的佛法，涵義是這樣的。佛經過無量劫的修行，使佛法常住世。佛是覺悟的覺，覺悟的方法常住世，一切衆生得覺悟。覺悟的方法常住世，一切衆生都能覺悟。

如來昔已能除遣　一切眾生諸恐怖
而恆於彼起慈悲　此離憂神心悟喜

離憂愁煩惱神他悟得了，佛令一切衆生無恐怖，他也成就利益衆生離開恐怖。這就是佛的慈悲，讓一切衆生離恐怖，但是你得求。爲什麼我們一有恐怖了，一念佛，心馬上就安了？這是你的心安了，你的佛心現了，一念佛，心裡就安定。最煩惱的時候，把佛號提起來，在那兒靜坐一念，清涼水就來了，就把煩惱洗除了。

佛智廣大無有邊　譬如虛空不可量
華目城神斯悟悅　能學如來之妙慧

這個妙慧，慧上加個妙，就是深的意思，慧達很深、慧悟很深。華燈燄眼主城神他理解到，大智慧的解脫門，大智慧就是妙慧。

如來色相等眾生　隨其樂欲皆令見
燄幢明現心能悟　習此方便生歡喜

燄幢明現主城神，他得了普方便，讓一切眾生得解脫。

如來往修眾福海　清淨廣大無邊際
福德幢光於此門　觀察了悟心欣慶

盛福威光主城神，他得到普觀察一切眾生，令一切眾生修福德。修福德有很多，包括布施，一提到布施，大家就想到錢。物質的布施只解決衆生一時的痛苦，解決不到衆生永久的痛苦。

還有一個大布施，以法布施，讓衆生永遠解除痛苦，這才是眞正的布施。若行布施，像我們出家二衆，要布施給衆生的慧，布施給衆生的福，勸衆生修福，修福就恭敬三寶、禮拜三寶，這種福德最大。

像普壽寺的道友們，有很多人持銀錢戒，你拿什麼錢布施？而且十大願王普賢菩薩教授我們，讓我們法布施，以法布施，勸人念句佛，乃至對待畜生，你給牠念幾聲阿彌陀佛，念幾聲聖號，這叫法布施。不要把眼光都注重到人。最討厭的是蒼蠅、蚊子，還有老鼠，對牠們特別要法布施，轉牠這個報身，這叫布施。不要兩眼光盯到錢上，光盯到財物上，那是臨時的，解決不到什麼問題，解決他一時的，解決不到永久的，法布施能解決永久的。

和尙一說布施，在家居士就認爲：「噢！和尙又化緣了。」我說：「你搞錯了，布施有好多種類，這個財布施是有限量的，也只是現生，有時我們還做不到，都是窮和尙，你哪有錢布施？」但是我們法不窮，身窮道不窮。永嘉大師說的：「窮釋子口稱貧，徹底窮來有幾人！信手打開無盡藏，磚頭瓦塊盡奇珍。」和尙一開口就是窮，「窮釋子」，就是窮出家人；「口稱貧」，經常說貧僧、貧道，簽名都簽貧僧貧道。「不窮」，不窮是什麼呢？心的財富。說你窮得不徹底，有哪個窮得很徹底？這個徹底是什麼？煩惱斷盡，這才徹底。這個時候，「信手打開無盡藏」，磚頭瓦塊都變七寶了。道濟禪師就拿塊石頭，啪！一吹氣，就變了一塊銀元寶；在身上搓搓汗毛、搓搓身上泥巴，說是伸腿瞪眼丸，就是救命仙丹，吃了就好了。這是神通妙用，不是那個東西，而是他的神力。

凡是燄、幢、光都是形容智慧的。如來色相，隨他的樂欲讓衆生見，大家認爲如來的色相就是見佛的金身，你看一個銅鑄的、木雕的、泥塑的，只要你見著就是佛的全身。是我們分別心，說這是泥塑的、這是銅打的、這是金子鑄的。

還有一個是密宗，「哇！這是大師加持過的，這尊佛像靈的很！」你的心不靈，照樣的不靈，不是相，而是你的心。你想見佛像，見佛的色身，你的心裡作觀想，把你的心變成佛心，你就是佛，心要這樣的開悟。如來往昔修的一切福德智慧，那是清淨的、廣大的，清淨的福不是世間人天的福。什麼叫清淨福？清淨福德就是智慧，是你本來所具足的法身理體，能夠了悟你的心，這就對了，這是最大的福德智慧。

衆生愚迷諸有中　如世生盲卒無覩
佛為利益興於世　清淨光神入此門

淨光明身主城神，得開悟一切愚暗的衆生。愚癡黑暗一切衆生，這一類衆生是什麼呢？糊里糊塗的，他就像瞎子一樣的，沒有智慧眼，這是形容詞。佛爲令一切眾生開智慧，才出世間的。清淨光神明白這個道理，他悟得了。

如來自在無有邊　如雲普徧於世間
乃至現夢令調伏　此是香幢所觀見

香幢莊嚴髻主城神，破一切眾生煩惱的臭氣，出生一切智慧的香氣。形容煩惱是臭氣，智慧光明是香氣，得到這個解脫門，乃至夢中，讓人家做夢，用夢來調伏他。

眾生癡暗如盲瞽　種種障蓋所纏覆

怎麼樣盲呢？就是障和蓋。二障有業障、煩惱障，二障五蓋，把你纏縛住了。

佛光照徹普令開　如是寶峯之所入

寶峯光目主城神，他以大光明破一切眾生障礙山解脫門。障礙山也是形容詞，我們那黑暗就像山似的，永遠見不到太陽光，永遠見不到月亮光，障礙住了。佛的智慧光明，被自己的我障、煩惱障、我執、我見障礙住，因此就解脫不了。

因爲我們耽誤了很久的時間，今天盡講故事、說夢，你們若說出去，夢參老和尚盡講夢，不是我講夢，人人都在夢裡頭，等什麼時候夢醒？等《華嚴經》都學完了，大家都醒了，就不做夢了。

道場神十一法

復次淨莊嚴幢道場神。得出現供養佛廣大莊嚴具誓願力解脫門。須彌寶光道場神。得現一切眾生前成就廣大菩提行解脫門。雷音幢相道場神。得隨一切眾生心所樂令見佛於夢中為說法解脫門。雨華妙眼道場神。得能雨一切難捨眾寶莊嚴具解脫門。清淨燄形道場神。得能現妙莊嚴道場廣化眾生令成熟解脫門。華纓垂髻道場神。得隨根說法令生正念解脫門。雨寶莊嚴道場神。得能以辯才普雨無邊歡喜法解脫門。勇猛香眼道場神。得廣稱讚諸佛功德解脫門。金剛彩雲道場神。得示現無邊色相樹莊嚴道場解脫門。蓮華光明道場神。得菩提樹下寂然不動而充徧十方解脫門。妙光照曜道場神。得顯示如來種種力解脫門。

這是道場神，場是處所，道是有說道、有行道、有證道。行道、說道的處所，這都有神護持的。例如我們在這個地方說《華嚴經》，這個道場有沒有道場神？不但有而且很多。凡是行道的處所、說道的處所、證道的處所，成就了當然有道場神護持。神有時候是沒有實體的，神並不是有實體的。我們睡覺的時候，實體的、幻化的睡著了。但是你的神識，那就叫神，神就是你的神識，看著無形無相，實際他起了很多作用。所有的道場是有神的，這些神不是一般的，都是大菩薩示現來護持道場。每一個道場神，都有他得的一個法門，我們上來所念的就是他所得的法門。

以下略作說明，是按他的名字、文字解釋一下而已。依理呢？這一百多個道場神大致相同，再加上菩薩，一共二百多位。

淨莊嚴幢道場神，他得到出現供養佛的廣大功德，以功德來莊嚴道場。這得有道場的佈置吧？花、香、燈、供桌等等，這都叫莊嚴具。淨莊嚴幢道場神，他的誓願、發願能夠滿願了，滿願有力量了，有什麼力量？有供養的力量。他的供養是有佛出現了，那才供養莊嚴具。這個莊嚴具是有形有相的，有時候意供養、有時候法供養，這是不可見相的，這個力量很大。只要有佛出現，莊嚴具自然就現前，那就是這些神供養的，這個莊嚴道場神，他就是如是做的。

「須彌寶光道場神，得現一切眾生前，成就廣大菩提行解脫門。」他能夠以他的願力成就廣大眾生，讓眾生發菩提心、行菩提行，令一切眾生都能仿效他的做法去做。做什麼呢？布施，布施就是供養，布施有上供下施，對佛就是供，對眾生就是施捨。

「雷音幢相道場神，得隨一切眾生心所樂令見佛於夢中爲說法解脫門。」眾生心所樂見的、所喜歡的，想見佛聞法，無論什麼時候什麼處所，他就普徧的示現給這個眾生，在夢中警覺他，讓他聞法。如果修道者、行道者得到諸佛菩薩的加持，在夢中警悟你，使你的道心增長。

我們經常說，夢是夢幻泡影，不但夢是夢幻泡影，就是你現在這個實體，也是夢幻泡影。我們經常說，看破！放下！這個道理我們道友都懂得，不論比丘、比丘尼、優婆塞、優婆夷，四眾弟子都懂得，懂得就是明白了，明白是一回事，做起來又是一回事。明白了不見得能做得到，做得到了不見得能證得到，證得到就成就了。雖然你在做，但是做得不夠就成就不了。我們經常說，能說不能行，哪位道友都會說。說爲什麼發心學佛？爲了生死！看破放下！因爲塵世間煩惱太多了！到死了還放不下。人們常說：「到死方知身是苦」，到你死的時候才知道身體是苦、是你的累贅。那麼「何人肯向死前修」呢？有沒有在死之前，能放下修道去呢？是有了，但是不多了。「何人肯向死前修」是說很少！很少！看破是一回事，放下又是一回事，成就了得自在，又是一回事，好像這是三回事。

經文上每位菩薩都如是說，我們看這些菩薩都是度眾生，幫助一切眾生成就道業，我們是不是有這個問號呢？他為什麼沒幫助我？這麼多的菩薩，比我們這個地球上的衆生多得多，為什麼衆生苦難還這麼多？為什麼菩薩沒有現呢？不是菩薩沒現，是你沒有這個殊勝因緣，緣不成熟，所以就感覺加持力不夠。

我們平常說：求感應、求感應，可是沒得感。我們現在也天天在感，持誦、禮拜乃至過堂，做一切佛事，凡是你在寺院裡所做的，全是三寶事，你身體所做這個事本身是了生死的，但你的心放不下，就沒了。本來是了生死的事，你做的還是煩惱事。這話怎麼講呢？我們從客堂到行堂的大寮，各個班首師父、各個堂口，無論淨土、華嚴或者是戒律，都是了生死的。但你做起來可不是了生死，因為你在做的時候，把他當成事，沒有理跟他結合，單純的事跟理不結合，不結合就是生死法。事能跟理結合了，理就能成事了，那就是了生死法，看你的心住在什麼上頭。

這是《金剛經》上所說的，須菩提問佛：「云何住心？云何降伏其心？」我們這個心，心不載道。怎麼說心不載道呢？念念的覺照，覺照就是菩提，發菩提心。「菩提」就是翻「覺」，念念覺照，念念用這個覺，照了你所做的事情，叫覺照。我做這事是隨順了生死的，你在寺廟裡所做的三寶事，都是隨順世間法，但是要了生死。我們修行、學佛法、行道，有沒有覺照的功夫？吃飯、穿衣服，念念之間，吃飯是在行道，恐怕沒有這麼想過吧？吃飯就是吃飯吧？

你是怎麼想的呢？一坐到那兒，先念供養，吃完了還要結齋，還要給施主迴向，那一碗飯你不是嚼了好多口嗎？吃每一口飯的時候，念念都是在行道，理解嗎？相信嗎？不吃不行，不吃色身就過不了，沒有色身你還怎麼行道？道又怎麼行法呢？不要貪口味，不必分析飲食的好壞，不是分辨粗糧細糧，不是可口不可口。

念念想著三寶，不是想飲食，這叫行道。走路的時候，你想什麼？或者想著阿彌陀佛，想著極樂世界，你觀想我是在蓮花中走，我在七寶行樹中走。我們這個院子沒有樹，也沒有八功德水，但是用你的心去想，意念變化啊！這叫念念都在覺悟，夢覺變化，隨衆生心。假使你這樣念念，你跟雷音幢相道場神就結合一起了，你就在道場裡頭了。他是護念一切衆生的，不但醒的時候，說夢裡所見的境界都在聞法，都在得解脫。不論什麼時候、不論什麼處所都在行道，那就是道場。

你睡在床舖上，想過這就是我的道場嗎？有的道友笑，我看你們的床頭擺個小桌，坐在床上就念經了。當年我們上五臺山，就是這樣把凳子擺上，經本擺到床上，這不是道場嗎？把佛像供到前面，也燒香、也供養、也念佛，這就是道場。想過你的床舖是道場嗎？聽著好像是笑話，說我睡覺的床舖都是道場？你把他作爲道場了，就是拜佛不大方便，拜佛還是在地下，但是坐著念經很方便。

你的思想觀照呢？不論是什麼處所，隨時觀照。我們上廁所、洗手間，觀照也不失！「大小便時，當願衆生。」在大小便的時候，都想念一切衆生，讓他幹什麼？「棄貪瞋癡，蠲除罪法。」這是文殊菩薩教授我們的，因此，無時無處不是道場。華嚴菩薩就是這樣看問題，現在我這樣稱呼你們，都是華嚴菩薩，你們可能不會接受，這不是我說的，是佛給我們授記的，凡是聞到《華嚴經》的、學習《華嚴經》的，就是華嚴菩薩。華是因，嚴是果，以我們的因華，嚴佛的果德，因果相應了、成就了，那就覺悟了。

常時這樣子做觀照，你自己就會心明眼亮，眼睛看一切事物不同，心裡頭也就明亮，照了一切，這叫覺。你這個菩提心，所行的、所做的、吃飯、穿衣，乃至於上洗手間，都是做佛事，這樣做才入了華嚴境界。雷音幢相道場神，因爲他是夢中爲說法，一切時、一切處，佛都在說法，你也都在聞法，都在行道。這樣的修行，比你念佛的修行，比你坐那兒參禪的修行，都強好多倍！於一切處、一切時、一切的動作、一切的行爲，都在那兒行普賢行。都用文殊菩薩智慧照了著，做普賢行呢！不是華嚴菩薩嗎？應該這樣理解。

「雨華妙眼道場神，得能雨一切難捨衆寶莊嚴具解脫門。」「寶」，寶能生長財富。我們把三寶就都稱寶，生長什麼呢？生長智慧、道德，生長般若，常時做這樣的觀念。

「清淨燄形道場神，得能現妙莊嚴道場廣化衆生令成熟解脫門。」「清淨燄形」，燄是光燄的意思，就是智慧心。這個道場是沒有色相的，僅僅是光燄。但是，莊嚴具以清淨燄形，就是以光燄的光明照耀著，莊嚴這個道場。

「華纓垂髻道場神，得隨根說法令生正念解脫門。」隨衆生根器喜歡的，給他說、引導他，讓他生起正念。一般說的，正念是念佛、念法、念僧、念三寶、念生死、念無常、念苦空，這都叫正念。正念就是心不懷疑，沒有問號，問號都是疑，爲什麼他不懷疑呢？正念現前。我們一開始就講，以法性、以性體，相信自己是毗盧遮那，相信我們本具足的法性理體，這個念頭常時不失，沒有其他雜念，這叫正念。一點邪思、邪念都沒有，這叫正。正念是什麼念呢？正念是無念，這才是眞正正念，這是眞念。念法性、念理體，這樣念，其他的念頭就不生了。

「雨寶莊嚴道場神，得能以辯才普雨無邊歡喜法解脫門。」辯才，是智慧增長的，也是學習來的。我們這裡很少開辯論會，就提一個問題大家來諍論，諍論就叫辯。永嘉大師的〈證道歌〉告訴我們說：「有疑惑就辯吧！」辯就是諍吧！越辯越明、越辯越明，在諍知諍見的時候，許可辯論的。在西藏密宗的學習，都是提出一個問題大家辯論。他們的學習，也是五十個人一班，每天輪流著，那叫「放檔假」，誰陞座，大家向他提問題，把你所有的疑惑向他提出。今天是他，明天或者輪到你。正座是辯主，但是它是有標準的。大家都學〈俱舍論〉，只能提〈俱舍論〉，〈俱舍論〉大家都會讀誦、背誦，然後辯論。他們的上課不是聽別人講，而是大家提問題，提問題互相辯論。

爲什麼要這樣做呢？我剛才舉永嘉大師的話，學圓頓之法，圓頓教不是隨順誰說，不管是老師學生，不管他有什麼地位，這都不計較在內。「圓頓教，無人情，」不講人情的，「有疑不決」，我有懷疑不能下決定「直須諍」，大家爭論吧！也就是辯論。這不是人我是非嗎？不是的！「非是山僧諍人我」，我們出家人還來爭什麼呢？因爲「修行恐落斷常坑」。不落斷見就落於常見，我們修行既不落常見，也不落於斷見，這就叫辯。辯什麼呢？辨別邪正。什麼是正知正見？什麼是邪知邪見？是這樣辯的。落斷見是邪見，落常見也是邪見，因爲衆生不是常就是斷。

所以說我們了生死，生死法、無爲法，生死法就是生滅法，無爲法是不生滅法，兩個辯論吧！什麼是生滅法？什麼是不生滅法？這得靠辯才。但不是爭人我是非，是在法上，法是越辯越明。辨是辯別邪正的意思。什麼是正念？什麼是邪念？辨別清楚了，大家都遵守，按著正念去做。

「勇猛香眼道場神，得廣稱讚諸佛功德解脫門。」「廣稱讚」，廣的意思就是深的意思，勇猛香眼道場神，稱讚諸佛的功德，怎麼樣是稱讚呢？像我們每一個人，讚歎佛，大家學過十大願王，禮佛、讚佛、供養佛，讚歎佛的功德，讚歎佛的利生功德，讚歎佛的行道功德，讚歎佛的成就功德，這是勇猛香眼道場神，稱讚諸佛的功德。

「金剛彩雲道場神，得示現無邊色相樹莊嚴道場解脫門。」道場，都要有些花草、樹木供佛。像四月初八那天供佛，好多花草！樹木不是短時間所能行的。在《華嚴經》講，樹有樹神，樹也有眷屬、樹王。說這個道場的時候，色相莊嚴樹，如極樂世界的七寶行樹。

但是大家要知道，有時候這樹王是菩薩化現的，極樂世界的七寶行樹，是阿彌陀佛化現的。莊嚴道場，樹木是一種。《華嚴經》把有情世間跟器世間相結合了，樹、莊嚴具是屬於器世間的，但諸菩薩把它變成有情世間。極樂世界就是例子，樹能說法，水也能說法，要這樣地來理解。這個是示現無邊的色相樹，他示現的是樹，樹變成彩色的，樹裡頭生雲了，所以他叫金剛彩雲道場神，莊嚴道場的。

「蓮華光明道場神」，得到什麼功夫呢？他的法門是「菩提樹下寂然不動而充徧十方。」他的身體徧十方，沒有來去之相。他的智慧入於一切相，一切相是空寂的，凡有形相皆歸寂，寂是法身圓滿所示現的，能夠在菩提樹下不動，這是指釋迦牟尼佛坐在菩提樹下不動，徧滿十方說法。

所以善財童子五十三參，參到佛在菩提樹下的道場，那些主夜神都是道場，而且他是入在普賢菩薩的一個汗毛孔，在普賢菩薩的一個汗毛孔，參了十方無窮無盡的諸佛，寂然不動，就是這個涵義。法身是寂然不動的，化身是徧十方度衆生的；化即是法身本身，化身還歸於法。這叫什麼呢？我們開始講的「大、方、廣、體、相、用」。用是化，體就是不動的法身，法、報、化三而爲一，三身就是一體。這個是蓮華光明道場神，他雖然在菩提樹下寂然不動但十方化現，從體而起的妙用，妙用還歸自體。爲什麼？了達諸法的實相，諸法的實相是什麼呢？是空寂的。實相無不相，一切的化身相還是實相。這個道理，用語言表達不出來的，我們說是這樣說，必須得證到了才知。

「妙光照曜道場神，得顯示如來種種力解脫門。」佛利生的時候，有無量的力，力是智慧所生產出來的，慧、方、願、力、智，這個力居於方便、居於智慧、居於大願，在力中顯現無量力，這是妙光照曜道場神，他用無量力來莊嚴道場。所以他在道場裡頭，能解脫無障礙。爲什麼無障礙呢？有力量故。

舉個淺顯的例子！在我們這個道場，每個部門都得運作，這執事有力，大家就聽他的，像我來跟大家講法，我們得聽維那師的，他敲引磬，讓你怎麼樣做，你就怎麼樣做，因爲他有力。每一部分都有每一部分的執事、負責人，都是形容力的。這力是誰給的？佛給的，佛力無量力。這話怎麼解釋？因爲我們這個道場，都是佛力組織的，這叫佛教的形式，這都是力。沒得佛力，指揮不靈，人家不聽你的。以佛力故，能得如是。

我們解釋的是道場神，現在重覆再說一次。

爾時淨莊嚴幢道場神承佛威力。普觀一切道場神眾。而說頌言。

假佛的神力，假一切衆道場神的力量，讚歎佛，每個程序都是這樣。

我念如來往昔時　於無量劫所修行
諸佛出興咸供養　故獲如空大功德

淨莊嚴幢道場神，他得到供養諸佛莊嚴具的誓願，得這麼個解脫。這個解脫怎麼得的呢？「我念如來往昔時」，過去的時候，經過無量劫的修行，這裡頭就次第地出生諸佛，諸佛現世，我都要去供養。爲什麼有這個力量？因爲我獲得一種功德，這種功德像什麼似的呢？像空的，空無障礙，無障礙故才能普偏地去行供養。我們有障礙了，有障礙就供養不成。這個道理就是說，大家供養佛，不一定到市場去買鮮花，也不要買衣食住的莊嚴具，用什麼呢？用意供養，用法供養，這種供養就叫廣大莊嚴誓願力的供養。

誓是什麼涵義呢？發誓、堅固你的願。詛咒、發誓，這是求得人家的信，人家不信你，你就詛咒發誓，求得人家信。誓是堅固你的願力，我必須做到，一定要做到，這叫發誓。你發個願吧！願不堅固，再加個誓，使你的願力更堅固。

佛昔修行無盡施　無量剎土微塵等
須彌光照菩提神　憶念善逝心欣慶

這是須彌寶光道場神，他得到一切眾生成就廣大菩提行的解脫門。佛在往昔修行菩提行時，成就佛的功德，成就菩提行。

如來色相無有窮　變化周流一切剎
乃至夢中常示現　雷幢見此生歡喜

雷音幢相道場神，他得了一個法門，隨著眾生心喜歡見什麼，他就給他隨著佛的示現，讓他夢中得到歡喜，夢中示現。佛所說法，不偏於一定形式，在《金剛經》上說，「一切有為法，如夢幻泡影。」現在這個地方講夢中示現、給他說法，是不是真實的？還是如夢幻泡影！乃至於成道，成了不空實義，不要執著，這個就是去執著的。所以，夢也是示現，不是真實的。但是，它有啓發、有預感。夢中說法，「大做夢中佛事」，做了很多的佛事，就像睡覺做夢一樣。

例如，四月初八，大家過浴佛節，那些供養具現在哪兒去了？幻化的。供的時候好莊嚴，大家生歡喜心！現在沒有了，空了，一切法都如是。修行成道，成道也如是，不是有個道可成，有個道可修，那都是你做的過程，要這樣理解，這樣才能契合你那個一眞法界。

昔行捨行無量劫　能捨難捨眼如海

如是捨行為眾生　此妙眼神能悟悅

這是雨華妙眼道場神，他得到一個法門，能雨一切難捨衆寶莊嚴具解脫門。難捨能捨，捨就是布施，捨得，他往昔就修行這麼一個法門，什麼都捨，難捨能捨。爲什麼要這樣修呢？爲了衆生，這是布施度成就。

無邊色相寶談雲　現菩提場徧世間
談形清淨道場神　見佛自在生歡喜

清淨談形道場神，他得到無邊色相寶談雲這個法門，像雲彩似的，有無邊的色相，就是色相無邊，現於菩提道場，徧一切世間都在現。但是現的形相，是清淨的談形。談是光，是智慧，是從佛那裡得來的。佛對一切法是自在的，他也如是。他生大歡喜心，現一切妙莊嚴具，讓衆生成熟，讓衆生解脫，讓衆生生歡喜。

眾生行海無有邊　佛普彌綸雨法雨
隨其根解除疑惑　華纓悟此心歡喜

這是華纓垂髻道場神，他能夠隨衆生的根機，給他說法，令他產生正念，得到解脫。

無量法門差別義　辯才大海皆能入
雨寶嚴具道場神　於心念念恆如是

雨寶莊嚴道場神，他得到一種像大海那樣的辯才。「能入」，就是能夠學習、能夠進入、能夠分證，是這樣子。但是，他心裡念念地恆如是。「念念」，就是在衣食住行，念念恆如是，一行深入。無量法門是差別的，但是你要一行深入。

於不可說一切土　盡世言辭稱讚佛
故獲名譽大功德　此勇眼神能憶念

勇猛香眼道場神，他得了一個廣稱讚諸佛的功德解脫門。假使讓我們讚佛的功德，說不到十句，最多說上十句、二十句，就找不著詞了。

你看看《華嚴經》，這些菩薩讚歎佛讚歎的！你學吧！你看他那智慧，他讚歎佛是怎麼讚歎的？普賢菩薩的第二大願：「稱讚如來」，假使十方諸佛，讚歎佛的功德，說不盡的，經無量劫都說不完。這個法門也是很不容易得的，我們讚歎佛的功德都是照著古德說的，每天上殿、讚歎佛，都照人家說的，都是重複古德所說的。我們自己讚歎佛，你編個四言八句吧？怎麼讚歎佛？你看這些神讚歎佛，當然也重複，但是我們能記得好多？我們所記到的，還是那些神說的。

我們自己以我們的智慧，編個順口溜、編個四言八句。你把佛的功德，儘量地想，佛對一切衆生有什麼好處？你個人得到佛的什麼好處？讓我們表達一下。稱讚佛的名望，利生的事業，稱讚佛修行的功德，稱讚佛行苦行，稱讚佛忍辱，稱歎佛施捨、布施，佛在因地當中，把自己的愛妻兒女都捨給人家去做奴才。你就假這些讚歎佛的功德，將來可以試驗做一下，看我們能讚歎好多。

種種色相無邊樹　普現菩提樹王下
金剛彩雲悟此門　恆觀道樹生歡喜

金剛彩雲道場神，示現無邊的色相莊嚴樹，樹有多少種，這叫菩提道樹，他得到這麼個解脫門。

十方邊際不可得　佛坐道場智亦然
蓮華步光淨信心　入此解脫深生喜

蓮華光明道場神，他得到寂然菩提樹下，十方去化度衆生，不動道場而示現十方化度衆生。

道場一切出妙音　讚佛難思清淨力
及以成就諸因行　此妙光神能聽受

妙光照曜道場神，他得到顯示如來種種利生力量的法門。他能夠隨著佛示現，知道如來的種種力，他已經得到解脫。這是道場神。

足行神十法

復次寶印手足行神。得普雨眾寶生廣大歡喜解脫門。蓮華光足行神。得示現佛身坐一切光色蓮華座令見者歡喜解脫門。最勝華髻足行神。得一一心念中建立一切如來眾會道場解脫門。攝諸善見足行神。得舉足發步悉調伏無邊眾生解脫門。妙寶星幢足行神。得念念中化現種種蓮華網光明普雨眾寶出妙音聲解脫門。樂吐妙音足行神。得出生無邊歡喜海解脫門。栴檀樹光足行神。得以香風普覺一切道場眾會解脫門。蓮華光明足行神。得一切毛孔放光明演微妙法音解脫門。微妙光明足行神。得其身徧出種種光明網普照曜解脫門。積集妙華足行神。

得開悟一切眾生令生善根海解脫門。

足行神十法，這一一神所得的法門不一樣的，有時候理上是同的，事上是不一樣的，若相同的說一個就好了，說這麼多做什麼呢？無量法門，《華嚴經》就是顯示無量法門。每一個菩薩所表現的不同，但是，都只說佛的一部分，唯佛究竟。這是標題，足行神十位，十法就是十位，以下略微解釋。

「最勝華髻足行神，得一一心念中建立一切如來衆會道場解脫門。」「一一心念」就是念念，起心動念、念念心不離開佛法僧三寶，這是理。理必須建立在事相上，理是體具，事是現相，理能成事，因爲理具了，事上才能顯出來，事所顯的是表達理具的，所以他這念念中，安於如來的衆會道場。說通俗一點，就是處處都建立道場。最勝華髻足行神，他的心念中，沒有一個地方不是佛的道場，念念的、處處的都是道場。道場是事，他以理念，理能成就事，所以才處處都是道場。〈疏鈔〉上寶印手足行神、蓮華光足行神，第一、第二個可以知道，不加解釋，把第三個解釋一下，第四，五，六，七解釋一下，有簡有略。

「攝諸善見足行神，得舉足發步，悉調伏無邊衆生解脫門。」他投足、下足都在調伏衆生，說明白一點，都在度衆生。他得到什麼呢？海印三昧。海印發輝一切威儀無非佛事，投足下足都是做佛事，就是這麼個意思。處處都在做佛事，第三個足行神，處處建立道場，攝諸善見足行神，他處處都在做佛事，所有表現的一切威儀都是做佛事。

「妙寶星幢足行神，得念念中化現種種蓮華網光明普雨衆寶出妙音聲解脫門。」種種蓮花都變成光明，光明就是法雨，雨法雨的法，就是處處都是說法，說法像下雨那樣的，用下雨來形容說法。

「樂吐妙音足行神，得出生無邊歡喜海解脫門。」衆生無邊，佛要度衆生，佛度化的境界是什麼呢？是無邊的衆生，衆生就是佛所化的境界相。佛令一切衆生能見著他生歡喜心，樂於聽佛所說的法。樂吐妙音足行神也隨著佛一樣，樂說法使衆生聞法，一切衆生都是他化度的處所。

「栴檀樹光足行神，得以香風普覺一切道場衆會解脫門。」「香風」，形容那風好像香熏一樣，讓他身心愉快。我們衆生聞著臭氣不願意聞，聞香氣大家都願意聞，聞法音就像聞香一樣的，普徧的聞到香就開始覺悟。形容佛說法，圓音一演，衆生都能夠得解脫，就像香風似的，經過他這麼一熏修，使你的身心調順。

爾時寶印手足行神承佛神力。普觀一切足行神衆。而說頌言。

佛昔修行無量劫　供養一切諸如來
心恆慶悅不疲厭　喜門深大猶如海

寶印手足行神讚歎佛，說佛在往昔修行，約時間說，經過很長、無量劫，無量劫沒法計算時間，經過這麼長時間上供一切諸佛，供佛的時候，常時的心非常歡喜，沒有厭煩、沒有疲勞的時候，不厭煩、不疲勞。這個是「喜門深大猶如海」，生大歡喜，那歡喜心無窮無盡，形容他的歡喜心。

念念神通不可量　化現蓮華種種香
佛坐其上普遊往　紅色光神皆覩見

蓮華光足行神，他得到的法門就是示現佛身坐一切光色的蓮華座上，令一切見他者都生歡喜，生了歡喜心就得解脫了。他如是證得，也如是化度一切眾生。

諸佛如來法如是　廣大眾會徧十方
普現神通不可議　最勝華神悉明矚

最勝華髻足行神，一一心念建立一切眾生道場解脫，也就是他念念在那建道場。

十方國土一切處　於中舉足若下足

悉能成就諸羣生　此善見神心悟喜

攝諸善見的足行神，他得到的法門是舉足發步都為了調伏眾生，換句話說，一舉一動調伏眾生，讓眾生得解脫。

如眾生數普現身　此一一身充法界
悉放淨光雨眾寶　如是解脫星幢入

他是雨眾寶出妙音，在雨寶時，寶中出種妙音聲。這種音聲演的是什麼呢？演的是法喜，讓眾生聞著生歡喜心，聞法得解脫。

如來境界無邊際　普雨法雨皆充滿
眾會覩佛生歡喜　此妙音聲之所見

樂吐妙音足行神，這個解釋跟前邊解釋是相同的，得出生無邊歡喜海，是讓眾生永遠沒得煩惱，歡喜是對著煩惱的，是這樣的意思。

佛音聲量等虛空　一切音聲悉在中

調伏眾生靡不徧　如是栴檀能聽受

栴檀樹光，前頭是講香氣的，栴檀樹片片皆香，栴檀樹的光中帶著香，因香光而產生一種香風，一切眾生聞到了生大歡喜心。

一切毛孔出化音　闡揚三世諸佛名
聞此音者皆歡喜　蓮花光神如是見

蓮華光明足行神，他得到一個法門，也用這個法門去利益眾生，叫一切毛孔放光。毛孔裡放光明，光明裡頭說法音，光說法。

佛身變現不思議　步步色相猶如海
隨眾生心悉令見　此妙光明之所得

微妙光明足行神，他得到身徧出種種光明網，從他的身體放出了種種光明網，這個光明網又普照耀一切眾生，眾生得到光明照耀就得到解脫了，他得到這個解脫門。不要說，只要跟他有緣的眾生，得到光明一照就解脫了。

十方普現大神通　一切眾生悉開悟
眾妙華神於此法　見已心生大歡喜

積集妙華足行神，他開悟一切衆生，令衆生的善根海成熟，他得了這個解脫門。

這是十位足行神，以下是身衆神十法。

身衆神十法

復次淨喜境界身眾神。得憶佛往昔誓願海解脫門。光照十方身眾神。得光明普照無邊世界解脫門。海音調伏身眾神。得大音普覺一切眾生令歡喜調伏解脫門。淨華嚴髻身眾神。得身如虛空周徧住解脫門。無量威儀身眾神。得示一切眾生諸佛境界解脫門。最勝光嚴身眾神。得令一切飢乏眾生色力滿足解脫門。淨光香雲身眾神。得除一切眾生煩惱垢解脫門。守護攝持身眾神。得轉一切眾生愚癡魔業解脫門。普現攝化身眾神。得普於一切世主宮殿中顯示莊嚴相解脫門。不動光明身眾神。得普攝一切眾生皆令生清淨善根解脫門。

這是舉十位身衆神，以下就一一的略加解釋。

「淨喜境界身衆神，得憶佛往昔誓願海解脫門。」這個清淨境界是指什麼說的呢？指法身理體說的。證得法身理體，所以就清淨，清淨生歡喜了，他就憶念佛往昔修行時候，他得到佛往昔發的誓願，他也如是發、如是做。

「淨華嚴髻身衆神，得身如虛空周徧住解脫門。」「虛空周徧住」，沒有身相，這個神是相即無相，像虛空徧住，虛空徧一切處。虛空徧一切色不？也徧一切色。這叫什麼住呢？《金剛經》上講，住即非住，不住色聲香味觸法，也不離色聲香味觸法。身是法性身，法性身跟我們現在的這個業報身是「一個」是「兩個」？說兩個不可以，法身無相的，徧一切處的。說兩個不可以，說一個也不可以，像我們這個肉身，是有侷限的，但是我們的法身可沒有侷限。你的意念是沒有侷限的，你的念頭一作意到上海，一作意到北京，一作意到美國紐約。但是你的身體還不行啊！

這個涵義就是說，他得這種境界相，相即無相，因爲無相故無所不相，說什麼都可以，因爲他徧一切處。如空徧住，徧住是不空，空而能徧，就是說法能徧一切色，色相即是空，這就是《心經》上的「色即是空，空即是色」。住即非住，一個微塵如是，一個芥子也如是不可盡，所以身跟法性是不可分的，就是這麼個涵義。他得了身像虛空一樣周徧住的法門，就是他證得、悟得法性的理體。佛教授我們，我們知道我們眞正的身是法身，現在這個肉體是業報身。業性是空的，是唯心造的，我們的法身是常存的，你一修行，業報消失，恢復本來的面目，就跟他這個神所證得一樣的。

「無量威儀身衆神，得示一切衆生諸佛境界解脫門。」佛的境界是什麼呢？佛的境界是一舉一動、一言一行化衆生的。在《華嚴經》是頓化的，無有心念、不假作意。怎麼叫頓現呢？在千百億個國土示現釋迦，但是名字不一定都叫釋迦。毗盧遮那佛是普徧的，無心頓現的，不是有心的，有心的頓現不成，這叫佛境界，用言語表達不出來的。因爲我們這個思惟是識量，識是意識的識，不是現量。我們念〈文殊法〉時，說「現量境界等虛空」，我們這是識量的境界，所以跟佛就差得遠。

「最勝光嚴身衆神，得令一切飢乏衆生色力滿足解脫門。」這個略微多解釋一點。像在很好的土地，種上一切都能成長，我們磕頭禮拜，等於在佛這個福田上種下去，我們就成長了。佛出世難遇，佛出興在世很難得値遇，假使我們遇見佛能夠禮拜供養，你可以得到很多的利益。可以消災免難，能得到安樂，跟佛學能得到辯才、能夠滿足。所受善業的報、所感的果是無窮無盡的，能夠離開貧窮，離開一切煩惱，這是最大的收穫。

「淨光香雲身衆神，得除一切衆生煩惱垢解脫門。」衆生的煩惱就是垢染，把眾生垢染除掉，恢復清淨。

「守護攝持身眾神，得轉一切眾生愚癡魔業解脫門。」眾生愚癡沒有智慧，還有些障礙、障魔。魔太多了，光五蘊魔，一蘊有十種魔，就是五十種蘊魔，這是《楞嚴經》上講的。所以，應當把根門守好，根門是什麼呢？眼、耳、鼻、舌、身、意六根，這門是通達意，通善、通惡。你要把它守好，不要散亂，遠離魔事。什麼叫魔事？貪、瞋、癡、慢、疑、身見、邊見、戒禁取見、見取見、邪見，都叫魔事，五欲境界都是魔事，當你守護、覺察，不被魔所魔了。

「普現攝化身眾神，得普於一切世主宮殿中顯示莊嚴相解脫門。」這是世間主在宮殿中顯示莊嚴，世間主的宮殿莊嚴，從明清的紫禁城是可以看到的。

「不動光明身眾神，得普攝一切眾生皆令生清淨善根解脫門。」普令一切眾生，生清淨的善根。我們過去把這個本有的空性迷了，就是實相迷了，之後就現了虛妄的苦難，現在身所受的，都是苦難了。我們本具的善根是清淨無染的、沒有苦難的，是不漏的，不漏落三界、不漏落一切苦難，那是我們本具的清淨善根。現在漏落、有染了，怎麼辦呢？從頭做起，返染還淨，再恢復我們清淨的本來面目。

爾時淨喜境界身眾神承佛威力。普觀一切身眾神眾。而說頌言。

我憶須彌塵劫前　有佛妙光出興世

世尊於彼如來所　發心供養一切佛

這是身衆神的第二段，淨喜境界身衆神是十個身衆神中爲首的，他承佛威力，觀一切身衆神而說的讚佛頌。「我憶須彌塵劫前」，加個「須彌」，把須彌山磨成微塵，這個時間就很長久了，在那個時候有佛出世，叫妙光如來。釋迦牟尼佛他在妙光佛前發心，發供養佛的心。這是他回憶無量無量劫以前，初發心的時候，妙光佛出興世間。這讚歎就是說，有這麼一個供佛的因緣，佛在往昔的時候他就發願要供養一切佛，發一個供養佛的菩提心。

如來身放大光明　其光法界靡不充
衆生遇者心調伏　此照方神之所見

光照十方身衆神，他得的是光明普照。光明普照的涵義，若是成佛了，佛佛都能光明普照。「阿彌陀佛」叫「無邊光、無熾光」，也是光明普照。成佛了，光是普照的，普現一切世間，但是得有緣，沒緣見不到的，沒緣連名字都聽不到，還能見著放光嗎？光照十方身衆神，因爲過去發心，得到佛的放大光明普照一切。

放大光明是專指毗盧遮那佛說的，說那個光明徧照一切法界靡不充，一切衆生都能見，這是光照十方身衆神，他所得到的境界，他得到這境界就向佛學，所以他的光明也能普照。我們觀想自己，我們的光明也能普照。我們是業報身，是業報化的，佛是功德化，也是徧的。你經常作如是觀想，一切眾生遇到這個光明，心裡就調伏，煩惱就沒有了、解脫了。

如來聲震十方國　一切言音悉圓滿
普覺羣生無有餘　調伏聞此心歡慶

這是海音調伏身眾神，得大音普覺一切眾生，令一切眾生都能夠見聞生歡喜，他得到這個解脫門。

佛身清淨恆寂滅　普現眾色無諸相
如是徧住於世間　此淨華神之所入

佛的身是圓滿清淨的，常時寂靜，寂滅就是寂靜的意思。佛的法身本體常在定中，但是能夠普現一切色相，能現一切相，能現一切身。有緣就現，無緣你見不到了，見不到你也不知道他的相。清淨寂滅，但是常住世間，不是一定住哪一個處所，而是徧住的、沒有選擇的，徧住一切世間，但是你得有緣，有緣就見。

這是淨華嚴髻身眾神，他得到佛身如虛空徧住的解脫，他的身體也隨著佛身，像虛空一樣徧住一切處。這個大家可以這樣觀想，無論你從哪個地方來，廣東來的，哈爾濱來的，或是瀋陽來的，現在你是在山西太原五臺山普壽寺裡頭，如果你一靜下來，身不動而用心去觀想；凡是你所到過的地方，在一念間，你一思惟都去了，就這一念間一坐靜思惟，徧一切處。但是，這是你的觀想力，效果呢？沒有。這只是你的意念想，不能使你的身體也徧住，修成了就能徧住了，還不說你得大成就，你能念佛生到極樂世界。極樂世界的那些眾生，清早起來到十萬億佛土，供養諸佛，然後回到極樂世界吃早飯。

經常念這段經文，你就觀想，云何能如是呢？怎麼能使我們有這神力呢？這不是業報力，而是神力。你生到極樂世界，是假阿彌陀佛的加持力，但是你能生去，能有這種境界，那也是你自己的力量，不然你生不去。現在你在娑婆世界，我們是業報身，這個身帶不動，你沒有這個神通力，但是你的心力能達得到，這個心力就是觀想力，這還是妄心呢！若是眞心呢？眞心的力量更大了。你經常如是想就能得成就了，這叫修行。如果你盡想貪瞋癡，不但成就不了，而且越墮落越深，越墮落越深，自己救度不了自己。

現在我們學《華嚴經》也應當如是觀想，觀想能夠像佛那樣徧一切處，因爲我們是學佛。佛身是清淨的、寂滅的，但是能現一切色，能現一切相，這是淨華嚴髻身眾神得到的，我們能如是學，也能漸漸如是得到。這些身眾神的所有法門，也是我們能修的，如果不能修，那學它做什麼呢？是這個意思。有的加以說明一下，有的就不說明了，大家就觀想。一個身衆神如是，十個身衆神都如是，一萬個身衆神也如是。他的身作爲代表，修身、修道，這些神是表現身的。

導師如是不思議　隨衆生心悉令見
或坐或行或時住　無量威儀所悟門

這是無量威儀身衆神，「導師」是指佛，是引導我們的師父，讓我們脫離苦海。現在我們的師父是釋迦牟尼，他是不可思議的；但是，我們見的是化身，他的法身叫做毗盧遮那，報身叫盧舍那，三身是一體的。這個不可思議的功德在什麼地方呢？「隨衆生心悉令見」，有求必應，衆生求，佛就現，這跟前面的意思一樣的，你若是理解了，隨便怎麼說都是一個涵義。如果你想見，不是想想就能見到，得行，行就是你要修，你的心要求，說我想要見佛。佛的四威儀，或坐、或行、或者是住，行住坐臥，你想見佛哪一個身相？

現在大家見的這個，是銅的釋迦牟尼佛坐相，佛施化衆生的時候是行相，你看那臥佛是臥的相，隨你的心裡顯現，這是佛的四威儀。想見哪一個威儀的形相，都能見得到，這是無量威儀身衆神所悟得的，他是這樣理解佛度衆生的。

佛百千劫難逢遇　出興利益能自在
令世悉離貧窮苦　最勝光嚴入斯處

佛出興在世間利益眾生，百千劫難逢遇，這是說時間之長，遇不到佛，難得值遇佛出生於世。現在大家讀八十八佛的三十五佛，這三十五佛是住世的諸佛，住世的諸佛裡頭沒有阿彌陀佛。我有時候念三十五佛，天天早晨念，後頭加一個「南無西方極樂世界阿彌陀佛」。住世的現佛，這是我們知道的，我們不知道的住世佛的名號，還多得很呢！如果你看看藏經，現在住世的佛，大藏經裡頭有，千佛、萬佛不是都入滅的，是我們沒緣，沒緣我們就修，修什麼呢？修緣來感見諸佛，感念能想見一切諸佛。

「百千劫」是說時間，時間沒有一定的。看你怎麼樣觀想，你看我們現在這四、五百眾都是佛，你的心裡以佛的觀念，以佛的心看一切眾生都是佛。一切眾生都是未來的佛、都能成佛，凡是今生能遇著釋迦牟尼佛所說的大乘教義，佛都給我們授記了，如果讀《法華經》，《法華經》上佛都給我們授記，是未來的諸佛，只要你遇著《法華經》，遇著《華嚴經》呢？《華嚴經》有《華嚴經》的說法。

說佛百千萬劫難遭遇，但是我們遭遇了！這是說連聽個佛的名字都不可能，感覺是好像我們天天念，或者天天拜、看大乘經，我們天天講華嚴，天天跟諸佛菩薩打交道，漸漸地這個因緣就結下了。我們認爲這很簡單，每一天都是這樣，在《華嚴經》裡頭觀想思惟，好像很容易吧？現在這個世界六十多億人口，能夠遇到的、遇到能夠信的，能有好多？就在五臺山，這方圓好幾縣，他們信嗎？他們不會信的。

在五臺山，好幾年前了，我曾經問一個汽車司機，我說：「你信佛嗎？」他說：「什麼叫佛？我不信。」我說：「佛，五臺山就是佛國，聽說過吧？你不是山西人嗎？」他說：「我不信佛。」我說：「你拉著和尚，卻不信佛？」「我拉你給我錢，我信你什麼。」百千萬劫難遭遇，你說遭遇到了，遭遇到了能信嗎？他能理解嗎？這是一個例子。

佛在印度菩提場說《華嚴經》，而且說《華嚴經》是常時說，永遠如是說。我到了印度菩提迦耶，佛說《華嚴經》的時候，金剛座只離菩提迦耶八華里，我去找普光明殿，根本沒有佛經上所說的，那是大菩薩的意境，你聽到了去看，沒有。我們到靈山，去找佛說《法華經》的地方，沒有，看到的是荒山野嶺，佛還在那說《法華經》呢！我們不說遠處，五臺山，文殊師利菩薩的道場，他是住持，我們都是掛單的，整個普壽寺都是掛單的。

宋朝時候，覺證大師是這兒的住持，叫大華嚴寺，從山頂到底下廣化寺這一帶，住了一、兩千人，現在沒有了。我的院子裡頭有幢碑，記載從太原到大同，這一路上所有寺廟的住持，這才好多年呢？宋朝元佑年間，也就是宋神宗時代，將近一千年。在溫州樂清縣，我們修了座能仁寺，能仁寺也是一千年，也是元佑年間，那是元年，這是三年到八年，現在只剩口千人大鍋，後來改成大湖寺。

這千年的時間，在我們佛經上來說，不是劫，只是年，不像這個說的百千劫，那個是以年爲限的。這一切都是幻化境，有時說是眞實，很眞實，有時說幻化，都是幻化。一千年、兩千年、一萬年、一個劫，百千劫遇不到，遇到了也不信，眞正遇到了，而能信入、而能去學，學完了能去做，學是學做的方法，學了怎麼去做。不要把他看成很難，很簡單，我們當小孩子的時候，一歲、兩歲不會穿衣服，都得媽媽給我們穿，媽媽給我們教，現在都會穿衣服，誰也會吃飯。學佛也如是，現在你依著佛所教導你的法，怎麼樣的把你身口意看好、照顧好，別讓它不守規矩，不守規矩就是違背佛的教導，一起貪瞋癡這個念頭，趕快把它收回來，修理修理，讓它常時清淨。

我們天天遇見佛而自己不知道，說這是假的。是假的，誰都知道是假的，就是一塊銅塊。但是銅塊塑的是佛像，塑香爐就是香爐。說你這個心，把他塑成佛，就是佛了，現在我們塑的是個人像。如果你今生做很多壞事，那可能變畜生；很粗暴的，那你會變成野獸，這都是心塑造的。現在你把你這個心塑造成什麼呢？塑造成跟佛一樣的，你就是佛。我們每個人塑造的不一樣，各人知道自己塑造的是什麼！你可以看一切衆生的動作，塑造一個什麼就是一個什麼，什麼塑造的？心塑造的。

所有這些身衆神都如是，我們所念的都是世主妙嚴，他殊勝的莊嚴，每個人也在莊嚴，只是莊嚴的形相不一樣。因此說這十個身衆神都一樣的，懂得這個涵義，以下的諸神都一樣的，但是等講到菩薩境界，就不一樣了。

其實這都是菩薩境界，他的現身不一樣了，他現的佛身就做佛事，現菩薩身、現身衆神的身就做身衆神的事，現執金剛神、護法神就做護法的事，隨他現的形相而做他現實的事業。我們現的是比丘、比丘尼、優婆塞、優婆夷，四衆弟子相，各隨各的因緣，各隨各的所作的業，都如是。

如來一一齒相間　普放香燈光燄雲
滅除一切眾生惑　離垢雲神如是見

淨光香雲身衆神，他得到一個法門，能夠讓一切衆生除煩惱垢的解脫。

眾生染惑為重障　隨逐魔徑常流轉
如來開示解脫道　守護執持能悟入

守護攝持身衆神，他也能轉一切衆生的愚癡魔業，這煩惱垢跟愚癡魔業，不都是一樣的！

我觀如來自在力　光布法界悉充滿
處王宮殿化眾生　此普現神之境界

普現攝化，就不一定現什麼身，應以何身得度者，即現何身，應以畜生得度，他就現畜生身，應以地獄身得度，他就到地獄去度眾生，這是不一樣的。普現是不侷限的，能現一切，不受身所限量的。他普住世間主的宮殿，住宮殿就是居王位，在宮殿中化現一切眾生。

眾生迷妄具眾苦　佛在其中常救護
皆令滅惑生喜心　不動光神所觀見

不動光身眾神，普攝一切眾生，令眾生垢染的、不清淨的，都轉成清淨的善根，都能得到解脫。

這是十個身眾神。下面是執金剛神，執金剛神也有十法。

執金剛神十法

復次妙色那羅延執金剛神。得見如來示現無邊色相身解脫門。日輪速疾幢執金剛神。得佛身一一毛如日輪現種種光明雲解脫門。須彌華光執金剛神。得化現無量身大神變解脫門。清淨雲音執金剛神。得無邊隨類音解脫門。妙臂天主執金剛神。得現為一切世間主開悟眾生解脫門。可愛樂光明執金剛神。得普開示一切佛法差別門咸盡無遺解脫門。大樹雷音執金剛神。得以可愛樂莊嚴具攝一切樹神解脫門。師子王光明執金剛神。得如來廣大福莊嚴聚皆具足明了解脫門。密燄吉祥目執金剛神。得普觀察險惡眾生心為現威嚴身解脫門。蓮華摩尼髻執金剛神。得普雨一切菩薩莊嚴具摩尼髻解脫門。

「妙色那羅延執金剛神，得見如來示現無邊色相身解脫門。」凡佛所現身之處，他能見如來的色身普現。例如釋迦牟尼佛化身在印度，只見到這一個化身像，那是現的佛相。佛在《地藏經》說：「我不只現佛相，什麼相都現，應以何身得度者，就現何身而去度。」妙色那羅延執金剛神，他見佛所示現的無邊的色相身，那就太多了，不只佛一身，可以一一色相都能現，無量無邊。

「妙臂天主執金剛神，得現爲一切世間主開悟衆生解脫門。」世間主呢？人王、天王、龍王、鬼王，都叫世間主，就是我們上面所講的世間主。妙嚴就是世間主都能現，現了做什麼呢？利益眾生，令一切眾生開悟。這個妙臂天主諸根美妙，名字就叫妙臂。

「可愛樂光明執金剛神，得普開示一切佛法差別門咸盡無遺解脫門。」他給一切眾生普開示佛所教導的法門。佛所教導的法門太多了，有無量的差別，但是得隨眾生心，隨眾生緣而爲說法。可愛樂光明執金剛神，他得到佛所說的一切法，不使遺漏的，只要有這個機，有這個眾生，就給他說法、度他，是這麼個涵義。

「大樹雷音執金剛神，得以可愛樂莊嚴具，攝受一切樹神解脫門。」他以世間相，以世間的寶莊嚴來嚴飾自己，也來嚴飾眾生，以這個來攝受眾生。若從佛說，就是無量相好，佛以無量相好來嚴身，從眾生說，以莊嚴具嚴身。

「師子王光明執金剛神，得如來廣大福莊嚴聚皆具足明了解脫門。」「福莊嚴」，福的本身就是莊嚴。我們看一個人的相貌很圓滿，人人見他都歡喜，這就是他的福德莊嚴，過去他修的福，今生人人見他喜歡，但是有些人見他就不喜歡。像菩薩、佛，人人見了都喜歡，他能降伏一切魔眾，魔眾就是反對佛法的，他雖然反對佛法，但是他見著也是恭敬的。

「福莊嚴聚」，以福爲能嚴，嚴什麼呢？嚴他所有身相的果德。我們現在的果德是什麼樣子呢？每個人都不一樣，相不一樣。但是共住、共修，這是一樣的，在現階段說福報是相等的，智慧好像也沒多大差別，因爲這是在共修當中。像師子王光明執金剛神所具足的福德莊嚴就不同了，但是沒有入佛位的菩薩莊嚴，還是菩薩。

「密燄吉祥目執金剛神，得普觀察險惡衆生心爲現威嚴身解脫門。」「密燄吉祥」，是這個執金剛神的名字，他普觀察險惡衆生心，爲現威嚴身。這是降伏的意思，執金剛神都是降伏的。我們都知道危險，但危險還沒有發生，這就叫因。我們這個身體是造惡的工具，誰讓他造惡的？是心。心支配身，身只是心的工具。我們的心險惡，才做出險惡的事。現在的衆生心，做很多險惡的事，做什麼呢？地震、沒水吃、戰爭，全是衆生心作的。

但是，是哪一類衆生做的？這得分清楚。我們這裡沒有，爲什麼？你做不到，沒有促使你生起險惡心的因緣。你想害人，想殺害衆生，這個心不會生起的，雖然你沒有修行成、沒有道德、沒有成聖果，但是這個險惡心你不會生的。現在的人類，具足險惡心的衆生很多，你看電視、報紙，他們都製造些什麼？他們害人不是一個人、兩個人、一千人、兩千人，而是幾千萬人，甚至上億的人。惡就包括很多了，身所造的殺、盜、淫，口裡所說的妄言、綺語、兩舌、惡口，心裡所想的貪、瞋、癡。這個險是因，惡是果，險惡會結果的。

現在我們看到的，那些往險惡道上走、做險惡事的人，像密燄吉祥目執金剛神那樣，有沒有來降伏他，讓他別走險惡道？他們害自己也害別人，現在需要這些執金剛神，但是需要也不行，沒有緣哪！而眾生往惡緣方向走的時候，我們看他瀕臨惡境的邊緣，我們沒有辦法啊！所以靠迴向的力量，靠念經的力量，求佛菩薩加持的力量。但是這力量太小，杯水車薪，無濟於事，一車的柴著火了，以這一杯水來救是救不了的。現在我們都在戰爭邊緣打轉，全世界都向這個發展，造飛機、造戰艦，專門研究能炸死好多人，這不是險惡心嗎？現在這個世界就是這樣子。

「蓮華摩尼髻執金剛神，得普雨一切菩薩莊嚴具摩尼髻解脫門。」「普雨一切菩薩莊嚴具」，普雨什麼呢？摩尼髻。這個神叫摩尼髻。髻就是能雨，一切菩薩莊嚴具就是所雨，這菩薩的智慧圓滿光明，光明利益眾生。這是十個執金剛神，簡略這麼說明。

爾時妙色那羅延執金剛神承佛威力。普觀一切執金剛神眾。而說頌言。

汝應觀法王　法王法如是　色相無有邊　普現於世間

「法王法如是」，是什麼樣子？有的不說明，讓你去觀。佛說法的時候，妙吉祥菩薩作維那，唱讚佛的四句偈子，「法筵龍象眾，當觀第一義；諦觀法王法，法王法如是。」說完了，佛也就不說法，下座了。「法王法如是」，法王法就是這樣，但這個地方就加上解釋，法王色相無有邊、普現於世間，這色相不只是指著佛相說無有邊，而是什麼相都現。

我們這裡若有一千個人，就有一千種色相，五百個人有五百個色相，各是各的相，這是總說，沒說男女相、老少相，這個民族、那個民族，還沒有這樣分別呢！相有無量相，好也有無量好，一種相就具足很多、很複雜，但是把它都收攝回來，一相也沒有，諸相無相，只是一個空相。

「諦觀法王法，法王法如是」，就是這樣子。「色相無有邊」，無邊即無相，「普現於世間」，現即無有現，這就是法王法。但是那羅延執金剛神，他得的如來無邊色相是指有相說的，他沒有再進一步達到無相。像我剛才講的，是按文殊師利菩薩鐘聲偈來說，那就深了。這就是說觀一切諸佛的色相沒有邊，爲什麼？眾生無邊故。眾生無邊，佛度眾生也示現無邊相。

佛身一一毛　光網不思議　譬如淨日輪　普照十方國

佛的每個毛孔都放光明，這光明結成一個網，不可思議的，像什麼呢？「譬如淨日輪，普照十方國」，就像天氣晴朗的時候，太陽光照著一切國土。這個偈頌是說日輪速疾幢的執金剛神，他得到這樣的解脫。

如來神通力　法界悉周徧　一切眾生前　示現無盡身

佛在度眾生的時候，示現無盡身雲，就像日輪光照一樣的普徧。

如來說法音　十方莫不聞　隨諸眾生類　悉令心滿足

佛所說的法，十方一切衆生都能夠聞到，佛隨諸衆生，看他是哪一類衆生，他就發哪一類的心，佛所說的法是滿足一切衆生的要求，但是這得有緣。一定得掌握「緣起性空」，不然好像佛不圓滿，不是的。佛說法是圓滿的，但是得有緣，沒有緣起是達不到性空的。性空成就緣起，沒有佛的因緣度衆生，衆生是成不了佛的，這兩個翻過來覆過去，要這樣來理解。

大家共同學《華嚴經》，佛說的時候，你聞到了，但是忘了，現在你又聞到了，要繼續學。因爲過去有這個因，今生才有又聞到的果，今生這個果又變成因，你生生世世的就隨著華嚴境界成長，成長爲毗盧遮那，要這樣來理解。所以，佛所說的法音，你現在聞到，過去也聞到，不過，還是隨業流轉，經常起變化，不是一聞到就成了，還得你去修。

眾見牟尼尊　處世宮殿中　普為諸羣生　闡揚於大法

大家見到釋迦牟尼佛，他最初生到迦毗羅衛國，身爲皇子，在宮殿中，那個時候他就給衆生說法。他示現八相成道、遊四門，已經在給衆生說法、給我們做樣子。妙臂天王執金剛神，他示現世間主開悟衆生解脫，就像釋迦牟尼佛在宮中，示現八相成道一樣的。

法海漩澓處　一切差別義　種種方便門　演說無窮盡

「法海漩澓」，漩澓是什麼意思呢？漩澓就是水的漩轉，大家看海水也好，江水也好，如果有這漩澓，說明水底下特別深，在這地方船是沒法過的，到這裡就把你攪進去，很難越渡，形容一切衆生在一切法的漩澓當中很不容易度脫。

眞與妄，佛所說法的境界是眞的，但是衆生不能入，也不能達到究竟，唯佛與佛才能究竟。我們在輪迴當中，就好像在漩渦裡，漩不出去似的，會游泳的人都知道，有漩渦你漩不出去，地氣有吸收力，把你往下吸。眞妄兩途，就是我們講的妄心和眞心。我們的妄心和眞心，是兩個還是一個？是妄心在前？還是眞心在前？要想找個先後很不容易。例如說現在，說我們是妄，妄要想修煉，假修行、假聞法，達到我們這個眞心，這好像是先有妄後有眞。但是，我們本具有個眞心，這個妄是因爲眞心迷了，把眞心迷了才有妄的，那又好像眞在前，妄在後。

說妄由眞起，假使妄是由眞起的，那眞也不眞，眞還能起妄，怎麼能叫眞呢？

現在我們這個虛妄的心，這個妄體，它具足眞，眞在裡頭，妄什麼時候生起的？既然是眞，爲什麼生妄？我們應當常時回顧，說破了妄才能顯眞，那就妄在後眞在前。

眞妄是一體的！我們經常說：「無始時來界，一切法總依。」說從無始劫以來，一切法都依著這個妙明眞心、性淨本覺。我們說生死輪迴，生死有始沒有？什麼時候開始有生死的？到什麼時候才止死？我們要了生死，先把這個問題弄清楚。眞和妄，這兩個中間還有沒有個中間的？說我們的眞心就是本具的眞心，「眞心不可得，生死無有始。」說你的眞心，不要想去求得到個什麼。這個生死沒有起頭、沒有什麼時候死，也沒有中間。這在三論宗，辯得非常多。說本具的不可得，就是眞如的眞心不可得，生死沒有始也沒有終。說斷了生死，生死就有終了。無始終、無內外、無中間。說一切法空，空就等於漩澓。

「空」是什麼意思呢？「空」是對「有」建立的，沒有「有」就沒有「空」，那有「空」沒有？「空」還有「有」嗎？還有個「空」嗎？所以「空」和「有」這個問題，你必須學到深處。說「空」就是「有」，「有」就是「空」，沒有「空」就不能顯「有」，沒有「有」不能立「空」，空有不二，眞妄相互循環。言先妄後眞不可以，說先眞後妄也不可以，這個必須得你自己參，參明白就悟了。

無邊大方便　普應十方國　遇佛淨光明　悉見如來身

這是大樹雷音執金剛神，他得到可愛樂莊嚴具攝一切樹神解脫門。

供養於諸佛　億剎微塵數　功德如虛空　一切所瞻仰

這是獅子王光明執金剛神，他得一個什麼法門呢？叫廣大莊嚴聚皆具足明了解脫門。

神通力平等　一切剎皆現　安坐妙道場　普現眾生前

密燄吉祥目執金剛神，得普觀察險惡眾生心，爲現威儀身解脫門。若把眾生險惡的心化除，就變成清淨心。險惡心沒有了，就成佛了。

燄雲普照世　種種光圓滿　法界無不及　示佛所行處

這是〈世主妙嚴品〉一切異類的神，這些神都是大菩薩，跟普賢菩薩、文殊菩薩相等的，叫異類眾、異生眾都可以。哪一類眾生裡頭都有大菩薩、都有佛示現去度，這是序品。序就是說還沒有正式講經，先序說有哪些大衆來參加，有些是常隨衆，有些是常來常往，有時聽一回他又走了，有時又來了。異類衆不一定都來，有時候他來這個法會，這一座他來了，下一座他不見得來。

同類衆也如是，爲什麼這樣說呢？在《華嚴經》裡，文殊師利菩薩一會到這去了，一會到那去了，化度衆生去了，不是一整天都在佛的跟前。但是，在《華嚴經》裡，可不能這樣理解，華嚴經義是盡虛空徧法界都是佛、菩薩的化處，那些大菩薩不管在哪裡化，都在佛的跟前，沒有離開佛。若是我們來看呢？非得到了法堂才算在。到法堂外頭，或者到太原、到別的地方，就不在了。這是我們的理解，華嚴法會可不是這樣子的。理上跟事上是有出入的，理上通得過，事上不見得通得過。明理了，你明的只是這一件，理還有很多呢！各各理成各各事，但理是一個，理不會分的，法性理體是一個。說我們這五百個人，那就有五百個了？你所得到的理跟我們所得到的理，法性理體是一個，因爲我們的知識，我們所理解的程度不一樣，它就分成無量了。

這道理我們可以做這樣解釋，我們都是人吧？人跟人不一樣，人比人得死，活不成了。你看人家的生活享受，再看你自己的苦難，都是人。像我們外頭那些做工的，他就不知道我們在幹什麼，老和尚說些什麼？他不知道這些人坐在這兒幹什麼，他只知道是上課，上的什麼課，他能理解嗎？他從這邊轉到那邊，從那邊轉這邊，他理解嗎？根本不理解，他也不管你們在幹什麼。

是不是普壽寺的師父都能理解呢？不一定。就是外面的師父，沒到法堂來聽的，他知道是講課、講華嚴，你問他講什麼，他沒聽怎麼知道？這個道理大家應當這樣思惟、這樣想。剛才說是人比人得死，有些人勾心鬥角，想得腦殼都破了，國跟國之間，人跟人之間，這生活當中千千萬萬沒法說的、說不盡的，不一樣的！但你又說回來，把它說成一樣，管他什麼人，都是人，人是一樣的；但是人比人得死，你給人當奴才，受人逼迫、壓迫，心裡煩惱得是活不成了。可是壓迫你的人，他的思想又如何呢？這就是眾生心。你若把眾生心都度化了，這是佛、菩薩的願哪！我們發願也這麼發，說要度盡眾生，天天在念：「眾生無邊誓願度，煩惱無盡誓願斷，法門無量誓願學，佛道無上誓願成。」念歸念，做呢？做又歸做了。那都是我該度的？所有一切眾生都是該我度的？眾生一罵你，「我這樣度你，你還罵我、謗我，算了！我不度你了！」願跟行能一樣嗎？所以學習的時候普遍地學，問題不大，說你普徧地去做，做不到的。我們做不到，佛、菩薩做得到。

我們怎麼辦呢？大家現在修行的時候，就一門深入。我經常跟道友講，你先把第一步做了，你的身體被病苦逼得不知如何是好了，心不安哪！你先把心安下來，把病治好，這不是說找醫生治。你不是學佛經嗎？你看佛教你怎麼治病？有的病醫生能治，有的病醫生治不了的。那誰治呢？得你自己。看見什麼都喜歡，這不行的，看什麼都喜歡就是貪。看見什麼都想自己得到，在這兒跟大家一起用，不是一樣的嗎？「不！非得拿到我那屋去，才是算我的。」人人的心都是這樣子，這是貪。

說發脾氣，千萬莫要發脾氣，當你心裡忍受不了的時候，跪到佛菩薩前，漸漸就能忍受了。「一念瞋心起，百萬障門開」，這是很現實的。我們一位小菩薩，跟人家打了一架，打完了就遷他的單了，遷單之後的這一段時間，他受的苦難就別提了；但是現在懂得了，就是一念瞋心，忍受一下。道友之間還有什麼忍受不了的？別的都可以比賽一下，可以比智慧、比修行，可千萬莫比煩惱。你厲害？我比你還厲害，你打我一拳，我打你一拳，你抓我臉上，我抓你腿上。大家打吧！打完了，最後呢？百萬障門開，煩惱緊跟著就來了，沒完沒了。

一念貪心也如是，都是沒有智慧，這就叫愚癡。有人罵你、惹到你，你笑一笑，他罵你了，你給他磕頭，「哎呀！你可給我消災難了，謝謝你。」或許他踹你一腳，你也不煩惱，你跑遠一點再謝謝他，他拿石頭再丟你一下，你再謝謝他：「啊！你可把我業障都消了！」你看，煩惱不起來了，要這樣來對付煩惱。

◎同生衆

釋普賢菩薩

上面講異生衆，以下講同生衆，都是佛、大菩薩，先講普賢菩薩。《華嚴經》是以普賢菩薩爲主的，普賢菩薩是怎麼入不思議解脫？要從普賢菩薩處學入不思議解脫。什麼叫不思議？短時間內講不清楚的，我們這裡講的是有思有議，議就是大家討論，學習就是討論，思是思惟、觀想，都是從這個入手的，從思議才達到不思議。

我們講一切諸法的本體，講諸法的本性，就得從頭說起。我們講〈大乘起信論〉，跟大家說要相信自己的心，〈大乘起信論〉這一部論就是讓你生起信心。聽這麼多的論，幹什麼呢？信心。經常說我們都出家好多年了，像我出家，今年就七十多年了。如果有人說我沒信心，不但自己不承認，大家都不承認，說老和尚都出家幾十年了，還沒得信心？實在是沒有信心。信心，這兩個字大家都很懂吧？信心，信你的心、相信衆生的心，信嗎？說我這個心就是毗盧遮那，說我自己就是毗盧遮那佛，無論受苦難，變驢、變馬，你的心變不了，要相信你的心跟佛是一樣的，無二無別的，這叫不思議。說你連個信心都沒有，出家這麼多年，還沒有信心？這個信心看你要求到什麼程度。比如我們都做了一個人，說這人不是人，大家都不相信。說這人不是人？他又是個人！說他不是人，是說他的相上像個人，心裡不是人。

我們平常是以相取，沒有以心取，都是從現相上來看，要求的不是那麼深入。普賢菩薩入的可是不思議的，什麼不思議？還是心。我們講信，經過信、行而證，證完了產生的無量妙用。這用，我們的思想去想，想不到的，我們口裡討論，討論不出來的。你們一天從早都在開會，開過普賢菩薩的會嗎？開過信心的會嗎？大家討論討論，我們這事怎辦？開過這個會嗎？不思議。普賢菩薩從不思議當中還有一個方便，不動眞而要把事業成就，這就是方便。

從方便海入於功德海，從功德海成就如來的果海，最後成就信心，成佛成什麼？成就你那個信心，成就那個所信的心。沒有這種思想觀念不能得入，《華嚴經》你學不了。我們講講這些神，什麼叫神？講了幾百個神，還是講的心。神者心也，神名天心。我們講了這麼多神，是什麼呢？「心」，一個字。現在我們講菩薩衆，菩薩衆講的什麼呢？還是這個心！這個信心就是這個涵義，講到最後還是一個字，「心」。最後成就了，成就的還是這個心。先信，信而後行，行完了最後成就了，成就還是心。這是最根本的心，要信，信完了，依著這個起行、修行，修完了就證，證完了還是證得你所信的心，這叫心法。

參禪的時候，一句話都不說，就等你悟得了，悟得了還是心。說了半天，心有沒有呢？參去吧！說眞的不可以，說假的不可以，說妄的不可以，說先有眞的、後有假的都不可以，究竟怎麼樣才可以？怎麼樣才是對的？說通俗一點，說這也不對，那也不對，怎麼樣才對？沒有對！有對一定有不對。說沒有不對啊！沒有不對就對，對了也不能說對啊！對了還有不對。就是對上號對不上號，說了半天對不上號，對不上號還是不對。對上號，對上號還說什麼呢？對上號就不要說了。

這就是佛法的不思議，明白吧？明白佛法的不思議嗎？有的道友擺腦殼，擺的時候就還是不思議，擺的時候，不對、不對、不知道、不知道。擺著、擺著，不擺了、定了、動不了了，這就等他爛吧！爛完了沒有了，沒有了他又來了，來了又沒有了，沒有了又來了，無量劫無窮變化。

現在講《華嚴經》〈世主妙嚴品〉的第五卷，第五卷是講同類的同生衆。前面講的那些神，叫異生衆。這是以普賢菩薩爲主的，講普賢菩薩入不思議解脫門的方便海，由此入如來功德海。那麼我們先介紹普賢菩薩，讓大家知道普賢菩薩所有的利生事業、功德、方便善巧，對普賢菩薩產生殊勝的信仰心。

普賢菩薩的印度話叫「三曼多跋陀羅．菩提薩埵」，譯作華言叫「普賢菩薩」，或叫「偏吉菩薩」，意思就是說普賢菩薩的身—所現的化身，普賢菩薩的口—所說的法，普賢菩薩的意是法身、法性的，普賢菩薩的身口意都是從法性理體而演出的。我們說普賢菩薩是大乘佛教行願的象徵，一提到普賢菩薩，就想起普賢菩薩的行願了。偏吉菩薩的名號，只在《占察善惡業報經》拜懺法的時候，稱爲偏吉菩薩。普賢菩薩的身口意三業，所做的一切利生功德事業無所不在，這就形容在菩薩界裡頭，他的威望是最重的，對衆生利益最大的。一提到大乘了義經，多數就提到普賢菩薩。知道吧？成佛的法華，《法華經》裡有一個觀普賢行法，這也是修行的行法。

普賢菩薩的行願，包括修行和誓願兩方面，他有廣大的誓願，又能身體力行，他曾無量劫修行菩薩行，求一切智，他所具足的誓和願是無量的。我們知道《華嚴經》，普賢菩薩跟文殊師利菩薩，他們是輔助毗盧遮那佛弘揚《大方廣佛華嚴經》的。到了〈普賢三昧品〉，普賢菩薩就是主正定的，文殊菩薩是主慧的，這兩大菩薩表願和智。這都是大乘最究竟了義的，他們經過無量劫的修行，修習救護一切衆生的無邊行願，所以，他給我們修大乘佛教了義經的作爲示範。

在《悲華經》，寶藏佛的時候，阿彌陀佛當時作轉輪王，普賢菩薩是輪王的第八個太子，名字叫泯圖，他對佛發過大誓願，所以阿彌陀佛就給他更名，叫普賢。這是當時的寶藏佛給他授記的，說他在未來北方世界成佛，這個世界的名字叫知水善淨功德世界。這個時候他還是菩薩，成佛時的佛號叫智剛吼自在相王。他在娑婆世界與文殊菩薩，共同輔助釋迦牟尼佛，左輔右弼作爲兩大護法。

在我國，普賢、文殊、觀音、地藏共稱四大菩薩，加上彌勒菩薩就是五大菩薩。普賢菩薩具足無量行願，普示現一切佛刹，在菩薩中是上首中的上首，幫助佛弘揚佛法度化衆生。在《華嚴經》、《法華經》、《觀普賢菩薩行法經》、《占察善惡業報經》、《首楞嚴經》、〈大智度論〉裡，都有普賢菩薩利生的行相、說法的行相。

在《法華經》裡普賢菩薩發心，發什麼心呢？在佛涅槃後的末法時代，若有持誦大乘經的，他都守護，這是勸一切衆生發菩提心。在《法華經》〈普賢菩薩勸發品〉，普賢菩薩對釋迦牟尼佛表示，若在佛滅後，後五百歲五濁惡世中，比丘、比丘尼、優婆塞、優婆夷，若想讀誦大乘、受持大乘、書寫大乘，特別是修習《法華經》者。如果你打法華七，或者打華嚴七，或者你誦〈普賢行願品〉，一心精進，三個七二十一天圓滿了，普賢菩薩乘六牙白象，與無量菩薩親自圍繞著你、護持你，普賢菩薩就現在前爲你說法，這是普賢菩薩的願力。

但是，我們有打七的，並沒有見著相。有人這樣問過我：「普賢菩薩爲什麼沒有實現他的願力？」我說：「可能你的業障還沒有懺悔完吧！」這個情況是有的，要看你怎麼觀想。怎樣觀想呢？你不要求見世間相，你誦〈普賢行願品〉，普賢菩薩天天在你身邊，〈普賢行願品〉就是普賢菩薩的法身，你何必另外還求見一個什麼相呢？功夫還沒到，功到自然成。

有很多道友誦〈普賢行願品〉誦了十年、二十年，沒有什麼靈異，也沒有什麼特殊的顯現，他就退心，不想誦了。但是也有些事情不可思議，怎麼叫不可思議呢？我們舉現實的例子，本煥老和尚，他刺血寫的〈普賢行願品〉，在劫難當中早都散失了，他跟我說他還寫了〈普門品〉等很多的經，經過幾十年的變亂，都沒有了。後來（一九八七年），一位比丘到廣東光孝寺去掛單，那時剛恢復，還不能留單。他說：「我要見見本煥老和尚，我要送他一件東西。」見了本煥老和尚，送的是什麼東西呢？就是本煥老和尚年輕時刺血書寫的〈普賢行願品〉。經過幾十年之後，在他那兒又出現了，他喜歡的不得了。去年（二〇〇三年），他來這兒送妙江法師陞座的時候，就拿他刺血書寫的〈普賢行願品〉跟大家結緣。

這件事看起來好像很簡單，其實很不容易。幾十年淹沒了，他書寫的還有其他好多的經，只現了〈普賢行願品〉，其他的怎麼沒有？我舉這個例子說明什麼呢？不要以世俗的眼光看，不要以膚淺的誓願來看。你做就做了，不要非得求佛菩薩現身，或者要求一定有什麼世間的靈異。你的業障沒消還是沒用處，普賢菩薩不能代替你成佛，不能代替你消業障，自己作的業，得自己消。你誦他的行願，他的行願已經成為法，《華嚴經》的〈普賢行願品〉，法華的《觀普賢菩薩行法經》，你去做就對了。你在做的時候，觀想的時候，你本身就是普賢菩薩，還需要見什麼普賢菩薩呢？我們道友往往誦經或拜懺，都想見個相好或放個光明，都有這種小的希求。沒見著心就退了，這是不對的。要以什麼心態來讀誦大乘呢？要以無求、無得、無證，證即無證，以這樣的心願來讀誦。

同時在密宗裡，普賢菩薩就表示菩薩的菩提心。凡是密宗所稱的金剛薩埵、金剛手，都是跟普賢菩薩同體的。特別在《大日經》裡解釋普賢菩薩，普就是普徧的意思，賢是達到最善的妙，最善的殊勝。說一發菩提心所起的行願，乃至你的身、口、意，平等徧一切處，這就叫妙善，這就叫普賢。華嚴宗的五祖宗密大師，他在〈圓覺經略疏〉中解釋普賢，或者約自體，或者約當位，或者約住位，從這三種解釋。約普賢菩薩自體來說，體性周徧法界曰普，隨緣利生曰賢。約利益眾生的事業，亦即他的果位來說，以種種善巧方便去度一切眾生，不使一個眾生遺漏，這叫普。他的位呢？僅次於佛，位臨亞聖，這就叫賢。約當位來說，約普賢菩薩本位來說，就是他自己所修行，〈圓覺經略疏〉這麼形容說：德無不周叫普，調柔善順就叫賢，這是解釋「普賢」這個名字的意思。

大家都讀過普賢菩薩的十大願王！普賢菩薩勸一切眾生都要修十大願，一者「禮敬諸佛」，加個「諸」字是指一切佛，不論哪尊佛，一佛即是一切佛，一切佛即是一佛。禮佛加個稱讚，稱讚佛的功德，所以第二大願是「稱讚如來」。第三大願是「廣修供養」，這三個作爲一組。一入廟或者一入到任何處，一見著佛像，第一個就是禮佛。禮完佛就讚歎佛，你怎麼讚歎佛？自己不會讚歎，我們每部經前頭都有讚歎佛，你就可以用它來稱讚佛。禮佛、讚佛之後是供養佛，說我連個水果也沒帶，連支香也沒帶，拿什麼供養呢？那你就跪在佛前，用十大願王來供養佛，一者禮敬諸佛乃至到十者普皆迴向，念一遍，這叫法供養。或者念阿彌陀佛聖號，念釋迦牟尼佛號，念哪個佛號都可以，這是稱佛的名號來供養佛，也是法供養。你讀〈普賢行願品〉的時候，裡面就說「法供養爲最」。還有意念供養，你跪在佛前，你從太原來的吧？太原超級市場很多，你一作意，把超級市場搬來供養佛，意念供養。太原你沒有去，台懷鎮你去過吧？台懷鎮商店很多，不管什麼商店，你都搬來供養佛，這叫意念供養。

供養佛完了，你要「懺悔罪業」了。沒有罪，你不能墮這麼一個身，沒有罪，你不能生到娑婆世界來，你怎麼不生到極樂世界？淨佛國土很多，你都不去，生到娑婆世界來，苦難重重。什麼叫娑婆世界？「堪忍」，印度話叫「娑婆」，翻成華言叫「堪忍」，堪忍什麼呢？受苦，受苦又不求出離，所以叫「堪忍」。生到這個世界一定有罪的，要懺悔業障。如果你說我沒罪業，沒罪業你生到這個世界來，你的前後、左右、身邊六親眷屬，乃至國土上的人，罪業非常深重。代衆生懺悔，你也要懺悔，自他懺悔，懺悔的時候，一定要想到衆生。

這二十來年我提倡拜〈占察懺〉，〈占察懺〉所禮的觀世音菩薩、徧吉菩薩，徧吉菩薩就是普賢菩薩。禮拜的時候，主要是作觀想，懺悔自己的罪業，懺悔自己的過錯，我們這個身口意做了很多的錯事，所以要懺悔，這是第四大願。第五大願要「隨喜功德」，不是生起嫉妒障礙，看見誰做好事，心裡不舒服：「怎麼不是我做？」有了名聞利養，你也想得一份，那就隨喜讚歎，你這一隨喜讚歎，這功德就有你的一份。

隨喜完了就請佛說法，「請轉法輪」是第六大願。請佛常時說法，佛若不住世，只能留下些文字記載，所以第七大願是「請佛住世」。

第八大願是「常隨佛學」。佛怎麼教授我們的，我們就怎麼樣去做，佛怎麼做的，我也怎麼樣做。佛給我們規定的戒律，戒是專門的，爲什麼呢？沒有規矩，不成方圓，所以必須有個約束，讓你防非止惡，防一切非法的，把一切惡止住。戒學有兩種，一種是止持：不應該做的，不要去做；還有一種是作持，佛叫你做的，你一定要做，這就是佛所說的「諸惡莫作，衆善奉行」。

現在我們有些道友，學止持就把作持忘了，最主要的還是作持，你要去做啊！止作雙持，你沒有定力，怎能不犯戒？得有定。因爲有定，才能生出慧解，你心裡浮躁、散散漫漫的，定不下心來，智慧開不了，你學佛法學得不能進入。你怎麼樣能夠持戒？你怎麼樣能夠入定？你必須得學，學就是開智慧。有智慧的人，他學的是解脫戒，沒有智慧的人學的是束縛戒。

這話怎麼講呢？現在學戒的同學有很多毛病。戒是別別解脫，明白戒學的名字嗎？別別解脫，而不是學的別別束縛，懂得這個涵義吧？不管過去、現在，普壽寺也經過好幾次換班了，所謂給大衆僧辦事的這些執事，他的功德不錯，但是毛病也不少，不要那麼執著。你光學了戒的止持方面，作持方面呢？怎麼作？羯磨法怎麼作？隨機羯磨，隨著眾生的根機作羯磨法。佛制的戒是非常圓融的，怎麼圓融呢？在羯磨法上，你們都學過羯磨了，羯磨就是辦事，辦什麼事？辦佛事。我們寺廟裡頭辦的都是佛事，但是大眾僧共住，還有共住規約。

因為當前的社會，跟佛在世的時候不一樣，我們處於當前社會中，怎麼樣跟社會、跟人民、跟大眾結合到一起？我們現在的佛教徒是脫離社會，佛在世時不是的。佛在世的時候，吃飯、穿衣，我們甭說穿衣服，光說吃飯，你得出去乞食！到人家那兒去要，不許自己做。人家供養你飲食，你得問人家：「有何所願？有何所求？你有什麼煩惱事嗎？有什麼不舒服事嗎？有沒有讓我來給你迴向迴向的？」就是把我自己修行的福德，跟人家交換一下，交換什麼呢？交換人的飲食。人家做好了是白給你吃？你要給人家說個四言八句吧？起碼念幾句吧？這樣就跟社會融合了。我們現在自己做著吃，跟人家沒有關係，但你的錢哪來的？糧食哪來的？中國的佛教徒，我們這裡有很多比丘尼師父種過地，個人自己種地，自己的糧食自己吃，那你的土地哪來的？你還需要種地的工具吧？所以你離不開人羣。

每個佛弟子，絕對要發心度眾生，若不發心度眾生的，不是佛弟子。佛教傳到我們中國，我們中國佛教是大乘佛教，就要度眾生；我們度眾生是沒有揀（簡）擇的度，不是這個眾生我度，那個眾生我不度，都要度，這就是普賢行。我們講的普賢行就這樣做的，戒跟普賢行是沒有分別的，不是學戒了，光學止持，不學作持，止持你也沒學好。每一戒，多者有十緣開緣，少者有六緣、五緣，緣是什麼呢？說這個因緣不成熟，這個戒不能這樣持，有開緣，這個開緣叫什麼呢？叫方便善巧。

例如佛規定過午不食，但是你日間走長路的時候，那就可以開緣。你喝個漿，或者吃點液體的東西，這就是開緣。平常規定你什麼時候沐浴，不是沐浴時間你不能洗澡，但是你走長路就可以開緣。佛制戒規定，你這一天做完事了，吃飯也好，幹什麼事也好，必須得洗足，我們做了嗎？問問我們北方的道友，你們一天洗過腳嗎？從外邊走回來，你洗了嗎？爲什麼？你穿著鞋、穿著襪子，不髒。

看過《金剛經》吧？佛早上乞食回來，回來就先洗腳，「洗足已，敷座而坐」，這是給我們示現的。每一條戒，多則十緣，少則五緣，你不是想持戒清淨嗎？不把開緣的方便學好，持不清淨的。大家學「過午不食」，知道還有一個「數數食」吧？不能數數食。我以前就遇見一個專門持戒的，也是我們弘一法師的弟子，學得非常執著，我們經常抬槓。他到我那兒，或者談話去了，人家桌上擺著水果，擺著乾點心，拿起就吃，我說：「你不是過午不食嗎？」「我過午不食，這不過午！」我說：「這是數數食。」數數食跟過午不食，有什麼差別呢？犯的罪都要墮地獄，都是九百萬年。

你得懂得開緣啊！學普賢行的人，也不是像人家說的，說學大乘法圓融無礙，不持戒了，那是毀謗佛法。普賢菩薩、文殊師利菩薩、觀音菩薩，他們不持戒？這是錯誤的觀念，不能這樣想，他們持的戒才清淨，我們持的戒還不清淨。

舉個例子，結夏安居的時候，迦葉尊者發現文殊師利菩薩結夏就跑了，沒有安居過一天。迦葉尊者是爲首的督察，非常嚴肅，比佛還嚴肅。等安居完了，自恣日受供養，文殊師利菩薩回來了。迦葉尊者就問他：「你到哪？結夏安居沒見到你？」他說：「我到王宮。」「你結夏安居到王宮裡去幹什麼？」「我給宮人說法，波斯匿王王妃請我說法。」迦葉尊者就說：「結夏安居，你沒通過大衆僧就出去，擯除你，不許你共住。」

這一擯，滿祇園精舍都是文殊師利菩薩，木魚變成了文殊師利菩薩，引磬變了文殊師利菩薩，到處都是文殊師利菩薩，擯哪個文殊師利菩薩？擯不了。怎麼辦？不了了之，就不擯了。

這是個故事，從這故事你體會到什麼？大菩薩利益衆生的時候，是不拘小節的，但他可不能犯戒，文殊師利犯戒了嗎？沒有！他要做利益衆生的事，可以現別的身，不會現比丘身的。化身無量，他不是比丘身，你就不能以比丘戒來要求他了，他不是比丘。

因此，學法的時候要善學。知道佛所說一切法，不論戒學也好，定學也好，慧學也好，三學都是讓我們解脫的，不是求束縛的，不是自己無罪找枷扛。但是解脫可不是懈怠，解脫是無罣無礙的，懈怠可就不行了。懈怠是睡大覺，懶，想幹什麼就幹什麼，這是不行的，這是非法的。學大菩薩，學得了嗎？大菩薩的心量是什麼心量呢？大菩薩沒有貪瞋癡了，如果你感覺你的貪瞋癡很重，學不了的。學普賢菩薩的行人，必須得有普賢的心量，說沒有！沒有就學嘛！普賢心量是什麼呢？如果你沒有學會，就多念普賢十大願王。請佛住世，佛出世了，佛怎麼教導我們，就是第八大願「常隨佛學」。

第九大願是「恆順眾生」。諸佛、諸大菩薩，沒有一個不恆順眾生的，恆順眾生的意思非常廣泛。怎麼隨順眾生？隨順眾生是教化眾生，不是眾生行殺、盜、淫，你也去行殺、盜、淫，不是這個意思。但是大菩薩示現同事，度打魚的就示現打魚的，教化他、告訴他這個行業不行。他打完魚，就放了，他不拿去賣錢，也不拿去換酒喝。打魚人都愛喝酒，因爲水裡頭冷，打了魚去換酒。

你懂得這個道理，學佛學完了恆順眾生，爲什麼？因爲佛就是恆順眾生，這個「順」的問題很多，隨順而轉化他，不是隨眾生造業，助長眾生的貪瞋癡，不是這個意思，隨順是能度化他。大家念普賢菩薩恆順眾生，若沒有眾生，就沒有諸佛，不度眾生怎麼能成佛呢？

第十大願是「普皆迴向」，把自己所有的功德、智慧、福德，都迴向給眾生，報眾生恩。眾生譬如菩提樹的根，菩薩行菩薩道，要用水和肥料來滋潤眾生，滋潤菩提根，菩提才能成長。你發菩提心在哪裡發呢？在眾生當中發，只有發菩提心利益眾生，才能成就你的菩薩道。菩薩道、菩提心、佛道，是建立在度眾生之上，所以要迴向給眾生。

你別的不會，把普賢菩薩十大願，從「一者禮敬諸佛」到「十者普皆迴向」，每天如是想、如是做，這樣來度眾生。你走路時，看見一切畜生道眾生，眾生包括很多的，魚、鱉、蝦、蟹、蚊、蟲、螞蟻了，你把牠看成是諸佛，一切眾生就是諸佛。說：「這個眾生特別惡，我們要度他！菩薩不是揀好的度，好的還要你度嗎？菩薩不捨棄一個眾生。他的化身能隨這個眾生多少世，直到把他度了。」

這種道理我們要經常用觀力去觀想。不要厭棄眾生，不要看這個人非常壞，這正需要菩薩度他。你度一個壞人跟度十個好人，哪個功德大？你把壞人度了變成好人，他不害人了，那十個好人你不度他，他也不會傷害別人，這個道理很淺顯的。

每個發心道友都要行菩薩道的，有些人行菩薩道的時候感覺非常地難。特別是法師，遇到挫折，法會上人家謗毀他，人家罵他，呵責他，他感覺傷到法師的尊嚴。人家為什麼要罵你？若要找原因，今生你跟他沒什麼因緣，過去生呢？無量生呢？你是傷害過他的，你的德還不能伏他，還不能轉變他的業，那你應當懺悔，不應當恨那個眾生。我們度眾生的時候，都想要弟子很好，又聽話、道心也很好。

我們第一個要求是道心好，第二個要求是聽話，第三個要求是非常守規矩。若有一個不守規矩的，你是這間廟的導師，你怎麼對待這個不守規矩的？大家都厭棄他，佛也制定：「惡性比丘，用默擯擯他，不跟他說話。」

但是，你還度他不度他？問題在這度不度他？老和尚、老法師、寺廟的負責人，當家、住持、知客都喜歡好的，寺廟若有一個調皮搗蛋的，大家都非常討厭他。到底度不度他呢？這個問題值得思索。度眾生、度眾生，這不是句空話，要付諸實施的。學普賢菩薩學什麼？就學這個地方。普賢菩薩怎麼對待眾生的？文殊師利菩薩怎麼對待眾生的？特別是觀世音菩薩怎麼對待眾生的？恆順眾生，恆順不是一天、兩天。

順諸佛誰都願意做，也容易做到，順眾生可難了，這個具體事實大家都可以想得到的。普賢菩薩，他的恆順眾生是示現無邊身雲，並不是地藏菩薩才度地獄眾生的，普賢、文殊、觀音、彌勒，哪個不到地獄去度眾生？六道都有菩薩現身！能把眾生度盡嗎？眾生的惡，惡到什麼程度？最惡的是不信三寶，他沒法得度。他不跟你結緣，緣都不跟你結，你還怎麼度他？無緣難度！佛門廣大，難度無緣之人。懂得這個道理了，才知道普賢菩薩的德，才體會到普賢菩薩、文殊師利菩薩、觀音、彌勒、地藏，這些大菩薩救度眾生的大慈大悲。

〈世主妙嚴品〉，我們已經講了四卷經文，前頭所講的那些菩薩，他們所示現的都是度眾生，不度眾生怎麼叫菩薩呢？菩薩本身的名字是「菩提薩埵」，叫「覺有情」，是讓一切眾生都覺悟。只要你發菩提心，就要生起大悲心，什麼叫大慈大悲？這個涵義非常廣，非常難哪！難的程度簡直不可思議！這也是不可思議。大菩薩道，我們是要修，我們是往那方面走，可是很多事情我們做不到，沒辦法做。為什麼？我們的力量太小了，道心薄弱，菩提心也不堅固，連信還不具足呢！怎麼來利益衆生？信還沒入位。

我曾經遇著這麼一件事：「老法師，你們這些學佛的人滿衆生願，是不是？」我曉得這個問題當中另有問題，我也留了一手，我說：「得看什麼願，得看什麼情況之下。」大家懂得我說這話的意思吧？得看現在我的力量到什麼程度，你的願太多了，我沒有這個力量。「我是想滿你的願」，我答覆他：「我只當一個滿願的介紹人，你若想滿願，有人能滿你的願。」介紹誰？介紹佛、菩薩。觀音、地藏都能滿你的願，但是你得付出。

如果有個女孩子找我，說：「我願意跟你結婚！」我能跟她結婚嗎？我能滿她的願嗎？你說：「這個你沒滿願！沒滿願，你不是菩薩。」我承認我不是菩薩，為什麼？沒有達到這種程度。觀音菩薩就可以滿她的願，我們不行。好多求小孩的都找送子觀音，是不是都能滿他的願呢？你還得付出，不是一求就滿願。像我們求成道，求佛菩薩加持，要感應，你得有感才應，感就是付出，你不付出就能得到，不可能的。

我們修道也如是，對於度衆生，先度量自己的力量。例如說，佛涅槃的時候，魔王波旬跟佛說：「我將來要滅你的佛法，我讓我的魔子魔孫穿你的衣服，吃你的飯，不做你的事，也跟你出家去當和尚，但是不做佛事，做魔事，破壞你的佛法。」像這類的，恐怕現在末法時期就多了，要怎麼對待呢？有人問過我這個問題，說像這個問題怎麼解決？

我的認識是這樣的：「魔王波旬他認爲這樣可以破壞佛法，不會的。他讓他的魔子魔孫穿佛的衣服，吃佛的飯不做佛的事。」我說：「那他也得現身當個和尚吧？」他說：「是，魔王波旬就讓他的魔子魔孫當和尚。」我說：「只要他當一天和尙，管他是魔和尙、假和尙、眞和尙，將來一定也能成佛。」

這話怎麼講？大家想想看吧！他也沾到佛法，管他只有一點點善根，魔子魔孫也是衆生，也有福德。魔王除了不了生死之外，他也布施的。他的瞋恨心特別重，但是也有慈悲心，尤其是魔王的妻子，她對她的子女愛護得很哪！她也有愛心的，她有愛就行了，這就是她的根。一切衆生都能夠成佛，都能夠轉化，這才是普賢菩薩的觀念，所以一切衆生都要度。

普賢菩薩廣修十大願，也勸一切衆生修十大願，引導一切衆生都入華藏世界海。最後在〈普賢行願品〉以十大願王導歸極樂，大家讀〈普賢行願品〉都知道嗎？「親睹彌陀，頓悟無生」。念普賢菩薩十大願王生的，不像我們平常一般念阿彌陀佛生的，我們這個生的，還不曉得到極樂世界經過多少劫呢？念十大願生的是頓見阿彌陀佛，頓悟無生，然後不違安養回入娑婆；生了、聞法了，又回到娑婆世界來，要來度眾生，娑婆世界苦難特多，這是普賢菩薩境界。

我們讀《華嚴經》，要知道華嚴五祖。第一代是杜順和尚，第二代是智儼和尙，第三代是法藏大師，第四代是清涼國師，第五代是宗密大師。法藏大師作了一部書叫〈華嚴經探玄記〉。〈探玄記〉裡特別解釋普賢的名字，說德周法界就叫普，這個「德」字我跟大家講過好多次，德就是行道有得於心。功呢？就是行道所修的功行。把所修的功行，心領神會，心裡頭能得到，就是功德。

當你布施的時候，心裡歡喜，當時就得到了，得到什麼呢？得到一個歡喜無礙，布施生歡喜心。隨順一切眾生而度眾生，這叫隨順成善。法藏大師的〈探玄記〉，以三義來分別文殊、普賢這兩位大菩薩。普賢屬於法界門，特別注重「門」字，「門」是通達義，讓一切眾生都從這個門進入一眞法界，普賢這個門能夠通達一眞法界。文殊師利菩薩屬於般若門，般若門是能入，般若門能入法界，有了智慧自然就能入法界，入到佛的性海。

第二種涵義呢？普賢是三昧自在，三昧，翻「定」也翻「總持」。文殊菩薩是般若自在，智慧自在。三昧自在是定，般若自在是慧，定慧均等，成道就是一個智慧，一個定力。普賢名普徧，是廣大之義，文殊是智慧甚深，甚深之義。一個是般若法界，一個是三昧法界，文殊即普賢，也就是般若即禪定，禪定即般若，二而不二，定慧均等，如此成就毗盧遮那佛。大家看三聖圖，毗盧遮那佛、文殊菩薩、普賢菩薩，你就坐這兒如是觀。定慧究竟成就了，成就毗盧遮那之體，從行門入就是從普賢門入，從智慧門入就是從般若門入。

第二祖智儼和尚著有〈華嚴孔目章〉，智儼大和尚說普賢有三乘，每乘都有普賢菩薩。三乘普賢菩薩，約人，約解，或者行，一共有六種普賢。在《法華經》裡，說普賢菩薩乘坐六牙白象到修行者面前，來作啓發、啓導，這是約人來說的。

約解呢？解是理解的解，因中道叫解，果中叫解（音卸），解脫。因中叫解行，說會三歸一，羊車、鹿車、牛車三乘會歸於一乘，這是約解行來說的。約〈普賢行願品〉來說，這是行，所謂的行普賢行，行是指法門說的，普賢的法門。一乘的普賢，專指《華嚴經》〈入法界品〉，善財童子五十三參，他參彌勒菩薩後，讓他去參文殊師利菩薩，文殊師利菩薩讓他去參普賢菩薩，這個時候的普賢就是一乘的普賢。善財童子參普賢菩薩，普賢菩薩就給他說證入法界之門的普賢行，完了使善財童子入普賢菩薩一毛孔中，在普賢菩薩一個毛孔中參了無量諸佛。

解呢？是指《四十華嚴》，《四十華嚴》〈普賢行願品〉是三譯華嚴中，最後由般若三藏譯的華嚴。晉譯的華嚴六十卷，唐譯的華嚴八十卷，最後譯出的〈普賢行願品〉叫《四十華嚴》，也是唐譯的。說了六十個修行的法門，漸次深入。說到因陀羅微細境界法門，這個就很深。唐譯的〈離世間品〉說普賢菩薩的十種心，十種普賢願，怎麼進入普賢的十種心，怎麼進入普賢十大願，這是〈華嚴孔目章〉裡解釋的。

華嚴第四祖澄觀大師，他在〈華嚴疏鈔〉裡分自體的華嚴、住位的華嚴、當位的華嚴、佛後的華嚴、融攝的華嚴。有自體的普賢、住位的普賢、當位的普賢、佛後的普賢、融攝的普賢，一共說了五種普賢。在〈疏〉裡說，體性周徧就叫普，隨緣成德就叫賢，這是約自體來說的。約利生說，曲濟無遺，用種種的方便善巧，不是走直路而是彎路；濟是濟度眾生、拔濟眾生，除眾生苦，一個都不遺漏就叫普，位極亞聖，僅次於佛，就叫賢。

又有一種解釋，德周法界曰普，調順眾生就叫賢，是指當位普賢，華嚴法會的時候。又說窮盡佛果的果德就叫普，不捨因門就叫賢。成了果了還以因來度眾生，這是佛後普賢。總說普賢菩薩，大悲大智，智悲雙運，覺海已滿，他已經成就了，跟佛平等了，用他的智慧跟他的悲，度一切眾生。

〈華嚴疏鈔〉是澄觀大師著的，解釋華嚴義最廣、最深。位前的菩薩只是發菩提心，現在我們四眾道友共同來學習華嚴，都是普賢，沒入位的普賢，信位都沒入，僅僅發一個大願心。讀誦普賢大願，就隨順著普賢發願，有個欣求的心，還入不上。這也算是一種普賢，位前的普賢，還不是普賢的普賢。位中的普賢是證得等覺位了，等覺位就臨近於佛了，還沒成佛，是佛前。第三種是位後的普賢，得了果了不去成佛，還去行因，不捨因地所有的大願，這叫佛後普賢。普賢的境界，究竟是什麼境界呢？華嚴宗一乘境界就是專解釋普賢的，是對大根機的眾生說的佛境界。

法藏大師著的〈華嚴五教章〉裡，說「性海果分者，是當不可說之義，即十佛自證境界。」說十種佛自證的境界。應眾生的機緣，眾生是什麼機緣就給他說什麼教，這叫緣起因分的普賢境界。等以後願成就了，到了等覺大士，就是因人之上首，果人是指佛，在因地時候普賢為首。〈華嚴五教章〉講了兩點，說普賢是三聖當中的因人，普賢是法界門，就是入法界的門，所入達到極點就成佛了。文殊師利是智慧門，能入的最初必須有智慧有發心。現在把盧舍那佛的果分，舉因分到了頂點，隱文殊智而標普賢行。

般若門呢？是隱了普賢行來廣談文殊智。普賢因分之始末都叫緣起法門，舉文殊，普賢在其中；舉普賢，文殊在其中，二大士，二而不二，合而為一，智慧悲願，悲願即是智慧，智慧即是悲願。我們最初開始講《華嚴經》就說，我們法體的因性跟毗盧遮那佛是一體的，那跟普賢菩薩也是一體的，跟文殊菩薩也是一體的，冥然一體。

還有一本書〈五教章通路記〉說，一切眾生的機，無論凡也好聖也好，都叫普賢，只要學華嚴的，相信這個普徧法門的，就叫信，從信而求解，信為初開始，解了之後而去做，都叫普賢。解而做就是行，行完了去證，叫證法普賢，說人是普賢，法也是普賢。總而言之，普賢菩薩是諸佛之根源，文殊菩薩是智慧，是諸佛之母，一切都如是，諸法的體性到了果就叫性海，到了因就是普賢人普賢法。

〈大智度論〉裡記載說，大月氏西佛肉髻住處國，一浮圖中，「浮圖」就是廟，說一個寺廟裡頭有個患顛癇病的人，他在病苦當中善根發現，過去善因成熟了，到了徧吉菩薩像邊，也就是普賢像邊。他這個時候心裡清醒，一心念願，念普賢菩薩，那個像就用右手摸他的身體，這一摸病就好。

記載當中只舉這一個例子，而我自己所感受的，我從開始到佛學院學習，沒有智力，我不隱瞞自己沒有讀過書，小學沒畢業。那時慈舟老法師在辦華嚴學苑，開始學華嚴的時候，我什麼都不懂，學了半年，《華嚴經》的字還不認識。我也不是學生，只是一個給老法師打掃清潔、端端飯的侍者，沒辦法進入。後來我想走又不想走的時候，想求開智慧，老法師就告訴我讀〈普賢行願品〉，做供養，因為我沒有別的供養，就拿身燒香疤作供養。

我是十六歲去的，頭一年半等於是浪費時間，後來，慈舟老法師告訴我讀〈普賢行願品〉，供普賢菩薩。你說是真的吧？他是假的，假的吧？他又變成真的。為什麼？在十九歲的年底，相當於二十歲初，我就開始講經了。我自己都不相信，到現在都不知道為什麼，這就叫普賢菩薩的加持力。從那個時候開始一直講經，到現在九十歲了，講了七十年，當別人說：「老法師，你講的錯誤很多。」這是要懺悔的。有時候我們說一句話，這句話有個正受，正受就是大家都很對的，說者、聽者都很對的。

還有不正受，說者錯誤，說者都錯誤，聽者怎麼能領會呢？這是要懺悔的。圓人說法無法不圓，不圓的人說法都是不圓的，圓教也說成不圓的。說法利生，有他的不可思議的功德，但是也含著很多不可思議的過患，說錯了落因果的，說錯一句話，別人信你這句話，照你這句話去做，就落了因果了。

有人這樣問我，他說：「你十六歲就出家，大概沒有做什麼錯事，怎麼坐監獄坐了三十多年？」我說：「我講經說錯話的多，三十三年還是少的，三萬三千年都少了呢！」你說了一句錯話，會落因果的，這是報應，說法利益方面歸利益方面，錯誤方面歸錯誤方面。就像我剛才說的別解脫戒一樣，學好了每條戒都是解脫的。二百五十條戒、三百四十八條戒，你持清楚了，一條都沒違犯，就證了阿羅漢果。違犯了懺悔，懺悔了還復清淨，你就證了阿羅漢果。說你犯戒沒犯戒，證果沒證果，沒證果就犯戒了。犯了戒，懺悔沒懺悔？有些細行，很微細的，你犯了還不知道，不知道你又犯戒了。

特別是三壇大戒，一起受菩薩戒的道友，那不是簡單的。菩薩戒，該做的你不做，犯了！你認為你持的是比丘戒？你犯的是菩薩戒，知道嗎？菩薩戒難持，不像比丘戒，比丘戒是屬於事，事相上你可以辨別是非人我，菩薩戒你辨別不出來，你沒有這個智慧。比丘戒，凡夫盡一切努力能持，菩薩戒不是凡夫所能辦得到的。那就別受了吧？別受？不受失掉佛性種子，永遠成不了佛！菩薩戒必須得受。犯了怎麼辦？犯了懺悔，天天在懺天天在犯，犯了就懺，懺了就持。佛法想要深入，能夠眞正理解，不是我們這輕心、慢心、懈怠心所能進入的。

不要說：「喔！佛法就是覺悟的方法。」是覺悟的方法，可是覺悟的方法層次太多了。然而值得讚歎的一面，是我們都應該慶幸的，慶幸自己今天現清淨相，現比丘、比丘尼的身，能夠入了法界。法界這個門永遠是開著的，沒有關的時候。法界這個門有好大呢？法界是盡虛空徧法界的，這個門也是盡虛空徧法界的，隨時都可以進入，但要進入可就不容易。說那是不可思議的，入了法界門，讀了法界經，發了法界菩提心，行了普賢願，慶幸自己一定能成佛。除了《法華經》授記，《華嚴經》也是如是的，入了法界門，聞到《華嚴經》，你一定能夠成佛，這是我們慶幸的，但是過程要多久呢？那看你所做的。

普賢菩薩得一切法門

復次普賢菩薩摩訶薩。入不思議解脫門方便海。入如來功德海。

以下講菩薩眾，也就是同生眾，同生眾先明普賢菩薩所得到的一切法門，其次是說十普菩薩，每位菩薩各得一個法門，還有十異名菩薩也各得一個法門。

現在我們講普賢菩薩入不思議解脫，什麼是不思議解脫呢？先講「不思議」。一般說絕言詞、絕文字相、離於議論相，不是語言文字所能表達的，就叫不思議。一「言語道斷，心行處滅」，只是那個法體的本性不思議。方便呢？從法體的本性，示現因門的方便善巧。方便都是講因門的，普賢菩薩入這不思議解脫法門，而能夠在這不思議解脫法門行一切方便。

入海，海是比方，入了功德，功德也加海，海是形容甚深廣大。那麼方便呢？在這理體上沒有言說，離一切相，這是眞如的實體。若想從這個眞理上成就一切事，在果上不能說，在因上可以說，巧立因門，因是發心、初發意，從因契果，這叫方便。比如說我們講《大方廣佛華嚴經》，從遮那本體說沒有言說了，方便善巧示現言說。我們最初講，相信你自己的心，相信自心與毗盧遮那無二無別，這個時候是體，純粹講理性的，怎麼達到？體具了，把體具了變成現實，用理來成事；體具是理，變成我們現在修行的現實，這個就是方便。方便是約事說的，眞理體性是約理說的，用理來成事，那麼就理事無礙，這個就用方便善巧。說空，不迷於空，說事，用這個因來契這個果，這叫因果交徹。理成事，事也變成理，每一件事都變成理了，這是華嚴所講的事事無礙法界。

從文字上講，大家比較難記住，理就是我們現在的心，這是指眞心說的。事就是我們生活中所做的一些事情，事事都變成理，吃飯、穿衣、行住坐臥，都把它變成一眞法界，用事來成理，事就是顯理。這個事是理成就的，事又能顯理，那理即是事，事即是理，這就叫理事無礙。要顯《華嚴經》殊勝的法，顯它的功德，當你契證的時候，因地修，修到成就，達到究竟，這就叫因緣，因緣滿了就投入果海，證入果，這是從因入果，因緣果滿。

但是在具體行的當中，是有差別的，把這一切差別會歸於一解脫法門，就像水似的，各個河流、山上所流下的水，最後都還歸於海，這是從別入總。例如我們念佛、修禪觀、學教義、念菩薩聖號、佛的聖號、讀誦大乘，這是在行的過程當中，行的過程當中是有差別的；等你證到佛果，入了解脫門，就同歸於果海，沒有差別了，這是普賢菩薩所入的不思議解脫。怎麼入的呢？以方便法門入的。

大家讀《華嚴經》，都知道十大願王吧？就從十大願王而修，契證佛的果海，這是從事上達到理。我們現在從早晨三點鐘起來，上殿、過堂、聞法，或者念佛，或者修行，或做一切差別事，都把它叫成佛事，這個叫方便善巧，沒有方便你不能契入，契入了之後，最後得到解脫。但是，解脫的法門太多了，以下念十種法門，來彰顯重重無盡，不可思議。

別顯十門以彰無盡

所謂有解脫門。名嚴淨一切佛國土調伏眾生令究竟出離。有解脫門。名普詣一切如來所修具足功德境界。有解脫門。名安立一切菩薩地諸大願海。有解脫門。名普現法界微塵數無量身。有解脫門。名演說徧一切國土不可思議數差別名。有解脫門。名一切微塵中悉現無邊諸菩薩神通境界。有解脫門。名一念中現三世劫成壞事。有解脫門。名示現一切菩薩諸根海各入自境界。有解脫門。名能以神通力化現種種身徧無邊法界。有解脫門。名顯示一切菩薩修行法次第門入一切智廣大方便。

上面舉十個解脫門，從一到十，形容無盡的意思。十個還有十，十個還有十，無窮無盡的十。解脫門隨眾生的因而給他說法，讓他解脫，眾生有好多？無窮無盡的眾生，對於每一個人說不同的，根機不同他領受的也不同。

我們先講第一個解脫門，「嚴淨一切佛國土調伏眾生令究竟出離」。嚴淨一切佛國土，我們舉例來說，現在所居住的娑婆世界，釋迦牟尼這個國土，叫三千大千世界，你若想利益眾生得有個處所，沒個處所到哪去利益眾生？嚴就是莊嚴，比如像我們法堂，花、香、燈、塗、硬體的建築物。嚴就是莊嚴，嚴飾的意思。

土就是處所。他在這個處所調伏眾生，調是調理，眾生的業非常雜亂，把很雜亂的理順。那麼，若想在這個國土調伏衆生，得適合這些衆生的生活習慣。這個佛土呢？佛的國土分四種，有橫、有豎、有大、有小，各個差別相。有我們所說的凡聖同居，有凡人、有聖人，這是凡聖同居；唯有聖人，沒有凡人，那個國土又不同了，叫方便有餘；純粹是大菩薩境界，十地菩薩所居住的，那叫實報莊嚴；佛自己所居住的叫常寂光，叫寂光淨土。凡聖同居、方便有餘、實報莊嚴、常寂光土，土有四種。無論從哪一種說，一塵一刹，塵是最小的，一個最小的微塵一個刹，刹就包括一個佛土，三千大千世界，都把他們嚴淨了。

嚴呢？用法莊嚴，我們用事物莊嚴，打掃清潔衛生、用點香花縵，這樣的嚴淨。所嚴的不同，但是以說法爲主，因爲它究竟出離。聞了法，法是什麼呢？教你出離的方法。這四土，四個的依止處不同，所教授的方法也不同。我們先講講嚴土調生，調衆生調什麼呢？調衆生的煩惱，調他的習氣，消滅他的業障。

身有四身，土有四土，土就是依止處所，何身依止何處？第一個是法性身，性身依止是性土，法性身依止法性土，以眞如爲自性，爲他的本體，爲他的身，這叫法身佛。法身佛所居住的土叫法性土，這叫理法界。理法界是純粹的寂光淨土，常寂光淨土。身跟土，土是所依的處所，身跟土依著果，身是自性身，土是自性土，法身住在寂光淨土，純粹理法界。身是空的，土也是空的，法性身是空的，法性土也是空的，身土不二，沒有差別的；不是我們所說的色相能攝受的，沒有色相，沒有色聲香味觸法。身是如同虛空，土也如虛空徧一切處，這叫自性身依著自性土。受用身有自受用身、他受用身，所依的土就是受用土，自身受用的土就是所依的處所，這個身土是以法喜為樂，以法為自受用身，也就是自己的報身。這個佛是盧舍那，國土是實報莊嚴，不是寂光，而是實報土，佛以清淨的報身住在這實報莊嚴土，度的衆生都是地上的大菩薩。

大家讀過《梵網經》吧？《梵網經》就是盧舍那佛，這是實報莊嚴土。盧舍那佛坐的寶座是一千瓣蓮華，每一瓣就是一個國土，這叫釋迦大化，每一個釋迦又化現千百億釋迦，千百億釋迦所住的國土就是方便有餘。一個釋迦牟尼就化現千百億釋迦，一華百億國，一國一釋迦，千百億國就千百億個釋迦，這叫小化；這是凡人也有，聖人也有，凡聖同居。佛的四身現的四土，法身、報身、化身，還有意生身。這四土除了常寂光淨土，在這三土調伏衆生，讓他達到究竟清淨都像佛一樣的，究竟清淨能成佛。

這個土，所居住的處所是隨著你的正報而轉移。正報如何，所顯現所居住的處所就如何，莊嚴的受用各有各的不同。講到他受用身、他受用土。佛的應身有勝應身，剛才講就是千釋迦叫勝應身，千百億釋迦就是劣應身。佛以他大慈悲的力，隨著十地菩薩所依得的、所能得度的，這個淨土就大，這是佛現的實報莊嚴身，是為他受用，他受用就是衆生受用，依著他受用身得他受用土，這是專指十地菩薩。

十地菩薩，第一地是歡喜地，第二地是離垢地，第三地是發光地，第四地是燄慧地，第五地是難勝地，第六地是現前地，第七地是遠行地，第八地是不動地，第九地是善慧地，第十地是法雲地。

十地菩薩證一分法身，斷一分無明，這叫勝應身，實報莊嚴土的勝應身。感佛到了變化身，變化身轉化不定。我們看見在印度釋迦牟尼佛是個比丘相、老比丘相，他隨眾生的福德，所見的佛身不一樣。現在我們連勝應身、劣應身都見不到，所見的是像，銅鑄的、泥塑的、木雕的，見的是種種像，這些都是變化身。變化身就是變化的土，因為變化身的不定，土也不定，所居住的處所、國土也不定。時而好、時而壞，時而很安靜的、時而很混亂的，這是隨眾生有什麼緣，居住什麼處所，大小都不一定的，是變化的身體。

例如我們當前所處的處所，有的國土有戰爭，有的災害頻繁，有的水災、火災、地震，種種不同，這是隨眾生的業所感的，所受用的土是變化的、無常的，因為你的心變化故，你所處的處所也在變化。這理性是很深的，我們先從客觀的現實來講。為什麼我們不能解脫？這是指解脫門說的。正報解脫，依報才能解脫，正報不解脫，你感的國土不解脫。同是一個國土，同是一個處所，各個人所做的事不同，那你所感的果也不同，住的土也不同，你住的這個房子也不同，怎麼說呢？隨你正報的福德，你這樣來理解。法性身就是法性土，受用身住的受用土，是隨業變化的，那就隨著化身所住的土，各有各的差別。

我們知道有的人住的環境非常優美，他住的處所有臥室，外頭還有花園、水池、游泳池，有的多少家住在一個樓房裡頭，那環境就不同了，這也是個人的福報。商品房，看你花好多錢，你花很多錢就能買到好的房子，住到別墅，那隨你的福報了。再往上頭說，土不是這樣子的，所居住的處所不是這樣子。四王天他們所住的，不是假人工的，是他福報所感成的，沒有人工修建的。他們沒有災害，我們人間的災害就不同了。

例如處在我們現在這個國土，我們很安靜的，可是在阿拉伯世界天天都有爆炸，恐怖襲擊。這是個人的福報，也就是隨業。有的受水災，有的受旱災，有的感染疾病，瘟疫傳染，依報隨著正報，懂得這個道理了，就知道身和所居住的處所，我們這說土是國土，專指著國家說的。

我們從小處說，每個人住的地方都不同，有的有見聞業，有的連見聞業都沒有，外頭天大的變化他不知道，連聽都沒聽見，有什麼喜怒哀樂嗎？沒有。現在傳媒不是很普遍嗎？電視、音響等多得很，在普壽寺裡頭大家知道嗎？這是我們的小天地，五臺山算是大天地，普壽寺是大天地裡的小天地，什麼都不知道，不知道是愚癡，但是這個不知道，好啊！你安定，知道了你的心反而要發煩。

這是你沒有見聞業，見業、聞業都沒有，當然更沒有身受。這個道理很深的，聽著好像很淺的，道理非常深的。這個解脫門是說佛所證得的，嚴淨一切佛國土的解脫門，調伏衆生，令一切衆生究竟出離。同是娑婆世界所見的不同，阿難尊者問佛，他說：「佛，您過去修行時候，是不是心裡不清淨啊？所以你才感得這個國土，這娑婆世界又髒、又爛、又壞，跟極樂世界，跟其他佛國土比起來，不淨，叫五濁惡世。」

說這時候非常不好，劫濁。衆生知見差別特別多，你有你的看法，我有我的看法，六十億人口有六十億種看法，麻煩死了！見不同，這是見濁。沒有一個清淨的，都在煩惱當中成長，在煩惱當中生活，這叫煩惱濁。也有老死的，也有小死的，幾歲就死了，老了也死了，這叫命濁。生到這個地方，劫濁、見濁、煩惱濁、命濁，都要死的，死的時候壽命非常渾濁，不像北俱盧洲，人人都活一千歲，中間沒有害病，就這麼走了，但是他最大的苦惱是沒有佛法，不信佛。所以韋馱菩薩才三洲感應，沒有北俱盧洲，北俱盧洲也在娑婆世界。

阿難尊者向佛說的時候，文殊菩薩在一旁邊，說：「不是吧？我看見這個世界很清淨。」我們在這文殊菩薩的五臺山裡頭，這叫清涼寶山，黃金爲地，看見的是黃金地嗎？我們看的是土木沙石。怎麼來認識？這是隨你的業見的不同，我們見的是五濁惡世。佛在這個時候顯神通，用佛足指點大地，馬上變成華藏世界，阿難一看，變了！不是那個世界了，這個世界就華藏世界。說嚴淨一切處所，嚴淨處所的目的是什麼呢？調伏衆生令他出離，這個叫解脫門。怎麼樣理解呢？說這個娑婆世界這麼壞，是五濁惡世，就用這個國土的壞來調伏你的身心，五濁惡世這麼壞，你還不厭離嗎？讓你生出離心，出離心叫厭離，求生得個安樂的處所，然後跟你說極樂世界，那是安樂的，拿極樂世界跟現前我們所見到的娑婆世界兩個相比，你就知道了。這樣來調伏你，你心裡才能念佛、求佛、不作惡，這個解脫門調伏一切衆生，調伏他的煩惱、調伏他的知見，令出離。

這是第一個解脫門，第二個解脫門呢？

「有解脫門，名普詣一切如來所修具足功德境界。」「詣」當「到」字講，往什麼地方去，就叫「詣」。這就是一切如來所具足的功德境界，具足功德境界，讓你希求功德。佛是徧於一切處的，是修成就的，讓你去到佛所，到了佛所就把煩惱斷了，到了佛的處所，就了知佛的境界，普詣一切如來所具足的功德境界，是嚮往一切諸佛他們具足的功德德相。

「有解脫門，名安立一切菩薩地諸大願海。」第三個解脫門，叫安立一切菩薩地諸大願海。這個安立菩薩，就是使一切修者，讓他都能達到佛的境界。修行者有六種功德，一者叫位，二者叫願。你不親近佛，不知道佛的境界，怎麼能知道修行的方法呢？佛徧於六道，佛在六道當中度衆生，他每度一種衆生有一種境界相。現在在我們末法時候，你到這個道場，這個道場也是佛的道場，佛的道場有種種的境界相，這個道場是這個境界相，你到那個道場，那個道場是那個道場的境界相，都依著佛德而建立的，如來具足一切功德境界。你若想瞭解佛的功德，你到各個道場去修吧！還得去修，不修得不到的。說安立菩薩的功德，讓菩薩去學，一種是位，二種是願。例如說修十勝行、十方便行、如來所證得的十如、證眞法界、成就一切智，「薩婆若」就是「智」，翻譯「一切智」，這個解脫門叫安立一切菩薩的諸地諸大願海。

「有解脫門，名普現法界微塵數無量身。」身呢？佛身是應眾生而顯現的，應以何身得度者，佛就現什麼身，身不定，隨機而定、隨求法者而來定。應以何身而得度者，佛就現何身，應以說什麼法使你得度者，佛就說什麼法。

比如說，佛最初成道說《華嚴經》，就是我們現在講的，這個所應的機，全是地上的大菩薩，沒有應小機，說的時間也不長，說二十一天。但是，《四阿含》就說了十二年，為什麼？其實說華嚴並不止二十一天，隨時都在說，若對這類大機，他普徧的、不定時間的，對阿含機，講苦集滅道，講生老病死苦，講世間因果，講出世間因果，說了十二年。這個階段說完了，看眾生漸漸得度了，這才說大乘法、說方等法。因為佛最初說《華嚴經》的時候，眾生不得度，只是地上的菩薩得了利益，其他的菩薩，其他的發心者沒法進入。

這個解脫門，因為這一類的眾生說這個解脫門，另一類眾生就說另一個解脫門。像我們辦一所大學，有幾個學院，工學院、法學院、藝術學院，看你喜歡學什麼，你是哪一類的根機，愛好什麼，你就去學什麼吧！佛利益衆生也如是。像我們受比丘戒、比丘尼戒、優婆塞、優婆夷戒、菩薩戒，這戒律都不同的。這一類衆生，現在只能達到這個程度，那一類衆生只能達到那一類程度，這叫因機說法。

在印度說法的形式，跟我們此土的說法形式，不一樣了。現在你到泰國、到緬甸、到錫蘭、到日本，同是比丘、比丘尼、優婆塞、優婆夷，四衆弟子一樣的，說法不一樣，處所不一樣，他的國家法律又不一樣，這叫因機說法。所以，佛演說法，在什麼處所給什麼人說，叫因機說法。這不要跟社會上比，我們社會上說：這個人很圓滑，見什麼人說什麼話。這是不對的，不老實、不誠實。但是佛說法不是這樣的，說你見什麼人不說什麼話啊？一個小學程度的人，你給他說大學的話，他能懂嗎？大學程度的人，你給他說小學的話，他能聽嗎？那是諷刺社會上的人，爲了名利而圓滑，說這人很滑頭。佛應機說法可不能跟那個比，是對你的機給你說法。

這還可以舉個例子，山西人愛吃醋，東北人愛吃鹹的，浙江人、江蘇人吃什麼菜都得加點糖，他要吃甜的，說我們都拿醋溜，專門一樣菜，這行嗎？這不行，我們到山西可以喝一瓶醋，感覺很好的，你到南方去得喝甜水，這叫因機。生活不同、習慣不同、各人造的業不同，佛制戒也有差別的。

比丘戒跟比丘尼戒不同，比丘戒只有二百五，比丘尼戒就有三百四十八，為什麼多那麼多？因機說法，所以不同。他演說一法的時候就有差別，這叫因機說法。這個解脫門，佛說法是應機的，現在到了末世，我們沒有智慧了，大家說吧！學吧！像我們講《華嚴經》，對機嗎？不對機了。不對機還講他幹什麼？種善根。萬一這裡有一個華嚴機呢？我們是種善根的說法，不是能夠聞法得解脫，佛說法一聞法就得解脫，好多證道的，好多成道的，好多發菩提心的。你看每一個法會，到結束的時候，多少人發菩提心，多少人成道的，多少人證得菩薩道的，多少人證得阿羅漢果的，這就不同了。怎麼說呢？國土不同，所以他的法也就不同，但是都叫解脫門，不障礙的。這是誰說的？這都是講普賢菩薩，有十種法門。國土不同，所以他所崇敬的不同，隨著他根機的不同給他立名，一切語言文字都不同，這是應機說法的意思。

「有解脫門，名一切微塵中悉現無邊諸菩薩神通境界。」普賢菩薩還有一個解脫門，叫一切微塵中能現一切諸菩薩的神通境界。就在微塵中現一切身，這就是菩薩行菩薩道的處所，就是他的境界相。菩薩到哪行菩薩道？利益眾生得到眾生界去利益眾生，不到眾生界利益眾生，到哪兒利益眾生？所以菩薩示現一切菩薩的境界，令一切眾生都能夠得知、得證、得行，目的是離苦得樂。

「有解脫門，名一念中現三世劫成壞事。」一念，就是我們現在心裡一作意，這叫一念間。在這一念間，把這一念間延長了，延長到什麼樣子呢？過去、現在、未來三世劫，每一個劫中，每一個段落，你所修行的成功、破壞，成劫、壞劫，這地方成，那地方在壞，這地方很安定，那地方在打仗，這個地方乾旱，那個地方在下雨，那個地方就水澇。去年我們是北方乾南方澇，北方乾的沒有雨，田地等著雨；南方下雨下的不停，下的發大水，這就是成壞。這個道理現在科學家發明了，空中的星星，各個的星球，這個在壞，那個在成，另一個在住，成、住、壞、空，就是這樣子。這叫「成壞事」。

「有解脫門，名示現一切菩薩諸根海各入自境界。」有這麼一個解脫門，菩薩具足這樣一個解脫門，教導、顯示一切菩薩的諸根，眼、耳、鼻、舌、身、意諸根，像海那麼多，各個根不一樣的。有喜歡紅顏色的，有喜歡白顏色的，有喜歡綠顏色的，屬於愛好，愛好有種種不同。耳根、眼根，我剛才說色只是說眼根，有人喜歡的看見很歡喜，有人看見却很煩惱，得看有緣沒緣，菩薩能知道每個衆生的根，就是他的喜怒哀樂。這有很多證明，就在生活當中的事，誰都知道自己喜歡什麼、愛好什麼，根所不同，這得靠緣，一切法都是緣起的，看你是什麼因緣。

亞洲是黃種人，他就喜歡黃種人，跟黃種人就有緣，看見黑種人那就不高興了，他不會跟黑種人打交道，跟他無緣；因爲他看慣了，生長在這個環境裡頭看慣了，他喜好不同的。像我剛才說喜歡吃鹹的、喜歡吃酸的、喜歡吃甜的，各個不同。佛菩薩教化眾生的時候，都滿眾生願，隨他的愛好、隨他的根，眼耳鼻舌身意根，他愛好什麼，愛聽什麼，就給他說什麼。這菩薩得有大神通，一般的菩薩是做不到的。菩薩根海雖繁廣多類，但自知自的所有境界。佛所說的法是無邊的，我們經常說八萬四千法門，八萬四千法門是不是都能夠教化所有的眾生？眾生不止八萬四千吧？我們這個國土就有十三億多人口，每個人所喜歡的法，每個人所有的根性，每個人過去的因緣，佛的智慧都能瞭解，隨著他的愛好，隨著他的喜歡，漸令入佛道。佛教有句話，「先以欲鉤牽」，他愛好五欲境界、喜歡什麼，示現讓他所喜歡的，示現五欲境界，等他入了，然後再跟他說這個是無常的，這是苦的了，你要厭離了，不要執著不要貪愛。這是佛對一切眾生都能清清楚楚的明了，但是眾生若想測佛的法，沒辦法，佛法是無邊的，只能夠取你所需，你需要什麼，在這裡頭去取吧！能享受好多，你就取好多，就是這個涵義。

「有解脫門，名能以神通力化現種種身徧無邊法界。」如來身像什麼似的呢？像虛空一樣的，虛空是徧一切處，佛的身也徧一切處，徧滿法界。「佛這麼說了，我怎麼沒見到呢？」沒見到沒有緣，你現在見到的釋迦牟尼佛像，或者見到我們那些菩薩像，你能見到的很少很少，我們所熟悉的文殊、普賢、觀音、彌勒、地藏，也只有幾位菩薩而已。聽到《華嚴經》這菩薩、那菩薩，同類的、異類的，示現鬼神的，我們前頭講了那麼多類菩薩，你能見到好多呢？隨你有緣的，佛所示現的，你的因緣只能聽到這樣的法，只能遇著這樣的善知識，再高深的遇不到，爲什麼？無緣。懂得這個道理，知道所有的諸佛解脫門，他現種種身是隨緣而現的。我們見的像大多數是根據華人的形相做的，泰國人他造的像，你看泰國像跟我們不一樣的，而是跟泰國人相像的，西藏的喇嘛所造的像，大體相同，但是他的護法神絕對不相同。

「種種身」也就像菩薩神通自在所現的、隨緣的，沒緣的不現，你所見到的，隨你的緣、隨你的喜歡而能現。但是非常繁廣，種類很多，所以菩薩的神通妙用，也偏於法界來現；因爲佛菩薩的身跟虛空是一樣的，體同虛空，用是周徧法界，「明如來身體同虛空，用周法界」，這個解脫門就叫以神通力化現種種身徧無邊法界。

「有解脫門，名顯示一切菩薩修行法次第門入一切智廣大方便。」顯示一切如來修行法的次第，各個不同。不能說一法，人人都這樣修，都能成道，不可能的。各個菩薩所修的法，都是無量劫來所修行成熟的，等他修一門深入，可以入到一切菩薩心，一切菩薩所做的，他都能進入，這是什麼呢？入一切智故。

「薩婆若」，就叫「一切智」，顯示菩薩的修行次第。我們修行是有次第的，從先有信心，信了之後而去做，在做的當中又要求種種的方法、種種的規律，依著規律走就成熟了，這是出世間法。世間法也如是，你學哪一行、哪一門，都有次第的，不是一下子，一蹴而就什麼都成了，辦不到。所以，這個解脫門顯示菩薩修行次第，也就是你是什麼因，一定結什麼果，一切菩薩修行的時候，入一切智的時候，顯示你過去的因，一定能結現在的果。

爾時普賢菩薩摩訶薩。以自功德。復承如來威神之力。普觀一切眾會海已。即說頌言。

這個程序跟前頭諸神說的一樣，先標名，以下再解釋，解釋完了淺釋，淺釋完了深說，得一層一層的，也是有次第的。「爾時普賢菩薩」，就打他自己億劫修行的功德，同時又得到佛的神力加持，他看到所有海會的大眾而說頌言。「頌言」是讚歎佛的。

佛所莊嚴廣大剎　等於一切微塵數
清淨佛子悉滿中　雨不思議最妙法

這個是解釋什麼的？這是「有解脫門，名嚴淨一切佛國土，調伏眾生令究竟出離」，這是第一個。前一句「佛所莊嚴廣大剎」，這句話是說佛利益眾生的處所，這叫嚴淨的佛國土。

嚴淨佛國土的目的，不是爲自己把住處修好，世間法是把自己住處修好，佛嚴淨國土則是給衆生嚴淨的，爲了度衆生。嚴淨佛國土，調伏諸有情，是調伏一切有情衆生的。凡是皈依佛的都叫佛子，不管比丘、比丘尼、優婆塞、優婆夷，乃至初入佛門的，都叫佛子，受了三皈就成爲佛子。佛子有三種，一者外子，外子就是凡夫，不能承受佛的家業的，不能繼承佛位的，不能紹隆佛種的，這叫外子，他不能紹繼一切佛事。

二者庶子，就是聲聞緣覺乘，不是從如來的大法所生的，這是從圓教義來說。我們說判教的時候就是小乘、二乘教義，是佛子不？是，但是是庶子，不是眞子。庶生的兒子，是外頭撿來的兒子，收養的兒子。

三者眞子，眞正的兒子，這是第三種佛子，眞正證得了的大菩薩，從佛化生，從佛的法化生。所說的妙法不是權乘之法，不是小教之法，是淨化心，叫心地法門。心地法門所得的國土，叫淨佛國土。把心淨化了，你所感得的國土，所居住的處所也淨化了。像極樂世界，你作爲清淨的佛子，才能生到清淨的佛國土；所以你若想念阿彌陀佛，生到清淨的極樂世界，你必須先清淨才能生到清淨佛國土。怎麼樣清淨呢？他告訴你，念佛、念阿彌陀佛。念阿彌陀佛就把你清淨了，念到究竟清淨，你到極樂國土，做阿彌陀佛的清淨佛子，生他的國土。如果你不清淨，不清淨也能生，不清淨還怎麼能生呢？佛力加持，仗他力。生極樂世界、生淨佛國土，除了自力之外，自己的感之外，還有他力，他力就是佛攝持力、加持力。你念阿彌陀佛，阿彌陀佛就加持，把你攝受到淨佛國土。

關於這個問題，很多的大德們有所爭議，有的說業沒有清淨，生不到極樂世界，必須在這個世界把你業都消了，也就是業障沒有了，就能生去了，這是一種說法。另外，像印光大師、慈舟老法師，他們主張依照佛所說的、經上所說的，帶業往生。你這個業沒有懺清淨，帶著你這個業，去到極樂世界再修行吧！再把業都還了，都消失了。有的大德說你業不清淨，怎麼能生到佛國土？業不淨不能夠離開娑婆，必須得業淨了，都是清淨業才能生到極樂世界。另一種說法，仗由阿彌陀佛四十八願加持力，帶業往生。在這個世界業沒有懺淨，沒有斷貪瞋癡，煩惱照樣在，就是靠著念佛降伏，壓伏下去，就生極樂世界了。

這兩種說法，就像我們剛才所講的外子、庶子、眞子，管他是外、是庶、是眞，反正都是佛的兒子，入了佛門就是佛子。從這個意義上說，三個是一體，不過功力有深有淺。像剛才我們所說，如果不能帶業往生，恐怕娑婆世界往生極樂世界的人很少了，沒有幾個了，大多數帶業往生。如果業都清淨，無業才能生到極樂世界，無業了還生到極樂世界？無業就成道了，成了道他自己還建個佛國土呢！不一定生到極樂世界。我們所以想生極樂世界，是怕在這個世界還報，受報要受罪的，到極樂世界是躲一躲，躲到那兒就不受罪了，這個意思要深刻的體會，還得圓融。

怎樣圓融呢？就是佛說法的方便善巧，懂得這個涵義就是了。

極樂世界是最善巧方便的，不要在這個上面夾雜我見，夾雜我執，你念就好了，帶業往生。這個道理跟現在講的是一樣的，眞子、外子跟庶子，反正你漸漸去修吧！依著你最初的發心漸漸的修，再以發心的力量變成你的行爲，行爲就是修行，然後你證得了，把你所發的心成就了。發心成佛、發心了生死、發心斷煩惱，煩惱斷了就成就了，生死了了也就成就了。但是最初都是跟著發心，如果你不發心，不發心永遠沒有。不想離開，不想了生死，不想成道，那當然沒有了，但是這個發心非常難。諸佛攝化衆生，乃至佛的大弟子，這些菩薩教化一切衆生時，都能把一切衆生攝受到成就，都能夠了生死。

所以，這個普賢菩薩所說的妙法，專指《華嚴經》說的，不是權乘，權乘是權乘的菩薩，也不是小，也不是二乘。妙者呢？就是用這個方法，轉化你的心，心成就了，你所得到的處所也成就了、清淨了，所以要作爲清淨的佛子，生到清淨的佛國土。

如於此會見佛坐　一切塵中悉如是
佛身無去亦無來　所有國土皆明現
顯示菩薩所修行　無量趣地諸方便

及說難思真實理　令諸佛子入法界

這個解脫門叫什麼呢？普詣一切如來所修具足的功德境界。

諸位菩薩學《華嚴經》，你得把思想修正一下，你過去是很侷限、很執著的，心量很小，只看你眼皮底下，看不到遠處，這樣你沒有辦法學《華嚴經》。

普賢菩薩有十種解脫門，現在把這十種解脫門再重複一下。

「嚴淨一切佛國土，調伏眾生令究竟出離。」你怎樣理解這一切佛國土？一切佛國土在一個微塵裡，從一微塵調伏一切眾生，令他究竟出離，這必須得解脫啊！不解脫，你對一切佛國土的理解不通。比如你看我們這娑婆世界，說三千大千世界在一個微塵裡，或在你的鼻孔裡，你能相信嗎？一切佛國土是事，你必須得用性理，性理達不到，就說心理吧！我們經常這樣講，你也這樣觀，你現在一作意，都在你思想當中顯現，那就得解脫，解脫了才能達到這種目的。

「有解脫門，名普詣一切如來所修具足功德境界。」我們現在求生極樂世界，都達不到呢！普詣一切如來所，都去了，一念間都去了，這也得解脫，不解脫去不了。

「有解脫門，名安立一切菩薩地諸大願海。」、「有解脫門，名普現法界微塵數無量身。」為什麼單講解脫？若想從這一法解脫，必須得走這十門，十門合成一門，一門是什麼門呢？無門，有門就有侷限性，解脫了沒有侷限性。「有解脫門，名演說徧一切國土不可思議數差別名。」、「有解脫門，名一切微塵中悉現無邊諸菩薩神通境界。」、「有解脫門，名一念中現三世劫成壞事。」前面必須得加個「解脫」，不解脫進入不了這種境界。

但是，學的時候很困難，所以不要執著，心量放大一點，視野要寬一點。在一念中，過去、現在、未來、成劫、壞劫、住劫，八十小劫。「有解脫門，名示現一切菩薩諸根海各入自境界。」、「有解脫門，名能以神通力化現種種身徧無邊法界。」、「有解脫門，名顯示一切菩薩修行法次第門入一切智廣大方便。」這些我們講過了，重複說說這個題目。

你先得觀想法性的身，法性身依著法性土。我們現在是業報身，依著業報的環境，就是業報土。土是我們所居住的處所，而且是解脫了，身土不二。這兩個不容易明白，說一切住的房子也好，土地也好，說我們住的五臺山土地，你的身就是五臺山，五臺山就是你的身，你怎麼樣去理解？這叫身土不二。

法性身，法性的土，自性身是法性，自性所居住的處所也是法性，法性是沒有體相的，是無相的。無相的身住在無相的境界，法身住的法性土，這是從理上說。有情的是理，無情的也是理，在理上只有一個。法性身的法性土，佛的自受用身，自受用土。自受用身是法性身，法性土就是常寂光淨土，毗盧遮那住的是常寂光淨土。盧舍那佛是報身，實報莊嚴，是他無量億劫利益眾生功德所成就的報身，他所住的土叫實報莊嚴土。

我們要生極樂世界，那是釋迦牟尼化身的化身土，凡夫也有，聖人也有，身不同、土也不同。我們的業報身，隨你的業報，你的住處、環境、條件，那是根據你過去的福德，福德沒有了就剩下業報，也就是業所感的。只要你分解明白了，以後漸漸就能夠進入。我們思想觀想佛的時候，佛是徧一切處，這都是佛的修德，利益眾生的事業。但是，我們現在用肉眼觀看，我們現在所得的境界，釋迦牟尼佛生在印度迦毗羅衛國，現在已經不是印度了，而是尼泊爾。佛所生的是尼泊爾，在過去降生的時候是古印度，現在印度不是原來的。

我到印度的時候，還沒有巴基斯坦、孟加拉，現在從印度又分出巴基斯坦、孟加拉，巴基斯坦也是很大的一個國，也是強國；如果巴基斯坦、孟加拉跟印度合併了，比中國人口還多，這就是變化。經過好長的時間呢？才二千多年。土隨時在變化，國界隨時在改變，無常的。但是約《華嚴經》上講，沒有變化，業報上變化，性體上沒有變化。你現在看看佛的國土，佛的出生地尼泊爾，是個什麼樣呢？很亂，國也很小。若拿這個來觀釋迦牟尼佛，他是離實化現的，化現的不是眞實的。

我們現在講的是依佛的自受用身、自受用土，那是實報莊嚴土；他受用身、他受用土，是方便有餘土，凡聖同居土，那就不同了。變化身，所依據的變化土，既然是變化，那是隨時改變，變是不定的意思。但是我們學《華嚴經》先要學一個不變的。

最初就跟大家說，我們共同學習要相信自己是毗盧遮那，相信自己本具的理體就是性體，那所依據的不是業報，而是性體本具的土。現在我們這個土是隨著業報顯現的，我們觀想我們的法身，我們的實報莊嚴土，或者常寂光淨土，身土不二。但是我們沒有理解，沒有證得，受業報身所限、受業報土所限。你有什麼樣的因就感什麼樣的果，變化的身在變化土中，就不停的變化，永遠變化無常。

懂得這個意思了，以解脫的思想來學習華嚴的境界，也就是普賢的境界。不然，普賢菩薩所證得的、所示現的，跟我們想像的完全不一樣。如果用我們的情執，是入不了法界，你沒法把法圓融。三世就是過去、現在、未來，三世攝在一念間，一念三世，你怎樣能理解呢？這是菩薩的大境界。所以學華嚴時，學普賢境界的時候，這個境界是無境界的境界，根本沒有境界，這就用什麼呢？要用你的智慧，依著《金剛經》說：一切有爲法就是做夢。我們前幾天講夢，夢只是一種啓示，是幻想的、不實在的，就像我們演的話劇，不是實在的、是化現的、假的。懂得這個是假的，就懂得我們這個人生，人生是隨時變化的。

就像剛才跟大家說的，我到印度的時候，只是一個印度，等我離開印度到西藏，從西藏再回國來，到一九五〇年就變化了，印度一國變成幾個國家，因爲信仰不同就分裂了。巴基斯坦又分裂了，有東巴基斯坦，有西巴基斯坦，中間隔著印度，巴基斯坦又分出一個孟加拉，孟加拉國也有一億多人口呢！這是土的變化。人呢？巴基斯坦當然不是印度人，是巴基斯坦人，分裂時就不同了。有分裂、有圓融，像我們各個的省分、各個民族、各個地區，你把他總體看成是一個。我們說極樂世界、娑婆世界、藥師琉璃光世界、南方不動世界，有好多個，這是大的，實際上就是唯心識所現，你心識所現的。你必須得先修好這個觀，再學《華嚴經》，這時候你才理解「一微塵」，極樂世界、娑婆世界，乃至藥師琉璃光世界，都在一微塵裡頭。相信嗎？就是這一微塵也不存在，一微塵也沒有，這叫做法性身依著法性土。

等你修得的功德，從初發菩提心、利益眾生，最後成了佛果，依正二報同時的。說西方極樂世界是阿彌陀佛四十八願成就的，是願成就的，西方世界有嗎？對著東方我們這個娑婆世界，才說有西方極樂世界，凡是釋迦牟尼佛所說的教法，所顯現的世界只有一個華藏世界，我們將來講世界成就安立就知道了。世界種二十重，第十三重就叫華藏世界。所有釋迦牟尼佛所說的這些國土：東方、西方、上方、下方、中方，全是叫華藏世界，這些佛都在華藏世界裡頭的，世界共二十重，這僅僅是十三重，這是就他的相上說，就所化的國土說。實際上是唯心所現。但是國土的不同，塵剎現身的不同，隨著衆生根機的地處不同，說的法也不同，各個菩薩的發心，因什麼發心？根器的不同，所遇的因緣不同，所感的果也不同。

但是在《華嚴經》說，一發心即成正覺，發心的因就該果德，因該果海，成就毗盧遮那，果成就了，果怎麼成就的？是因因而來的，果徹因源。每個菩薩、每個眾生，各個人發心不同，他所遇的緣不同，因為緣起不同，發心就不同；等他成就的時候，入性海了就同了，這就叫「佛佛道同」。發心修因的時候不同，等成到佛果了，都平等了，就都同了。

我們再舉個六凡的境界，天、人、阿脩羅、地獄、餓鬼、畜生。鬼道很多，並不全是餓鬼，餓鬼是鬼道的一種。到鬼道又平等了，馬、牛、羊、雞、犬、豕，在牠生的時候都是畜生，畜生有飛禽、走獸，也有海裡的、陸地的，各個生活不同。死了之後變成鬼，就都一樣，人死了變成鬼，一切有情動物，他死了以後變成鬼，鬼道特別多，那又相同了。

但是，同中又有不同，有有財鬼，有無財鬼，並不是鬼都是餓鬼，鬼道也很不同的。鬼裡頭還有各種鬼王，你看《地藏經》上所說的，都是鬼王，鬼王有的是菩薩寄現的，那他又不同，感他各種的發心，發心是因，因不同，感證到果呢？果就同了，證到佛果是一樣的，不論什麼因、從哪一個門入的。普賢菩薩說的就有十種門，門是通達義，他從這門入，他從那個門入。我們這個法堂，前門算正門，這兩個算偏門，後頭也可以進來，叫後門。開後門，不能從前頭進，人家正在上課！他轉到後面去，從後門進來了，這叫開後門，沒有不同，進到裡頭來都一樣，就是說你從哪邊來的都可以，能夠進得去就好了。

所以，普賢菩薩說了這麼多的法、這麼多的方便門，這是利益衆生的方式、方法，乃至隨衆生的因緣、隨衆生的根性、隨他的愛好，這叫對機說法。法門無量呢？是因爲衆生無量，你以這種的思想、理念來進入。先把你心裡頭以前的知見想法放下、不執著了，把它空掉，空掉就是放下，然後重新學習普賢菩薩，你才能夠進入。所以，普賢菩薩所說的這個教法，說的都是各個菩薩的因地，來利益衆生發菩提心、行菩薩道的。

「嚴佛國土」，我們前頭說了種種的神，嚴佛國土的方法不一樣，也都度衆生，都是大菩薩的境界。以後普賢菩薩說的，跟這十普菩薩說的，普賢菩薩所說的法門是總說的。十普菩薩，前頭都是「普」字，十普菩薩所說的呢？各稱一門。十普菩薩所說的，就是普賢菩薩前頭所說的十門，十個「有解脫門」，那十普菩薩各個修的一個解脫門，這一段的大意就是這樣的。

普賢菩薩以他自己的功德，再承佛的神力，凡是佛、菩薩說法的時候，都要尊重說「承佛神力」才能演說。在這個法會之中，是毗盧遮那佛的法會，普賢菩薩輔助佛弘化的，所以必須加個「承佛神力」，承佛的功德加持力，假自身的功德力，假佛的威神力，演說的這些法；這也是他自己修行時候所做的、所成就的，再顯示給眾生。

佛的莊嚴寶剎很多，等於一個微塵，一微塵代表一切微塵，這些國土都是微塵所成的。這些國土中，所有現在聞法的大眾，都是清淨的、沒有業障、沒有貪瞋癡煩惱，都是清淨的佛子。所演說的法，像下雨似一樣的，不可思議的最微妙法。這個解脫門就是嚴淨一切佛國土，調伏一切眾生，令眾生都能成佛，究竟出離。我們前面講，他是有分別的，他所修行斷惑的不同，因緣不同，有凡夫、有聖人，還有究竟成為大聖者，有這些不同。所以，這華嚴的法門是最妙法，最妙法就是成就佛果的究竟法門，這是第一個偈頌。

「如於此會見佛坐，一切塵中悉如是。」你在這個法會，看見毗盧遮那佛在這個法會說法，一個微塵也如是，也是這微塵顯現的，佛在說法，無量大眾圍繞。一個微塵如是，一切微塵都如是，佛身並沒有到微塵裡，佛身是無去無來的，每一微塵都顯現，每一個國土顯現，一個國土無量的微塵，每一微塵都顯現。這個意思就是當你舉這一微塵時候，這一微塵就是法性的體，總體，諸佛在微塵裡頭，就在法界當中說法。他把微塵變成法界，同時在這裡頭顯現佛是怎麼樣修成的？他是從菩薩發菩提心，也是一地一地達到究竟的。達到究竟是什麼呢？就是我們講的「一真法界」，這是不變的眞理，這叫眞實，證得法性的理體了。

那麼，只要向佛學習，也像佛這樣做，這樣做了，每一個跟佛學的佛弟子都能夠入法界，就都能得到究竟解脫，這個解脫門是安立一切衆生菩薩地的大願海，像海一樣的大願。大家在這個時候很不容易契入，最初學的時候，話要說多一點，方便契入，以後等入了《華嚴經》的正文，就不必再這樣解說，你先要理解一個法界的體，理解依報、正報同是一法界。

像「莊嚴佛國土」，在《金剛經》就講：「莊嚴佛土者，即非莊嚴，是名莊嚴。」先不要執著，先遣除，「莊嚴佛國土」就是沒有佛國土可莊嚴，也沒有能莊嚴佛國土的人，也沒有所莊嚴成的一個佛國土。能莊嚴是空的，所莊嚴還是空的，空裡頭還有什麼莊嚴不莊嚴呢？但是這個空，不是虛空那個空，衆生還沒有達到這種境界，爲了度衆生故，那是有佛國土的莊嚴，等都證得這種境界，前頭所說的方便法就不要了，就是這個涵義。

《華嚴經》講十住、十行、十迴向、十地，這是有次第的。等達到究竟了，就沒有次第了。爲了利生的善巧方便，也有一位一位的境界相，也有他的發願；發願還得塡願、滿願，光發願是空的，還得加你的修行，加利益衆生的事業，就是自他兩行，自己也要修行，勸一切衆生也要修行。但是這種修行，在修行當中很自在的，像菩薩的遊戲，是這樣來理解的。

這有十種的殊勝，大家把這十種殊勝行記熟了，經常做這樣觀，這都是屬於普賢觀行。一切法歸爲一法，這一法就是一法界法，一眞法界的法，有無量世界、無量法界。示現種種度眾生的方便善巧門，那是給眾生顯現的，讓眾生進入的方便門，或者布施、持戒、忍辱、禪定，這都叫方便門，眾生依著這個做，就叫殊勝的行爲，殊勝的修行。以無量的莊嚴來莊嚴一切世界，這是依報。

第三個殊勝行，就是菩薩所修觀的觀力，知道一切眾生的出生、成長，眾生界無量的，能怎麼樣隨順他而令他能入、能行菩薩道，能依著教化，依教奉行，令一切眾生界都能依著佛所教化的去做，這叫殊勝行。以如來的出生、行菩薩道，乃至成到佛果，隨順如來所走的路，也如是去做，他怎麼行的菩薩道？怎麼成佛的？照著去做，這叫殊勝行。

依虛空界出生的世界，虛空界是空的，然而虛空界建立一切的佛世界，每個佛建的佛世界在虛空界，虛空界是無障礙的，你可以見到娑婆世界、極樂世界、琉璃光世界，無量的佛世界安立在其中。能夠如是地行、如是地修，這叫殊勝行。於生死界出生涅槃界，於涅槃界出生生死界，在生死界裡頭，在生滅世界中修行證得了不生不滅，就是怎麼樣引導眾生出生死、證涅槃，化眾生出生死、入涅槃這種殊勝的行。

於一切眾生的音聲，出生一切佛法的音聲，在一切眾生之中，把所有的音聲都變成佛的音聲，演說妙法，這不是最妙法嗎？把眾生的音聲變成佛的音聲，把無量的身，收攝爲一身；於一身中又現無量的法門，成就佛身；然後又示現無量的身，隨衆生的示現，這是殊勝的行，這種修行是最殊勝的。一身充徧世界，一身化現無盡的身，到無邊世界去利益衆生。

爲什麼我們說《地藏經》是《華嚴經》呢？大家看看地藏菩薩的化身。在《地藏經》的第二品〈分身集會品〉，地藏菩薩化無量的身到無邊的世界去度衆生，然後又回歸於一身，一身能現無量身，無量身能回歸一身，要修行達到這種境地，這是修行中最殊勝的修行。一身能入無邊世界，但是要於一念中能夠出生無量無邊的法門，令一切衆生成等正覺的殊勝行。這是普賢菩薩的十殊勝行，怎麼樣把這十殊勝行能成就，還得要有方便善巧，修十勝行，起十種方便。

這十種方便，菩薩行的十種善巧方便，在《華嚴經》的第五十六卷，稱爲「十種勤修」。要能夠產生十種的修行的勝行，你還得假方便善巧，生起十種的方便。這十種方便就是指菩薩在行菩薩道的時候，你得有善巧，沒有善巧是不行的。

呆板地勸衆生，衆生不能得入的，說「我有法門名般若，般若是智慧，你入吧！入了智慧你就成道了！」他怎麼入？善巧，善巧就是讓他怎麼樣開智慧？比如說，讓他多讀誦大乘經典開智慧，說禮佛拜懺也能開智慧；念個密咒，或者觀心，或者靜坐思惟、修禪定，這都叫方便！沒有方便不能達到眞實，方便才能達到眞實。

第一是布施方便。布施是不求回報的，我們給人家東西不求回報。捨就是布施，施捨給別人，是不望求報。布施有財、有法、有無畏，布施是多種多樣的，就是施捨一切，不求回報。願一切衆生得幸福，得到安樂，是願衆生得幸福、安樂，不是說我給他東西，然後讓他來保護我，那不叫布施，而是以金錢收買，那叫手段。

第二是持戒方便，持戒的方便包括很多，像迦葉尊者行頭陀行，少欲知足。像佛給我們規定的，穿衣服不許穿多，單就三衣。冷了穿上那個大衣，我們把那個祖衣做成種種顏色、種種裝飾、種種繡華，說法衣，搞錯了！祖衣是冬季冷的時候，你可以披三衣，作務衣上頭，加個行法衣、七衣，七衣上頭那個叫大衣，大衣很厚的，就是我們做棉袍似的，冬天穿的，一般是不穿的。我們把它做成說法衣，顏色也不同了，紅的，這是非法的！看看戒律三衣怎麼規定的？持戒，持戒得照戒律做，持一切戒，行頭陀行。

但是，你持菩薩戒可不同了。說這個衆生，你應當現女人身度他，你就得現女人身度他；這個時候應當現男人身度他，現男人身度他；應當現個童子身度他，就現個童子身度他，現身無量，這是指大菩薩。菩薩戒作持多，止持少。當你行菩薩道的時候，你發了菩提心，有了大悲心，還得般若智慧來指導。持戒包括很多了，總之依著基礎來說，少欲知足，乃至無欲。持戒是十方便，持戒是種方便。

第三是忍辱方便，並不是人家羞辱我們，我們忍受了，說這是忍辱。忍，要忍一切惡莫做，忍，要忍得住不去做惡。那不止殺、盜、淫、妄，包括得可多了。特別是菩薩戒。忍別人的羞辱，這是一種忍，大家一說忍，就以為是人家羞辱我們，我們忍；還有一個是忍可呀！忍可就是承認，就是這一法我能忍受，不論好苦，我都忍受。苦你能忍受，殊勝你就不容易忍受了，說這法很殊勝，我忍受、不貪戀，這很不容易。

人家形容著：「稱、譏、苦、樂、愛、憎、毀、譽」。人家譏諷你、挖苦你、瞧不起你，這個你還能忍受得了；但是讚歎你、恭維你、抬舉你，你就受不了，你就忘了忍，這個忍不容易，這忍什麼呢？名聞利養都能夠忍，忍是不貪、不著、不執，這種功夫不容易的。像這十種方便，說起來相當地多，普賢菩薩修行十勝行的時候，還要起這十種方便。

當人家批評你的時候，忍一切惡容易；當人家稱讚你的時候，當自己感覺最高興的時候，忍一切善，稱揚你、讚歎你，你就昏了，就被名利所牽涉了。禪宗講：「不怕當頭棒，只怕腦後針」，你沒有看見、沒有防備，在後頭扎你一針，這叫稱讚你。譏諷你，你忍受了，稱讚你，你就不知道了，就被這個轉了。

我們平常在修忍辱方便的時候，毀謗你，你能忍受；割截你的肉體，能忍受。在稱讚你的時候，說你的功德，說你的修行了不起，說：「哦！你這個老菩薩成就了！」就昏了、沒有智慧，就被它轉，這叫不能忍。「忍」，光忍一切惡還不行，還得忍人家稱讚你的善，不然，就增長我慢貢高，這就是防備我慢、防備貢高，這是忍辱的方便。

第四是精進方便。「精進」，我們一般地講，精進是身體或者口業，但是意業的精進，往往就把它放失了。精進包括身口意三業，你所做的，只往前進，不讓它再朝後退。精是純、不雜，所以，佛經上諸大菩薩經常教授我們：「一行」，說你修一個行門就可以了，這叫一門深入。你的精力、你的智慧，不可能全部都攝入，你先一門深入，這叫精進。

過去在家人講精進，靠什麼來進入呢？「蜀山無路勤為徑」，說讀書像爬山那樣難，要勤快，「勤」也是精進的意思，勤快就能得到，勸你用功，心無旁騖，說讀書像上山似的，上山沒有路，就靠你精進，這是一種精進。還有，出家人的精進，像有行般舟三昧的，晝夜不睡，這也叫精進。日中一食、坐不倒單、常坐不臥，也叫精進。行般舟三昧的時候，連坐都不能坐，叫一行三昧。

但是，這個精進得隨你身口意的善巧，得看你能勝任不能勝任。精進是只能往前進不往後退轉，但是一行三昧也好，只是約束你的身口。在《華嚴經》講「念」，說念念不失，那就是注重你的心。精是純，進是不退，能夠保持一念清淨，但是你保存不住的，這得大菩薩，登地的菩薩，斷一分無明才能達到這種境界。念若純，心裡就專一。但是這種精進得有智慧，沒有智慧做不到的，不是一般的智慧，要像《金剛經》說的達到金剛智，但是這得有方便善巧。

身口意一切所做的，只向前進不向後退轉，口裡頭從不說無益於衆生的話，凡是對衆生有利益的話說，對衆生無利益的話都不說，那就不只是妄言、綺語、兩舌、惡口。我們往往是止持做得到，作持就不同了。每天都要說利益衆生的話，對一切衆生隨機說法、善巧引誘，這個就不容易。

我們另外還有一個方法，禁語。像打佛七、打禪七，掛個牌子「止語」不說話，這也犯戒了！佛怎麼批評這種作法呢？這叫「啞羊僧」，說這種僧人跟啞巴、羊子一樣的，這是你沒學到，不知道。自己認爲自己很精進，公開掛牌子，掛到胸上說：「我止語。」啞巴！我們不敢說羊子，是佛說的。啞羊僧，羊子、不說話的啞巴。口是幹什麼的？是讓你說好話，別說壞話，明白嗎？若不說法利衆生，畢竟無有報恩者。若是不說，你怎麼利益衆生，怎麼說法？身呢？做有利益一切衆生的事，不做傷害衆生的事，不做惱害衆生的事。佛制的戒，一個止、一個作，把這方面止住，另一方面你儘量去做，不是都止，身口意都是這樣的意思。

第五是禪定方便。禪又叫「三昧」，也叫「正受」，名詞很多。禪呢？少說爲佳，要說話也只是簡單的開示。佛教我們不說廢話，不說無益衆生的話，言語不要多，越簡單越好，就是有禪意。禪是幫助定的，不只口，還有你的意念，意念不要東想西想的，把它單一起來，單一就是讓他只有一個念頭，就叫一念，定在一念上。念佛也好，念法也好，念僧也好，念是觀。

但是，這是有方法的，修定的法門方便善巧很多。像我們學《華嚴經》，杜順和尚有三觀，眞空絕相觀、理事無礙觀、周徧含容觀。我們向來講的都是理事無礙，理能成事，事能顯理，沒有事不能顯理，沒有理不能成就事，事中有理，理中有事，事能成理，理能夠成事，事是顯理的，理是成事的，理事交融就叫理事無礙觀。法界最究竟的觀是周徧含容觀。

四教呢？小止觀、摩訶止觀，觀就是修，修就是定，從觀而入定，觀就是思惟修，你心裡想什麼就是觀，觀即是定。說制心一處，把你的心、意念，制到一個地方，不要三心二意。你若勤修得禪定，就能夠得到解脫三昧。想得神通嗎？得到解脫三昧就得神通了，這叫禪定的方便。

第六是智慧方便。智慧方便就是你離開煩惱，生起煩惱就沒有智慧，昏煩惱亂還有智慧嗎？沒有了，你定一下，別煩亂。特別是遇著大事情，心裡要沉著，要善於思惟觀照。我們商量什麼事的時候，有時很煩亂做不了決定，說等我想一想，這個想就是思惟、就是定一定。定的時候就生長智慧，離開愚癡煩惱，長養一切功德，這樣來開發你的智慧。我們經常說智慧，其實就是一個字「知」；有智慧什麼都知道，沒得智慧什麼也都不知道。智有方便，有根本智、有後得智，《華嚴經》講十度，布施、持戒、忍辱、精進、禪定、智慧，《華嚴經》把這個智慧又開了方、願、力，慧，方便就是善巧。

這一切都講方便，《華嚴經》專注方便行，專修習方便。離了愚癡煩惱，你的善根才能成長，你的功德事業才能成就。有智慧的人，他行布施的時候不一樣的，一樣的布施，想法不一樣。有了智慧做一切的方便事業，利益衆生的事業都是有利益的，有智慧的方便那就善巧，那就解脫，沒有智慧的方便那叫束縛，不但解脫不了，倒把自己束縛起來。所以說有智慧的方便就能夠離開愚癡、離開煩惱。

當煩惱的時候，你靜一下，這就是用定的功夫，定能生慧。你定一下，心裡就明白，爲什麼要煩惱？假的！空的！這麼一觀，煩惱消失，觀的時候就是智慧，沒智慧他觀不成。我們把那個貪得無厭，行貪瞋癡那個無厭，把它翻過來，求智慧的無厭，拜懺、禮佛、誦經、讀誦大乘，這是斷煩惱的，生長智慧的，這些都是給智慧增長的方便。

第七是大慈方便。慈是利樂一切衆生，給衆生的快樂就叫慈。什麼樣最慈呢？平等大慈。我們經常這樣念：「無緣大慈，同體大悲」，也就是沒有分別心，以你的智慧力行慈悲，沒有智慧這個大慈就不叫大了，這個慈就做不到平等。假使同樣的兩個衆生，求你的加持，一個衆生是你的母親，一個衆生是你的冤家仇人，你心裡能不能平等對他們？對你這個仇人，對你這個母親，你能不能平等把你的功德迴向給他？對這個仇人像對你的母親一樣的，冤親平等。給他們快樂的時候，能夠這樣平等的給，度他們的時候，平等的度。一個眾生害病了，求你迴向，自己六親眷屬害病也找你迴向，你的用心、迴向的力量，是不是都一樣的平等對待？這得有大慈心，大慈心就是平等的運用你的心來利樂一切眾生。

第八是大悲方便。大慈大悲，我們經常把慈悲連起來，其實這是分開的，慈是給他快樂，悲是拔他的痛苦。若把他痛苦拔了，他不是也得到快樂了？所以是相同的，但是內裡的涵義有所不同。大悲方便是知道一切法沒有自己的體性，知法無自性，知一切法都沒有自性，沒有自性的在性體上也是平等的。無緣大悲就是平等的意思，起大悲心讓一切眾生都離開煩惱，離苦得樂。大悲心就是普賢菩薩十大願王最後的第十大願，普皆迴向的時候代眾生受苦，眾生受罪、受業報，大菩薩有這種力量，能夠代他受苦，替他受苦，把他的苦移到自己身上來，代他受苦。這樣拔眾生的生老病死苦，這叫大悲心。眾生煩惱代他受煩惱，讓他解脫。

第九是覺悟方便。覺悟是證得、有智慧，證得一切智或者證得無礙智了，能夠有這種智慧，令眾生得開悟，令眾生明白，啟發眾生讓他悟得自己的體性；或者令他悟得這十種方便，覺悟他們。這是無礙智，以無礙智讓眾生都能證得無礙智。這種不容易，度眾生的事業是不容易，怎麼樣呢？你給他說法，這是菩薩的願。其實是代替不了的。菩薩願力要代眾生受苦，那給他說方便法，實際上你給說方便法門，讓他自己去做了。若能代的話，恐怕眾生界就沒有了，諸佛菩薩都要代了，所說的代是菩薩的願，諸佛菩薩的願就是要代衆生受苦。那怎麼樣呢？給他說法，引導他慢慢一步一步來，諸佛菩薩就是在代我們受苦當中，以方便善巧啓發我們，能夠入佛道。每個人的出家因緣不同，修道因緣不同，所遭遇的境界完全都不一樣，個人是個人的事，菩薩以這種覺悟的方便善巧，令你自心覺悟，這是覺悟的方便。

第十是轉不退法輪方便。這個是說法的，化導衆生讓他入佛的教導，去修學方便，使他不退現在所修行的位，只向前進不向後退。轉不退的法輪，就是給他說法，說法令他得悟解，心開意解，讓他修道自斷煩惱。要化導衆生，讓他依著佛所教授的方法去學，學是解，解完了要去做，做就是修。先得解，你不給他啓示，他怎麼修？不是盲修瞎練，是有次第的，或者頓超，或者漸修，得有方便善巧。說這個衆生應以禪定得度者，給他說禪定法；應以慧學得度者，給他說般若法；應以觀世間境界相，觀苦、空、無常、無我。大菩薩了解衆生，應以何法得度者就給他說什麼法，說法使他能夠修學。

一者是行不退，一者位不退，我們現在有沒有位？我們都有位。什麼位？比丘、比丘尼、優婆塞、優婆夷，這是我們的位。但是他往下退，罷道還俗又退回去。有人精進修行後不修行了，因爲他想得道，結果沒得道，沒得道他就退心了。好多修道者就想求感應、想得道，假使說見到文殊菩薩加持一下，他就精進一下。要是文殊菩薩沒有加持，他見了相好之後，認爲自己修道修成，反倒會退失道心。

佛菩薩是有大智慧的，應以什麼行為、什麼語言、什麼現相得度，他才給你現呢！文殊菩薩若是天天給你現身，就是現在你在五臺山，今天跟你見個面，明天給你說個法，你修不成了。你會說：「菩薩都現身，我修成功了。」結果是退了。菩薩是有大智慧的，是得成就的，他看你的業障沒有消失，現在給你現相，不但沒幫助你，反倒使你藉此就招搖撞騙說：「你們供養我吧！文殊菩薩給我說法。」

還有一種，大家可以看那過去的祖師，他忽然間開悟了，他原本一個字也不認識，哪會寫文章？他這一開悟，筆下千言，什麼都成了。什麼成了？魔業。大家看看〈憨山大師傳〉就知道，他就得到這種悟，兩個手都寫不停。後來停下來了，閉關、修行，停止這種魔業。有很多講神通、講自在的，那就是錯誤，容易入歧途。菩薩讓你老老實實的、安安穩穩的、眞正的發心，眞正的了生死、求解脫，不是外來的、是自發的、是自修的，這樣才得到成就。

以十種普賢菩薩所證的解脫門，彰顯普賢菩薩所證得的無窮無盡的解脫門。前面十解脫門，我們講到有十勝行，說自修行也好，利他也好，得要有方便，十勝行有要起十種方便，這十種方便我們講完了。

所證得的十如，什麼叫「十如」呢？就是「相、性、體、力、作、因、緣、果、報、本末究竟」。在一切經上，頭一個字都是「如」，無論大乘、小乘，只要是佛說的經，第一個字就是「如」，這個「如」字代表什麼呢？「如」的涵義，比如說大方廣佛的大，大方廣佛的大就是體，就是本體。體是不言說，沒有言說，沒有思惟的，不能顯現的，假相來顯體，所以把相標在前頭。

「相、性、體、力、作、因、緣、果、報、本末究竟」，每一個字是什麼涵義，就是講一個道理，道理就是「義」。在一切經上說「如是」，「如是」是指法之詞。「如是」，說這一部經就是這個道理。像我們來說，有時候後面都說完了再說如是，這是按我們言語的方便來說。例如說「吃飯」、「穿衣服」，我們是這樣說；但在其他文字上，不是這樣說，西藏的語言就是「薩瑪薩」，「薩瑪薩」是「飯吃」，「嘉通」是「茶喝」，就是這種意思。先把「如是」標了，什麼「如是」啊？以下的就是這如是、如是，性相體末都如是了。我們原來本具足的體，因體而生起的一切相、力、用、因、緣，都如是，這就是如是義。如果這個法是佛所說的，合乎佛說的教義，就「如是」，如果不合乎佛說的就「不如是」，就是佛所證得的、不可思議的、難思之法所含的道理，唯佛與佛乃能究竟。什麼呢？相、性、體、力、因、緣都如是，乃至於最後的本末究竟。

以下一個字一個字的解釋：「相、性、體、力、作、因、緣、果、報、本末究竟」。

什麼是「相」？相是外邊所顯現的，你可以起分別的。什麼相？房子的相、山的相、林木的相，各有各的相，外邊你可以看得到的，摸索得著的，是現於外邊的，就叫相。但是有的相你看不見，大家都知道我們有個妄想心吧？妄想心是什麼樣子，什麼相，你看得到嗎？你看不到；心裡所思惟的、所想像的，你更看不到。

因此，上頭加個「如」字，加個「如」字就解釋了。「如是相、如是性、如是體、如是力、如是作、如是因、如是緣、如是果、如是報、如是本末究竟」。「如是」，就是這樣子，你怎麼理解？他就給你分別解釋。「相」，相是外邊的，這個相可就多了，十法界各有各的相，苦是什麼樣子？樂是什麼樣子？生是什麼樣子？滅是什麼樣子？相是外邊的，是可見的，可見的是什麼呢？是相，以人類來說是相貌。但是這個相包括太多，這還是總說，不加解釋，就是什麼樣子、像什麼。過去我們經常講「羣盲摸象」，也就是瞎子摸象，摸到大腿說象就像柱頭一樣的，涵義是這樣子的，但其實不是的，這就叫「相」，相是表示一切苦樂形狀的，拿它來代表。

「性」呢？性是在內說的。性的本身沒有相顯，不知道什麼性，等你加以見聞覺知，才知道是什麼性，這是居內的，自分是不現的，存在於內涵的。一切事物無論他是什麼性，不會改變他的性。例如你吃苦瓜，苦瓜絕不是香瓜，不是甜瓜，苦瓜就是苦瓜，就是這個性。但是你得吃才知道，才能分辨出來，沒有吃你就不知道了，他是存於內的。六凡法界、四聖法界，十法界都各有各的性。再說木頭，木頭有火性，它的性遇著緣了，就要著火、燒了，沒有緣發不起來的。性不同於相，是居內的，要假緣成，緣才能成就它們。性是存在內邊的，相是存在外邊的，各有各的性，很不容易變化，自然的，這是相和性。

「體」呢？就說到實體了，每一件物質都有它的本質，我們說十法界，每一界都有每一界的體性。我們說體形吧！人的體形跟獸類的體形，那就是不一樣，人的體形絕不是房子的體形，這是物的本質，十法界各具各的本質。

「力」呢？力是功能，力能產生功能，體內本具的功能，我們經常說潛在的勢力。

「作」呢？是造作義，它的力能顯出它造作的義，就是顯現它的勢力。我們經常說「造業」，造業了就是它的勢力。怎麼造的？那就是構造不同，力量所顯現的。

「因」是過去做什麼事做得熟練了，熟能生巧，一起心一動念，這都叫因；依習慣的力量產生了就叫因，能夠給你這十法界，六凡四聖，直接產生果上的緣，這也是因，但是有同類的，有異類的。

「緣」呢？因必須得有緣成，沒有緣因成就不了，緣能幫助使因成就，能感果。我們本具的佛性，如果沒有三寶外緣的增上緣，本具的佛性是不能顯現的，這就叫緣。緣能助成，因能生起。

「果」就是你過去宿習的因，因就是果，因你所行、所做的，得到個結果。因能生果，這個在佛教術語上叫等流果。

「報」呢？果必含報，果報、果報，報就是果，說善惡業所感召的，你一定要得個結果，善有善果，惡有惡果，善惡業所感召的，也就是報了，報就是果。但是不是馬上成熟，經過很長時間的變化，這叫異熟果。你種什麼因一定是什麼果，絕對不會錯的。

最後第十種就是「本末究竟」。「相、性、體、力、作、因、緣、果、報、本末究竟」。相就是本，初相爲本，以後所感的報就叫末。本是初相，最後感得報就是果，也就是末，達到究竟了，所歸處就叫究竟，究竟貫通前頭九法。這十法都如是。一部《華嚴經》離不開這個十如，我們講「如」，如是相、如是性、如是體、如是力、如是本末究竟。

我們本具的性體的相，依性而起的相，這個相還是不可見的，細相不是可見相。〈大乘起信論〉最初開始是「一念妄動」，那個妄動就是相，「妄動」動了，雖然動了，這個相還是性裡頭的相。動了，它不停，它的緣念往外發展，那就叫廣，我們講「大方廣」時，就是這樣講的。這個相爲什麼標在第一位？爲什麼第一位不標性呢？性只能意證，心裡頭默契，不能顯現的。

相不同，我們講「一念不覺生三細」，就因爲一念迷惑不覺妄動，動了有相了，這個相是不可見相的相，就是一念不覺妄動的那個動相，動是什麼樣子？特別是心動的時候，心動念的時候是什麼樣子？相機照不出來的，沒辦法顯現，但是心裡知道。心念動了就產生業相、轉相、現相，那個最初開始的就是業相。業相只是「如」，「十如」，如是業相，但是這業相離不開體，這十法都叫「如」。我們不是講如來嗎？如來的「如」，如者是不動義，如如不動。體上雖然不動，但是相上不行，相上就產生力、作，這就越來越複雜，又有因、又有果、又有緣了。普賢菩薩證得的這十種都叫「如」，還歸於體，還歸於一眞法界的那個性，不是這個相、性的這個性，是一眞法界那個性。我們平常說每一個人、每一個物質，它是什麼體性？那是這個性，不是一眞法界圓具的法性，法體那個性。木有木性，水有水性，風有風性，地有地性，凡是有相的物質都有它本具的性。這一個性出自你本具的那個本，墮落到衆生類，這個就叫末。要返本還原，再還回你的本性。

所以「成佛」是成什麼呢？成就你原來本具的那個體，那叫妙體，成就那個妙性，但是都加一個「如」字，就是一切諸法都不離開你的本體。不管在相上起了千變的萬化，還是沒有離開本體；但在他起變化當中，也不是原來的本體，還要使他將來能夠恢復到他的本體。這「十如」都如是，這是普賢菩薩所證得的，「十如」是必須得用慧眼觀，用智慧眼來看一切法，用我們業報眼觀呢？一切法都變了。

把所證的「十如」同歸於正證的法界，成薩婆若。「薩婆若」就是「一切智」，有時候加個「海」，海是比方形容，入薩婆若海，就是入一切智海。不過有的經論上，「薩婆若」換個名字，像《放光般若經》說，叫「薩雲然」，也是翻「一切智」。唐朝時候所翻譯的，「一切智」就是般若波羅蜜的名字，「般若波羅蜜」就叫「薩婆若」，「薩婆若」也就叫「般若波羅蜜」，這是印度的原話。達到因圓果滿，就證得一切智，有了一切智，就是圓滿果位。在其他的經論上頭，有的翻譯又分了四種，把這一切智又分成一切種智，圓滿果位。所謂「種智」，就是不論種種類類，無法不通，就是這個涵義。說世間、出世間，種種的品類，凡是有形有相的，有言語有思惟的，都可以用一切種智。

在《華嚴經》〈如來名號品〉，列舉佛的種種名字，那叫「一切義成」。「一切義成」是指誰說的呢？指釋迦牟尼說的，梵語的「悉達多」，翻「一切義成」，「一切義成」就是一切義悉皆通達成就，叫一切種智。這個前頭是標名，標個名號，略微解釋，這不是顯深義理的，義理在後頭顯的。普賢菩薩證得十如，哪十如呢？就是「相、性、體、力、作、因、緣、果、報、究竟本末」，這是講所證的，你到〈佛不思議法品〉、〈普賢行品〉，普賢菩薩所說的十通、十忍、十定，就顯這個，那都是十如。這都是標個名號而已，我們略加以解釋。很多經上都說：一切智、一切種智、道種智、性種智，不過在這裡是總說，「薩婆若」就是「一切智」。

這是解釋普賢菩薩十種解脫門中第四種的解脫，普現法界微塵數。還有徧說一切國土不可思議的差別門，以下講這個。

出生化佛如塵數　普應羣生心所欲
入深法界方便門　廣大無邊悉開演

這個解脫門叫普現法界微塵數的無數身雲，無數身，有時候加個「雲」字。在《華嚴經》裡，「雲」字是形容詞。前半偈說的現身，後半偈說現身所證的如來境界。普現法界無數的身雲，無數身，不要理解成都現佛身，或都現普賢菩薩身，不是這個樣子的。他是隨眾生心，眾生所想的、所要求的，普賢菩薩就以甚深的方便，什麼都現，不只現有情也現無情。前頭我們講的那些種種類類的，各種類的神都是大菩薩所化現的，他現無邊無盡的身雲。前頭是現身，後頭就是所證的，證得什麼呢？深入了法界的方便，眾生所需要的都給眾生開演。「演」就是演說的意思，還是說法，現法界身，給無窮無盡的，給一切種種類的眾生說法，讓一切眾生悟得本有的法性，悟得大方廣。

如來名號等世間　十方國土悉充徧
一切方便無空過　調伏眾生皆離垢
佛於一切微塵中　示現無邊大神力

悉坐道場能演說　如佛往昔菩提行

這解脫門叫什麼呢？演說徧一切國土，都是說佛的功德，說佛的成就，讓一切眾生都能聞到，聞到就能契入，就能離苦得樂。我們天天念阿彌陀佛，也念釋迦牟尼佛，這是信者，不信的不會念。我們感覺得很方便、很自在，沒什麼困難就聽到了釋迦牟尼佛，乃至聽到阿彌陀佛，還有無窮無盡的佛名號；但是沒有宿世的根機是聞不到的。當你最初聞到佛號的時候，身體會有種感覺的，有些人感覺著興奮得連汗毛都豎起來了，那是特殊因緣。有的沒有這個因緣，他聽到沒有什麼感覺，不但沒有感覺，還會排斥。這是無量劫來所作的惡障礙他，使善不能進，惡太重的人，善不能進的了。但是修善修成功，惡也不能進。

一切如來的名號太多了，一切世間無論哪個國土，都有諸佛的名號，都有佛坐道場說法，都說如來過去的歷史，修行的歷史，怎麼修菩提行的。這個解脫門叫「一切微塵中悉現無邊諸菩薩神通境界」，你證得這個解脫門才有這個力量。一個解脫門是演說一切國土不可思議差別名字，這差別名字無窮無盡；一個是說一切諸佛在這一微塵中示現很大的神通妙用，是神通力說法。我們只理解佛現佛身說法，還不理解塵說、剎說，這在《華嚴經》叫塵說、剎說，把一切的器世間全變成有情世間，一切器世間都在說法。例如我們說生到極樂世界，遇見鳥，鳥也在說法，遇見樹，樹也在說法，遇見水，水也在說法，都在說法，塵說、剎說、一切說。若這樣理解，你也入了法界，若學習也能入《華嚴經》。聽鳥叫喚、風吹樹葉子動，都在說法，無一個音聲不在說法的，所以一聞法你就得到自在，得自在就解脫，就含著解脫義。

聲也是空，空即是聲，你可以運用到一切處，把這個道理懂了，運用一切處，都是成就的。這就是佛在一個微塵中示現的大神力，前頭第一偈頌：「如來名號等世間」，也是佛的大神力，但是那個是名號。前頭是現身，佛在一切微塵中，微塵多小，佛能把它轉變爲大千世界，這叫無邊的神力。每個微塵裡都有佛在那個道場裡演說法，演說的法呢？讓一切眾生都能成佛，一切眾生都具足佛性，演說的是甚深法，不是苦集滅道，都是華嚴法，還講佛過去怎麼修的，講他的歷史。

三世所有廣大劫　佛念念中皆示現
彼諸成壞一切事　不思議智無不了

這個「一念中現三世」，「三世」是過去、現在、未來。三世還有三世，過去也有過去、現在、未來，未來也有現在、過去，重重無盡，經過廣大劫。劫呢？說廣，劫是劫波、時分。在任何時分，不可計劫的時間，佛是念念中都在示現。有的示現八相成道，有的示現成佛，有的示現化度眾生，什麼都現，有的現植物，有的現動物，有的現水，現山河大地，無一不現，不是光現正報身，一切都在現。在一念中就把無量劫現出來，無量劫就是一念。拿一念來收攝，若是放呢？舒開呢？一念變成無量劫，也都如是，都是普賢的境界，都是普賢菩薩所證得的。

佛子眾會廣無限　欲共測量諸佛地
諸佛法門無有邊　能悉了知甚為難

佛於一切眾會，說《華嚴經》的七處九會，都得到解脫。一切菩薩的根器不同、愛好不同，他所示現的相不同。他們共同的想測量佛地是什麼境界？成佛是什麼境界？沒有成佛之前，預先測量測量佛的境界是什麼樣子。無限量的菩薩聚會在一起，來測量佛成佛了，那境界是什麼樣子？佛地是什麼樣子的？測量不出來的！佛所說的法門，佛所具足的法門是無有邊的，能夠了知佛法，不是全部了知，能夠達到佛部份所說法的涵義，都不容易，若想把它全都知道，「能悉了知」，那太難了！但是，普賢菩薩證到了，我們現在所講的都是普賢菩薩的境界，就是普賢菩薩所證的十種解脫門。一個偈頌是一個解脫門，這個偈頌是示現菩薩根海各自境界。誰想來測量佛地的，不可能，諸佛所有的法門，無窮無盡無邊的，說我全部能了知，很難。

佛如虛空無分別　等真法界無所依
化現周行靡不至　悉坐道場成正覺

這個偈頌說以神通力化現種種身徧於法界，「化現種種身」，那就不一定化現什麼身，不是菩薩身，也示現眾生身，也示現地獄，也示現餓鬼，只要眾生見著得益的，菩薩都示現、化現。這是以神通力化現種種身，做什麼?說法利益眾生。

佛以妙音廣宣暢　一切諸地皆明了
普現一一眾生前　盡與如來平等法

最後這個偈頌有個解脫門，顯示一切菩薩修行的次第，這就是入一切智的廣大方便。像十忍、十通、十定這些品，講的還是修行次第。像善財童子五十三參入法界，都是修行次第，一位一位的進修，顯示一切菩薩修行次第，這就是行布。從參文殊師利菩薩，起信心開始，十信、十住、十行，乃至於十迴向、十地，這都叫修行次第。這個偈頌，得跟前頭的偈頌連起來，因爲佛所證的境界像虛空一樣的，沒有什麼分別，無所依的。

他化現到一切處，到一切道場，示現一切道場成正覺。成了正覺，又以他的妙音廣演說一切法，把他所修行的次第、行布，圓融起來。「一切諸地皆明了」，這是圓融，而且普現一切眾生前，哪個眾生應以何法得度者，如來就現何法而度他。這十個偈頌說的是普賢菩薩，應以何法得度者，普賢菩薩就現你面前來度你，這是普賢菩薩所證得的十種解脫門。

十普菩薩各得一門

以下就是十普菩薩，淨德妙光、普德最勝燈光照、普光師子幢、普寶燄妙光、普音功德海幢、普智光照如來境、普覺悅意聲、普清淨無盡福威光、普寶髻華幢、普相最勝光。這十位菩薩就不同了，這十普菩薩各證一門，等於還是顯示普賢菩薩。前面是第一大科普賢菩薩，第二大科是十普菩薩。普賢菩薩得了十種解脫門，十普菩薩則把普賢菩薩的十種解脫門各得一門。

復次淨德妙光菩薩摩訶薩。得徧往十方菩薩眾會莊嚴道場解脫門。普德最勝燈光照菩薩摩訶薩。得一念中現無盡成正覺門教化成熟不思議眾生界解脫門。普光師子幢菩薩摩訶薩。得修習菩薩福德莊嚴出生一切佛國土解脫門。普寶燄妙光菩薩摩訶薩。得觀察佛神通境界無迷惑解脫門。普音功德海幢菩薩摩訶薩。得於一眾會道場中示現一切佛土莊嚴解脫門。普智光照如來境菩薩摩訶薩。得隨逐如來觀察甚深廣大法界藏解脫門。普覺悅意聲菩薩摩訶薩。得親近承事一切諸佛供養藏解脫門。普清淨無盡福威光菩薩摩訶薩。得出生一切神變廣大加持解脫門。普寶髻華幢菩薩摩訶薩。得普入一切世間行出生菩薩無邊行門解脫門。普相最勝光菩薩摩訶薩。得能於無相法界中出現一切諸佛境界解脫門。

十普菩薩各證得普賢菩薩的一門。

「淨德妙光菩薩摩訶薩，得徧往十方菩薩衆會莊嚴道場解脫門。」這在前面沒有列名，以前與普賢菩薩相等的共爲十普，這是總說，前頭的普賢菩薩是別說了，所以加起來共爲十，表圓滿。長行裡頭第七位菩薩，經文之中沒有證得的法門，第八菩薩證得的法門也沒有，只有名字。《華嚴經》翻譯的時候，非常的困難，因爲文太廣，有時原文脫落，原文不備，有時把名字脫了，但是它的文字道理沒脫。我們前頭講那些神，有時候脫了名字，有時脫了他所修行的法門，這在經文中常有的，讀《華嚴經》就知道了。有時在《瓔珞經》，或者在其他經論裡頭，發現了這個菩薩的名字，這個菩薩所修行的法門，又把他補進《華嚴經》裡頭來，這種情況是有的。

《華嚴經》是「雜華」，雜就是很多種。因爲成佛修道的時候，有多種的因，因不是一樣的，因多故，所得的果也不同，究竟的果是同的，究竟佛果，那都一樣，佛的德都一樣。因地不同，在果的表現作用上也有不同的，這個我們大家理解，佛佛道同，這是就總義來說，但是別義還是不同。極樂世界不是娑婆世界，東方藥師琉璃光如來世界也不是娑婆世界，各個佛的道場不同。我們看《維摩詰經》說到香積國，那個國土的佛如何說法呢？要吃飯不要說法，大家一吃飯就開了悟了，叫香積世界。維摩詰把香積世界那個飯運來了，來給他那個法會大衆吃。講《維摩詰經》的時候，大家就很高興，因爲我們這個世界衆生饑餓的太多了，把香積世界那個飯都借到娑婆世界來，大家一吃都成道，不要修行了，聞到那飯的味道，煩惱就除了，業障就消失了。釋迦牟尼佛卻要說很多法，一直都在說，這麼說那麼說，供養大家一頓飯吧！叫大家聞到飯的味道就解脫了，煩惱就沒有了。佛佛道同，爲什麼又不同呢？作用還是不同。現在我們這裡有好幾百人，這是同，大家共同來這裡學華嚴。各人想什麼？我說是一個音聲說一種道理，那每個人理解的不一樣的；然後，再把他變成作用，他再起修也不一樣。學法的時候，要解脫、要靈活，不能死於句下，不能執著那一句話，這是不行的。

佛所說的一切解脫法，有從布施入的，有從持戒入的，有從忍辱入的，無量法門，一法是一門，無量法就有無量的門，你從哪個門進來的，就不一樣了。懂得這個道理就知道，每個菩薩他有他的心得，他有他的悟處，他有他利益衆生的方法。都是釋迦牟尼佛說的，但是理解不同了，我們都是從釋迦牟尼佛學來的，然後我說、他說，再第三者、第四者，一千個人說，一千個人說就是一千樣，大家想想看，要這樣來理解。但是，道理是一個，你從哪門入都可以解脫，只要進去了就好了。我們到法堂來聽經，從前門來，從左門來，右邊門來，從後門來，到這坐下聽，都可以。等你出去的時候，各人的理解再轉述向別人說，那就不一樣，這個道理懂得了，也就算解脫，不要執著了。

「普德最勝燈光照菩薩摩訶薩，得一念中現無盡成正覺門，教化成熟不思議衆生界解脫門。」這個就是演的華嚴境界，我們不是經常說華嚴境界嗎？每一個微塵成正覺，各個微塵都成正覺，這叫無盡。正覺門是一門，無量的方法、無量的門進入正覺門，這個在〈如來出現品〉就講到了，隨他所成就的正覺門去調化衆生，成熟不可思議的衆生界。一切諸佛都如是，一切諸法都如是。

「普光師子幢菩薩摩訶薩，得修習菩薩福德莊嚴出生一切佛國土解脫門。」修行呢？廣修福，修習菩薩的福德。德呢？把福修成了，得了莊嚴出生一切佛國土，得這樣的解脫。這叫什麼？修福嚴佛的剎海。修福的方式特別多，如果我們想依照這個法門修，依著十大願王來修福，禮佛、讚佛、供養佛，懺悔業障是修福，這恐怕不容易理解吧？懺悔業障怎麼可以修福？因為有業障障了，無量劫來的緣具足，性海所具足的福，業障小了，你自己的福德也現了，所以懺悔也是修福。隨喜別人的功德，這個你是不出本錢的，什麼也不要出。嗨！人家做的，你高興一下，好了，你做我讚歎隨喜，有我一份，這叫隨喜功德。看人家禮佛、拜佛，或者合個掌，或者掌也不合說：「你拜跟我拜一樣的，我隨喜你的功德。」這樣，你也得一份，這是很便宜的事。

他不但不撿便宜，還去造罪，怎麼造法呢？看人家磕頭，他說：「這個傢伙多迷惑，他給那個木頭、給那個泥、給那個銅磕頭。」他不但不隨喜，還要謗毀，這一謗毀，罪業就大了。本來是修福的事，看看：「啊！很好！讚歎隨喜。」心裡一觀想，你磕跟我磕一樣的，這叫隨喜功德，這個福要會修。好比在這兒聽經，我這一份不夠，所有聽經人的聞法功德，我讚歎、隨喜，五百個人每一份都有你一份隨喜的功德。普賢十大願王的隨喜功德就是這樣子的，你若這樣積福，那福德不就像海一樣那麼大嗎？這就是修行的福海啊！然後，不貪著這個隨喜的功德，我把我這隨喜功德，用來莊嚴淨佛淨土。那你所佔的便宜就大了，什麼也沒付出，把那邊的隨喜又拿來莊嚴，只是作意而已；把你所見到的，見聞覺知所得到的，都把他迴向莊嚴佛國土，等到成佛的時候，你那國土殊勝莊嚴不可思議的，這是華嚴境界。

什麼是華嚴境界嗎？《華嚴經》怎麼學？就這樣學，一切處都徧到法界，作意就好了。你得學會，任何事情都迴向法界。將來我們學到正文，一品一品的學，

〈菩薩問明品〉、〈淨行品〉，然後，《華嚴經》觀空的時候，〈梵行品〉的觀想、解釋，跟一般的經略有差別。就像我們講這個文字，一樣的文字在《華嚴經》上講就不同了，告訴你一切微塵，每一粒微塵都可能成正覺，形容無盡的，只是你的心力。修行福德也如是，修行智慧也如是，福德下頭一定是智慧，修福要修智慧。

「普寶燄妙光菩薩摩訶薩，得觀察佛神通境界無迷惑解脫門。」普寶燄妙光菩薩摩訶薩，他觀察佛的神通境界無迷惑，觀察佛的神通境界不迷、不惑。迷，有時跟惑不一樣的。以他的深妙智慧，觀想難思的境界；我們想的境界相，太通俗了，要想那妙不可思議的境界，什麼是妙不可思議的境界呢？說我們娑婆世界就是極樂，極樂即是娑婆，想過這個境界嗎？這是妙境界。說釋迦牟尼佛就是阿彌陀佛，阿彌陀佛就是釋迦牟尼佛，這叫妙境界，叫妙觀；但是得有深妙的智慧，沒有深妙的智慧你體會不到的。這個境界很難思，說娑婆世界就是極樂世界，還說個極樂世界做什麼？在這個世界修就好了，爲什麼還說個極樂世界？妙難思。

我曾這樣想過，阿彌陀佛在極樂世界說法，「東方有國名曰娑婆」，說那個國土的衆生修菩薩道，說你若在極樂世界修十劫，到娑婆世界只要修五十年就可以了，妙不妙啊？這是妙難思啊！但是這要有深妙的智慧。

有了深妙的智慧，所演的境界相也是不可思議的妙境界相，要修觀這個難思的境界。有人這樣跟我說個笑話，他問我：「我們在東方要念西方，還念南方不？」我說：「也念。」他說：「念誰？」我說：「念文殊師利、念地藏菩薩，這都是南方來的。」他說：「還念北方不？」我說：「北方也念，十方都念。」

大家學完《華嚴經》就知道，北方有北方的佛，北方有北方的菩薩，西方有西方的佛，東方有東方的佛，隨眾生心，實際上一念就具足一切佛，佛佛道同。但是你必須得有深妙的智慧，有深妙的智慧才能觀到不可思議的境界相。觀了呢？不迷惑。時間經多少，時間長不厭煩，管他一劫、兩劫、無量劫呢！把它理成一念間，不迷、不惑。十方都如是，你在東邊說西邊，站在西邊再往他的東邊說，那他本身又變成東邊，他的西方又是他的東邊，不是這樣嗎？方無定方。

有些人說打妄想，學學《華嚴經》吧！那就會打妄想了，想得無邊無岸的，不可思議的。想你的身體飛到無量的佛國土，身體並沒有飛，心飛了，意念的觀照，無量無邊的境界。想久了，你會做這個夢的，到了很多的世界，你若走得很遠很遠，哎呀！忽然間，我怎麼回得去？好，醒了！回來了。做夢有時迷失方向，找不到家，也找不到自己是從哪來的，那麻煩了，就著急了，一醒了還在床上睡覺呢！哪裡也沒有去。這個想叫玄想，不可思議的，得成就不？看你想得專一不專一，專一就得成就。

因此，沒有深妙的智慧，不能觀想到難思的境界。所以，你沒有深妙的智慧，福德又怎麼能成得像海一樣的呢？深妙智慧才成得福德，因爲有了那福德，修行才能得到深妙的智慧，福智兩門是相連的了。我們經常碰到人說談天說地，我說這恐怕談不贏和尙，和尙談天說地，談的那個天可不是像你想像的這個天。

現在香港演武術的，如果他看了《華嚴經》，拿這個來演電影不曉得拍的多玄，這個是無量無量的世界，往哪邊走？往東邊走也可以，往西邊走也可以，往南邊、往哪邊走都可以。那個國土把這微塵一舉，這一個微塵就包括無量國土，豈止香港，連上海等等都在這一微塵裡。相信嗎？那你把這微塵變成光芒，電力把這個微塵變成光，光射到的地方都是微塵所攝，道理就是這樣。

你現在看國外用電力來演的幻化小說，怎麼演都超不出《華嚴經》，他想不到怎麼演？連名詞都安不上。若把《華嚴經》編成小說演，演完了讓大家都入法界，入了法界，法界沒有了，就是現前一念微塵，把一念微塵變成法界，法界也變成一念微塵。這思想就大了，大了就解脫了，眼前的小事，有什麼意思？沒有什麼。都看得開、放得下，說、想是一回事，做起來又是一回事。正在這兒玄想，結果一出門，門檻絆了個跟斗，「啪！一摔，沒了！」什麼都沒有，玄想破滅了。

要一步一步行。行跟觀，兩個要合成一個才能消災免難。當你病苦的時候，你把他轉移了，誰在害病？有沒有本事？把你的病轉出去，轉到桌子上，肚子疼、胃疼，這個桌子就是我，得了，我讓他害吧！有沒有這本事？不要說華嚴菩薩了，道濟禪師都可以，縣官打他板子，嘿！沒打到他，縣官太太在後衙裡痛的不得了，都打到他太太身上了，有沒有這本事？看《華嚴經》來學，這個本事都是很小很小的，不是很了不得，這叫「五行大搬運」，金、木、水、火、土，搬個家就是了，有這本事嗎？那不叫本事，叫解脫。

我們天天講解脫門，這就叫解脫，不要被文字侷限，也不被聲相、所做的事束縛。那太狹小了，放開一點，心量大一點，要入華嚴境界，這樣才能入的，我們不是談天說地，這叫心地法門，比起祖師寫的心地法門，多得多，你怎麼寫都對，怎麼說都對，爲什麼？合乎心地，就是心地法門。

上次講十普菩薩，現在重複說。淨德妙光菩薩摩訶薩，淨德妙光就是文殊師利菩薩，在《法華經》裡叫淨德妙光，其他經裡也都說「淨德妙光菩薩」。前頭沒有列，爲什麼呢？因爲他與普賢共爲十普，現在普賢別說了，別說就不是文殊師利菩薩，而是十普菩薩。把普賢菩薩分爲十種來說，表示圓滿具足。我們前面講到十普當中的第五個普音功德海幢，他在這一切法會當中所示現的莊嚴門。這是十普菩薩的第五個菩薩，這十個菩薩爲首者是淨德妙光菩薩摩訶薩。

現在，接著講普音功德海幢。講的時候，從文字來說是有次序的，一個一個菩薩，在普賢法會當中，他都是頓的，但是你不能頓說，要一位一位說。在如來逝多林的法會當中，他是頓現的，那些菩薩也是頓現的，頓現是同時顯現，沒有前後次第的，每一會都如是。但是我們在行布中，得有個入門，有個次第，所以，在行布當中分別顯現次第，每一個法會都如是。

就像我們進入這個法會當中，有淨土部的、華嚴部的，或者戒律部的，各個部的不同，但你到了會當中是頓說的、頓現的、頓入的，我們這個行動是行布的。懂得華嚴的意思了，現在我們講入普賢菩薩的境界，普賢菩薩的境界是頓現的，十普菩薩也沒有前後次第的，都是頓演、頓現的。

普音功德海幢菩薩摩訶薩，他示現的是佛土的莊嚴，佛土的莊嚴是依報，正報所依的莊嚴。正報、依報也是同時具現的。我們講說的時候，依著文字、依著解說的時候，它有前後次第的，我們不能頓演也不能頓悟，若理解華嚴的意思，在《華嚴經》是頓現、頓演的。這十位菩薩每個人得的法門，各個不同，從整體來說同時入法界，他是頓現一切的淨佛國土，每個菩薩化度眾生的處所，都是清淨無染的。

「普智光照如來境菩薩摩訶薩，得隨逐如來觀察甚深廣大法界藏解脫門。」如來觀察甚深廣大法界藏，這是佛的境界，隨順佛，隨著如來，也能進入，也能演說，也能利益眾生，這是什麼呢？觀察甚深廣大法界藏。藏是含藏義，含藏什麼呢？如來甚深法，用甚深法化導一切眾生，就是含藏的意思。這個十普菩薩所說的，都是如來的境界，各得一門。普智光照如來境菩薩摩訶薩，他隨順如來觀察一切甚深的法。這重複再說一遍，藏是含藏廣大甚深法，廣大甚深法是如來觀察的，智光菩薩他能隨順如來，隨逐如來也能如是觀察。

凡是後面加個「藏」的，都是含藏、含攝一切諸法的涵義。普智光照如來境菩薩摩訶薩，他隨順甚深觀察這個法藏，這個法藏就含藏著佛的法身。法界含說無盡就是藏，「藏」所含藏的是什麼呢？是觀佛的法界身雲，法界是體法，體法無相，無相的觀察佛的法界身，無相是無所不相，沒有分齊的。佛的每一個毛孔都是沒有分齊的，「舉佛一毛」，一毛就是整體法界。身上的一毛就具足了一切，一一毛都如是。一一支節，一一六根，一一支分，所有佛的法身境界相，這是隨順如來觀察的。

「普覺悅意聲菩薩摩訶薩，得親近承事一切諸佛供養藏解脫門。」以前的諸位菩薩都沒加這個「藏」字，以後的菩薩都加個「藏」，凡是加「藏」的，就包含前頭所說的一切法。普覺悅意聲菩薩，他親近承事一切諸佛，供養一切諸佛，所得的解脫門，就是佛往昔行因的時候，佛沒成佛果行菩薩道的時候，供養無窮無盡諸佛。說一可以，說無量也可以。等他成佛果，感得衆望所歸，一切的菩薩歸依於佛，隨佛弘法。

「普清淨無盡福威光菩薩摩訶薩，得出生一切神變廣大加持解脫門。」出生示福，出生一切的神變，加持一切衆生而無障礙就叫解脫，得到這樣的解脫門。普清淨無盡福威光菩薩，福的威光能出生一切神變廣大加持。福力加持，能出生一切神變，神變就是神通、妙用，加持眾生，化度一切眾生時候的神通妙用。

「普寶髻華幢菩薩摩訶薩，得普入一切世間行出生菩薩無邊行門解脫門。」世間所有能利益眾生的一切行爲，都是菩薩行。這個就沒有分別什麼是染法，什麼是淨法，什麼是菩薩法，什麼是聲聞法，什麼是眾生法，一切無分別。所以，福的威光呢？我們初步學習佛法的時候，說福是福，智慧是智慧，在這個時候福德即是智慧，智慧即是福德，因即是果，果即是因。在華嚴教義裡，不要那樣詳細的分別，到了究竟圓滿果德的境界相，它是無分別智，證得無分別理，證得一眞法界了，所起的智慧都是無分別智，佛的福德和智慧，福智二種莊嚴都圓滿了。

這一舉是拿微塵做數字，一個微塵是很小的，有時候在空中看不到；但是，這一微塵是一總法門體，是法界，剎就是微塵，有情就是菩薩說法，都如是。塵剎就是正報和依報無二無別，正報說法，依報也在說法，微塵也在說法，徧滿塵剎一切都在說法。時間呢？沒有過去、現在、未來，一說就是劫，劫是窮未來際，未來沒有邊際，未來還有未來呢！這是顯示不盡的意思，都是佛的神力加持力，這是清淨福。普寶髻華幢菩薩摩訶薩，得普入一切世間行，出生一切菩薩的無邊行，得這麼一個解脫門。

關於《華嚴經》的譯文，有時脫落，有時後來重新補充，清涼國師的〈疏鈔〉裡說這個梵本，也就是原來印度的原文有脫落，第八個法門脫落了，有菩薩名字，第九個菩薩的名字脫落了，有法門。梵本到我們此土來的時候，中間文字不全，譯經的時候又脫落，第八、九法門的菩薩名字脫落，後來，依著後來的梵本又加以補充的，這是翻譯者的錯謬。

但是這都沒有什麼大關係，每位菩薩都如是的，那些大菩薩如果沒有大悲心，不會入生死度眾生的；不入生死大海中度眾生，他就顯現不出來菩薩的法門之廣，法門之多。這些大菩薩都是入生死海流，在海流當中度眾生。這個不談淨土，也不談什麼是淨土、什麼是穢土，一個微塵就具足一切的世界。那有沒有淨、穢呢？在次第的時候，在度生事業當中的時候，是有差別相的；菩薩發心的時候，利益眾生的時候，是沒有次第的，沒有這個相的。

「普寶髻華幢菩薩摩訶薩，得普入一切世間行出生菩薩無邊行門解脫門。」得這個解脫門，叫菩薩入生死流，度一切眾生。這個法門是無量、無邊的行，無邊行就是沒有數量的，以什麼法度眾生？沒有個專法，應以何法得度者，菩薩就給他說什麼法，就示現什麼身，眾生無盡的身雲。

「普相最勝光菩薩摩訶薩，得能於無相法界中，出現一切諸佛境界解脫門。」無相法界出現一切諸佛境界，諸佛這個境界是有相呢？還是無相的？無相法界中出現一切諸佛境界，也是無相的，沒有固定的相，才隨順一切眾生相。例如我們現在是人相，我們想度畜生，當你度畜生示現畜生相的時候，你這個人相還存在不存在呢？涵義就是這樣的。出現一切諸佛境界，是示現諸佛相，佛度眾生，又出現諸佛度眾生相，度哪一類眾生現哪一類相，本相是不變的。那只是隨順眾生緣示現的，示現的不是眞實的，但是他隨順眞實的，還歸於眞實。

懂得這種涵義，你可以入法界了。就像我們的法身，空性的本體跟諸佛無二無別的，那示現種種的相，經過無量劫的時間，你的一個分段身、兩個分段身，現了種種的相，沒有離開實體。因此說相信自心是佛，那個相信的信心，你自己是佛的那個佛，只是體上說的，不是指相上說的，也不是指用上說的。因爲不覺生三細相，隨著三細相的流轉，那你隨你的業緣，現的種種相，這個相都是虛妄的，還歸於眞實。

例如釋迦牟尼所現的相，這個不是眞實的，而是隨緣度眾生的。那時候在印度，示現的是印度身，出生於印度，佛也傳入中土，在中國示現的，那是中國人的人身，示現成佛的。又例如阿彌陀佛，西方極樂世界的，他到中土來也示現。因此，諸佛的相是不定的，無相！無相者能示現一切相，示現一切相，還是無相的，僅是示現的，出現的一切諸佛，他的境界都叫佛的境界。

爾時淨德妙光菩薩摩訶薩承佛威力。普觀一切菩薩解脫門海已。即說頌言。

前頭是分別說的十普，淨德妙光菩薩摩訶薩承佛的威力，普觀一切菩薩解脫門海。解脫門，入了這門了，入了解脫了，深廣難測，沒有邊際，甚深廣大，拿海來形容。

十方所有諸國土　一剎那中悉嚴淨
以妙音聲轉法輪　普徧世間無與等

淨德妙光菩薩摩訶薩，他得的法門是什麼法門呢？徧往十方菩薩衆會莊嚴道場；但是承佛的威力，他能夠普觀一切菩薩解脫門海，也就是在一切的國土中，都能示現嚴淨，以微妙的音聲轉法輪。這個偈頌說所有一切國土，都能嚴淨。例如現在在五臺山，就是文殊師利菩薩道場，嚴淨不嚴淨？「心淨故國土淨」，說你的心清淨了，五臺山是嚴淨的、清淨的，你能看見它殊勝的境界。你的心裡不清淨，看見五臺山就不是文殊師利菩薩那個五臺山，不是金色世界，也不是清涼寶山。

清涼是人在熱惱之中得到清涼，五臺山的清涼是說去除煩惱、熱惱的清涼，不是我們說的那個清涼，那是什麼呢？那是說寒冷的時候凍得你打抖，那不是清涼了，都知道五臺山冷的時候很冷，清涼是除熱惱的，涵義是這樣的。

除熱惱、清涼，但是我們住清涼山也會生起很多的煩惱，不但熱惱沒除，清涼的涵義變了，變了冷酷，非常地冷酷，凍得你受不了，這是衆生的心念。十方所有的一切國土，都是圓滿的、莊嚴的、清淨的，諸佛大菩薩都在這裡轉法輪，一個世界如是，一個微塵如是，所有一切的微塵、一切的剎土，都如是。

如來境界無邊際　一念法界悉充滿
一一塵中建道場　悉證菩提起神變

因爲證了菩提，起了神變，所以才認識到境界無邊際，境界無邊際是如來所意識到的，你證得菩提，跟如來等了，也知道起了這種神變。一念，就在我們現在說話當中，就有好多念，把它縮小到只是一念，一念把如來無邊際的境界都充滿了，一念間就充滿了。一念如是，念念都如是，一微塵中建立道場，一一微塵中都建立道場，道場就是證道的處所、說道的處所、行道的處所。

普德最勝燈光照菩薩摩訶薩，他在一念中得如是的境界，在一念中他成正覺了，入了正覺法門，教化不思議一切衆生，都能得到解脫。

世尊往昔修諸行　經於百千無量劫
一切佛剎皆莊嚴　出現無礙如虛空

這是普光師子幢菩薩摩訶薩，他修習菩薩的福德莊嚴，出生一切佛國土。佛往昔就是修一切法，行一切法，經過無量劫的時間，莊嚴佛國土。就像虛空似的出現於世間，徧滿一切處，普光師子幢菩薩摩訶薩，他修習的福德海莊嚴，出生佛國土，亦如是。

佛神通力無限量　充滿無邊一切劫
假使經於無量劫　念念觀察無疲厭

這是普寶燄妙光菩薩摩訶薩，他觀察佛的神通境界，念念都觀察，一點不生疲厭，一點不生迷惑。

汝應觀佛神通境　十方國土皆嚴淨
一切於此悉現前　念念不同無量種

這是普音功德海幢菩薩摩訶薩，他得於一眾會道場中，示現一切佛土莊嚴的解脫境界法門。

觀佛百千無量劫　不得一毛之分限
如來無礙方便門　此光普照難思剎

普智光照菩薩，他對如來境界悉能入，他觀察佛在無量百千萬億劫中，沒有分限，沒有差別，無量百千劫就像一毛端這樣分量的差別都沒有，這是佛的方便、無礙，普智光照菩薩他得到這種境界。

如來往劫在世間　承事無邊諸佛海
是故一切如川騖　咸來供養世所尊

世間所尊重的就是佛，普覺悅意聲菩薩摩訶薩，他親近、承事、供養佛得到供養藏，供養藏含藏一切供養。這個菩薩他所行的，就從供養之中成道，這是普覺悅意聲菩薩。

如來出現徧十方　一一塵中無量土
其中境界皆無量　悉住無邊無盡劫

普清淨無盡福威光菩薩摩訶薩，他得到神變廣大加持。佛出現一切世間，加持一切衆生，在無邊的境界當中，沒有境界，悉住無邊功德，住在無邊功德的劫海當中，叫作無盡劫。

佛於曩劫為眾生　修習無邊大悲海
隨諸眾生入生死　普化眾會令清淨

這個普寶髻華幢菩薩摩訶薩，他得入佛的一個法門，叫普入一切世間，行一切菩薩道無邊法門，衆生無邊故，法門無邊，隨衆生緣，就是這個涵義。

佛住真如法界藏　無相無形離諸垢
眾生觀見種種身　一切苦難皆消滅

佛住的是眞如境界，眞如法界藏的境界是什麼境界呢？無境界的境界，眞如法界含藏的都是眞如法界，像藏那樣含藏無量。無相、無形，無相無形還有什麼垢染嗎？沒有了，離諸垢。

「衆生觀見種種身」呢？法界眞如藏是無身的，衆生隨他自己的業緣，這叫緣起；緣起而觀性空的眞理，如來的法界藏是眞如性空的，衆生隨緣而得觀見種種的身，這是緣。因呢？是法界藏，因緣和合了，「一切苦難皆消滅」。本體上就沒得苦難，隨佛悟得本體了，還有什麼苦難嗎？普相最勝光菩薩，他得於無相法界中出現諸佛境界，無相的法界出現一切諸佛境界是什麼境界？還是無相的境界。這十位菩薩跟普賢菩薩是同等的，這十菩薩所證得的，十普各證一門，普賢菩薩就是十門皆證得，這叫同名的菩薩，同名都叫普，同名、同類。

十異名菩薩亦各一法

第三，十種異名的菩薩，他們也各有一法。在我們聽起來，這些菩薩證的法好像都一樣的，分別不出來。雖然他們是各證一法，所證的眞理，就是一眞法界理，都是同的。各有各自所證得的境界，這個是這麼莊嚴的，那個是那麼莊嚴的，同名莊嚴佛淨土，同名教化一切衆生，但是微細處不同。以下的菩薩，各有各的德號，所以叫異名，也各證一法。

復次海月光大明菩薩摩訶薩。得出生菩薩諸地諸波羅蜜教化眾生及嚴淨一切佛國土方便解脫門。雲音海光離垢藏菩薩摩訶薩。得念念中普入法界種種差別處解脫門。智生寶髻菩薩摩訶薩。得不可思議劫於一切眾生前現清淨大功德解脫門。功德自在王淨光菩薩摩訶薩。得普見十方一切菩薩初詣道場時種種莊嚴解脫門。善勇猛蓮華髻菩薩摩訶薩。得隨諸眾生根解海普為顯示一切佛法解脫門。普智雲日幢菩薩摩訶薩。得成就如來智永住無量劫解脫門。大精進金剛臍菩薩摩訶薩。

得普入一切無邊法印力解脫門。香燄光幢菩薩摩訶薩。得顯示現在一切佛始修菩薩行乃至成就智慧聚解脫門。大明德深美音菩薩摩訶薩。得安住毗盧遮那一切大願海解脫門。大福光智生菩薩摩訶薩。得顯示如來徧法界甚深境界解脫門。

這十位異名菩薩，現在一個一個作解釋。

「海月光大明菩薩摩訶薩，得出生菩薩諸地諸波羅蜜教化衆生及嚴淨一切佛國土方便解脫門。」這叫菩薩的四種方便，第一個是地位；第二個是度行，利益衆生的行；第三個是調生，就是他所行的，以他的位來調化衆生；第四個是嚴剎，嚴淨佛剎。通二利因果，就是自利、利他。或一地一度滿，或地地諸度滿，此一爲總，以第一地的爲總說，以下九個皆別；但是無論別或是總，都是一樣的顯度生。

地位呢？初地、二地，乃至十地。度行呢？就是六度，乃至於十度、十波羅蜜度生。調生呢？以他的地位來做調生的事業。嚴剎呢？莊嚴道場，道場就是佛國土。因爲住位菩薩是從他的位置來顯，這叫寄位菩薩衆，每一位、每一位的都不同，這就是講行布，地位不同就講行布。地位不同，度生所行的法門也不同，調化衆生的教化方法也不同，所嚴淨的道場、剎土也不同。或者一地一度，一地就是初地，行一度，或者行般若，或者行慈悲，或者是布施，各個不同，這一個是總說，以下九個是別說，這是顯他調生的次第、調生的方法，度眾生的所有教化。

「雲音海光離垢藏菩薩摩訶薩，得念念中普入法界種種差別處解脫門。」得這麼個解脫，到了差別的地，差別就是不同的。轉法輪的時候，圓滿、徧住的轉法輪。

「智生寶髻菩薩摩訶薩，得不可思議劫於一切眾生前現清淨大功德解脫門。」「不可思議劫」是時間，「一切眾生前」是所度的眾生，演說的法是「清淨大功德」，就是示現滅一切眾生的惑，滅一切眾生的疑惑。

「功德自在王淨光菩薩摩訶薩，得普見十方一切菩薩初詣道場時種種莊嚴解脫門。」「初詣道場」就是嚴淨所有一切道場，嚴淨一切場會、菩薩聚會的處所。

「善勇猛蓮華髻菩薩摩訶薩，得隨諸眾生根解海普爲顯示一切佛法解脫門。」把「根」和「解」形容像海一樣的。在《華嚴經》都是加個「海」，爲什麼呢？形容詞。「海」字是比方的意思，說這個法甚深、甚廣的涵義。隨眾生的機來說法，以什麼來隨機呢？以法來隨機，隨眾生機，應以何法得度者，就給他說什麼法。

「普智雲日幢菩薩摩訶薩，得成就如來智永住無量劫解脫門。」爲眾生故永在世間。我們說釋迦牟尼佛入涅槃，是不是還在世間？入涅槃是一個相，讓你知道佛從成道到入涅槃，八相成道的意思。

「入涅槃」是用這個涅槃法來度眾生，涅槃法是不生不滅的，既然是不生不滅的，釋迦牟尼佛還在世間，不過不是釋迦牟尼的相，他隨緣了，大家要這樣來理解。

釋迦牟尼佛在印度，如果你到印度去參觀聖地，你就知道釋迦牟尼佛走的沒有很遠，只在恆河兩岸；就像中國的孔子，周遊列國，那時的列國很小很小的，河南、河北、山西、山東，他出生在山東，連長江都沒渡過、陝西都沒到過。孔夫子一生沒入秦，他走的地方很少，但是後來人家這麼一說，那就大了，釋迦牟尼佛也如是。釋迦牟尼佛在印度走的地方並不多，這個釋迦牟尼佛是化身，至於化身的化身，那就遠了。

釋迦牟尼佛有智慧沒智慧？他說《法華經》、《華嚴經》，有智慧沒智慧？釋迦牟尼佛沒到過中國，他不知道五臺山，也不知道福建支提山，但是他演《華嚴經》〈諸菩薩住處品〉就說：「東方有國，名曰震旦，其土有山，號曰清涼。」三千年前他就知道是清涼山，清涼山是文殊菩薩住的地方，這個地方殊勝得不得了！到什麼程度呢？每天有一萬菩薩繞清涼，我們見到了嗎？我跟人家開玩笑，我們現在五臺山有沒有一萬個和尚？就是這一萬個人在繞清涼，住在清涼裡頭繞清涼呢！

「菩薩」是什麼涵義？「覺有情」。自己明白了、信佛了，讓一切眾生都信佛，別說太深了！我們現在打一個千僧齋，也才一千多人，還不到一萬，還不夠數！那怎麼辨呢？說草、山、石都可以算上，依報、正報都可以。你應當如是理解，這算是有信心了，這是釋迦牟尼佛說的。

還有一處，福建義德地區的支提山鐵冠菩薩，我在福建的時候，有人問我說：「鐵冠菩薩好像不如觀世音菩薩？因爲普陀山的遊客那麼多！」我說：「你看的是現相，不是本質。」支提山上的道路也不通，遊客很少，現在住的和尚有二、三十個人，過去只有幾位師父守著那個廟，也叫華嚴寺。這是我們凡夫業障眼所看的問題，實際上不是這樣的，就像我們看五臺山也如是。

現在我們學《華嚴經》，你把腦殼放大一點，心量放大一點，想的多一點，但可不是想煩惱，我們把煩惱變成菩提就好了。我們的煩惱想的太多了，一天從早上到晚上，腦子的活動很侷限，侷限在什麼裡頭呢？貪瞋癡。把它放大一點，眼光看遠一點。《華嚴經》告訴你的「看」，聽聽吧！不要說講解了，你聽聽這個經文，它的文字是怎麼組合的？顯的是什麼道理？說嚴淨道場，一切道場本來皆是清淨的，本來都是嚴淨的。

如果你們到了普光明殿，佛在那兒說三次《華嚴經》，是不是普壽寺的普光明殿？也可以說是，也可以說不是，實際上究竟是不是？要你去參。說這個普光明殿太小了，比微塵大的多吧！我們這個普光明殿裡頭有好多微塵？你能數得過來嗎？你的智慧能看見普光明殿裡有好多微塵？要這樣來理解。在理上可以頓悟，可以理解成佛，這只是理，如果理來成事，在事上也如是。

我們沒修成，雖然沒修成我們可以觀想。佛的功德無量，我們也可以跟佛比，拿什麼比？拿煩惱比，我們的煩惱也無量啊！這是兩個極端，一個煩惱無量，一個功德無量。煩惱無量就是衆生，衆生是煩惱合成的，無量的煩惱集中在你一身哪！你翻過來，「煩惱即菩提」，也沒有煩惱可斷，也沒有菩提可成，把它翻過來，煩惱即菩提，那也是無量。翻過來的時候，那就是無邊的幸福、無邊的福德、無邊的智慧；翻不過來的時候，煩惱還是煩惱，障礙還是障礙。

如果你經常這樣想，這個想法就叫觀，這個想、這個觀就是智慧，你觀成功了，就是「煩惱即菩提」。菩提就是煩惱，煩惱就是菩提，二而不二，因爲他的體只是「一眞法界」。「事有千差，理無二致」，在事上是千差萬別的，在理上只是一個，十法界？沒有，純粹是理，在事上不同，嚴淨道場、普莊嚴會場也如是。

「功德自在王淨光菩薩摩訶薩，得普見十方一切菩薩初詣道場時種種莊嚴解脫門。」假使說我們剛入佛門，看見大雄寶殿或者到法堂，你心裡跟世間相所見的就是不同，你的心就起了變化。如果你斷了無明、登了初地，爲什麼初地叫歡喜地？得大歡喜。我們說道場嚴淨，什麼叫嚴淨？什麼叫不嚴淨？不要聽我來解釋，自己觀察一下，想一想：什麼叫淨？什麼叫不淨？不要受那個名字的侷限，因爲名字相轉化所有的世間相，變成清淨的道相，用理來轉事，在一切生活當中，你都可以這樣觀想。

如果你聽《華嚴經》，聽了半天這些大菩薩所證的法門，你也不知道這是說什麼，有沒有這個感覺？普賢菩薩就說了十個，十普菩薩又各說了一個，我們前頭所講的，二百多個菩薩寄位，他寄什麼位現什麼相，種種的不同。你若隨這個文字相去轉，怎麼叫解脫？

我們經常說：「火門都沒摸到！」火門沒有摸到，那怎麼能打著火了？就是這個涵義。你還沒摸到門，摸到門怎麼樣呢？不要向外面找門，就在你心裡面，解脫是在你心裡。那門你怎麼找？沒有門，這是形容詞，有個門你也入不了，普賢行願的行門，你進得去嗎？爲什麼進不去？原來就沒有，你怎進得去？你迴光返照，就是自己的心。當你不理解甚深的道理，就回到很自然的、很淺顯的，很淺顯的就是自己的心，自己還不知道自己的心嗎？自己問問自己，自己不認識自己？不錯了，能究竟認識自己是佛，覺悟了。我們現在是自己把自己迷惑，認不得自己了，這個身體不是你，是假的！它是可壞的。你也不認得自己，你的眼睛不能往回看，你能看見自己的臉哪兒髒了嗎？你得照鏡子才知道你的臉上哪兒髒。

因此，你看一切法的時候，都可以這樣去修，說找個機鋒轉語，一天的生活都在機鋒轉語當中。華嚴聖境，黛螺頂就是，佛母洞也是。說不是，不是爲什麼你磕頭？好多人到那裡磕頭，是不是聖境？他說：「這樣我就能得智慧，我就能消災。」這是他心目中的聖境，這是解釋「心淨故國土淨」，一切國土都是莊嚴的。

普嚴場會，一切道場都是莊嚴的，什麼莊嚴呢？四月初八那天是佛的降生日，我們作種種的供養，看著很莊嚴，大家生歡喜心。不過，有比這個還好的，好十倍，好一百倍，而且不是假相，是眞的，我說這個眞的是假的，這個假的是盡拿寶石、拿七寶莊嚴的，你看見那個，就知道那個比這個好到哪裡去了。如果再跟帝釋天的宮殿來比，你可以比，不怕不識貨，就怕貨比貨。你心裡可以緣念，你所到過的，所看見過的，這麼比起來，世間上沒有一個眞實的。四月初八才過，四月初九早上我來，還想看一眼，沒有了！哪裡去？無常的、幻化的，你要這樣來理解。講《華嚴經》這些境界，你能理解嗎？對我們來說沒有，對諸佛來說也沒有，那怎麼演一部《華嚴經》？不可思議了，這也叫不可思議。

以前有兩位老和尚夜裡睡覺，早晨起來，一位老和尚就說：「唉！昨天晚上我一夜沒睡覺。」「你幹什麼不睡覺？」「老鼠吵得我不能睡，睡不著。」「你眞了不起！」「吵得我沒睡覺，還了不起？」「是啊！」「怎麼了不起？」「昨天晚上聽了一夜的《華嚴經》，老鼠嘰嘰嘰，說了一部《華嚴經》。」

怎麼樣理解？這就叫不可思議。我們有一班道友專門誦《華嚴經》，一天誦一卷，八十天誦一部。我們鼓山一位老和尚，從那個天王殿拈香走到大殿裡頭，他就念了一遍《華嚴經》，也沒好遠。這也叫不可思議，你怎麼理解這些問題？之後再學《華嚴經》，你就理解了。

我們回來講正文。

「善勇猛蓮華髻菩薩摩訶薩，得隨諸眾生根解海普為顯示一切佛法解脫門。」他隨眾生的根，隨眾生的理解力，普示現一切佛法，他證得這麼個解脫門，這解脫門叫什麼呢？依法隨機，依著這個不可思議的法，隨著眾生的可思議的機，不可思議的法隨著眾生可思議的機，眾生這個機聞到這個不可思議的法，把可思議的也變成不可思議，法不可思議故。

「普智雲日幢菩薩摩訶薩，得成就如來智永住無量劫解脫門。」如來的智慧永遠住世間的，住世間無量劫，佛的身是金剛不壞體，永住世間刹塵劫，永遠不會消失的，要這樣來理解。一切事物不看它的相，看它的體性，體性是永存的；看眾生性，觀眾生性，不見眾生相，相是幻化的生滅法，它的體性是不生滅法。生滅存著不生滅，它就生起，生滅還歸於不生滅，生滅也變成不生滅了，所以說一切的事物永遠存在的。

「大精進金剛臍菩薩摩訶薩，得普入一切無邊法印力解脫門。」「無邊法印力」，法印是指著佛所說的法。例如小乘的苦、空、無常、無我，這叫四法印，拿這個來印證佛所說的一切法。皇帝不是都有個印璽嗎？當官的都有個印嗎？那是職務上的印，蓋上那個印那個圖章，效果就有，沒蓋上圖章，效果沒有。像我們現在受戒，需要有個戒牒，但是佛在世時候沒有戒牒，聽說過嗎？一切佛經都沒說過戒牒，爲什麼到我們中國來有個戒牒？換句話說，它是證明物。法王也有個法王的印，什麼是法王的印呢？不動不變就是法王印。

妙法的印璽是什麼呢？就是妙法的眞實，妙法的眞實是不動不變的，就像印璽一樣的，證明佛的正法。一切諸佛，祖祖相承，一代傳一代，就是心心相印，就叫法印，我們不做其他經論解釋，就是心心相傳，心心相印就叫法印。在〈大智度論〉上講，得佛的法印通達無礙，以法王的認可，通達無礙，無所留難。

哪幾種法是佛的法印呢？佛法印有三種。哪三種呢？一者是一切法無常，一切有爲法，念念的生滅都是無常的，只要說一切法念念生滅無常的，是佛說的，佛的法印，你也如是說，這就是正確的。二者是一切法無我，凡是若說一切法無我，沒有我執。像我們平常說話，都說「我的」，「我的」不是「我」，是「我的」，我的眼睛、我的耳朵、我的鼻子、我的身體、我的心，是「我的」，不是「我」。離開我們這眼耳鼻舌身意，另外還上哪找我去呢？我在什麼地方呢？若找到，你成了。沒悟就是還沒找到，沒找到還沒成。

一者諸行無常，二者諸法無我，三者涅槃寂滅。涅槃就是上頭說的兩種，不生不滅就是不生不死，這就是開悟了，證得了就叫開悟，這叫法印力。知道「無我」產生一種力量，什麼力量？無我的力量，讓一切衆生都能明白無我，這是利生的，讓一切衆生都知道念念生滅，念頭是極短的，一念起了一念滅了，念念生滅。有時是生住異滅，生還要經過一段住；例如人生，說你一歲到九十歲，或者到五十歲，這一段時間是住。在你住的時間中，產生變異，一天跟一天不同，天天在變化，不是一歲就到五十歲，不是頓變的，是念念的變，生、住後就變異了、變化。變異變到沒有了、消失了，這是生住異滅。

但是，有的不經過這些過程，像你這念頭，說念念都有生住異滅，你數過你的念頭生住異滅嗎？說這念起了、滅了，又生起第二念，剛想到這個又想到那個了，念念的生滅。觀察這個也是參學了，你參吧！你找你的念頭，爲什麼它不住？說念念不住，你那個心隨時在變化的。這就是入於無邊法印力，諸法是無邊無際的，無邊就形容多。別的法不說，我們就說心念法，你就觀察你的心念，刹塵的心念。有時我們道友之間開玩笑說：你今天起了好多念？念念都念什麼？誰也答覆不出來。

說修行，你能把這個修行好了，是最大的修行，把你的念頭看住，不讓它是虛妄的，讓它變成眞實的。在我們教義當中有這麼兩句話，「打得念頭死」，把念頭打死了，「許汝法身活」，念頭死了你的法身可活了，念頭不死你的法身活不了，這叫離念。離念清淨，〈離世間品〉專門講這些的，從名字上就知道離世間，但是離世間而在世間，在世間而離世間。

法印就是依著無我、無常、涅槃，依著這個來印證開悟沒開悟。他能夠觀一切法無常了，認得無我了，得到了寂滅。這個寂滅不是像我們說：沒有了、死了、斷了。不是這個樣子的，寂滅就是不生不滅。寂者是定，常時在定中，滅即是生。怎麼講呢？說你看著這個人死了，他那兒又生了，這死了那生了，生了又死了，死了又生了，這個是生滅法。達到不生不滅，不生就不死了，有生必有死。很多眾生對「死」不高興，其實你生的苦惱也不簡單。你是不記得了，糊里糊塗生下來，生完了不記得，那個苦難忘了。這就是法印，可以使眾生悟解。

「香燄光幢菩薩摩訶薩，得顯示現在一切佛始修菩薩行乃至成就智慧聚解脫門。」這個就是修禪宗的頓悟，頓悟始終，怎麼樣開始的？怎麼樣還滅的？這得有智慧。示現一切眾生，從佛最初開始發心行菩薩道，乃至成就究竟佛果。像我們禪宗說頓悟，一念之間頓悟，這個頓是由漸來的，沒有漸怎麼有頓呢？今生開悟，是他無量劫修行所集聚的。

像六祖大師一點文化也沒有，他是賣柴火的。聽見人家念《金剛經》：「應無所住而生其心」，他就開悟了，而且那種悟是大徹大悟，不是小徹小悟。他不認識字，但是能講經，比哪個法師講的都深入，他離文字相，這就是頓悟，這叫頓。

我經常這樣講：「禪門一炷香，頓超直入，立證菩提，不假方便，直登佛果。」但是，沒有他過去多生的行，今天怎能結這個果呢？他過去的沒看見，就看他今天現實證的。你看，釋迦牟尼佛坐菩提樹下就成了道了？他在兜率天內院就是等覺菩薩，這樣來下生人間的，一切法門都是方便善巧。

「大明德深美音菩薩摩訶薩，得安住毗盧遮那一切大願海解脫門。」他所修行的跟釋迦牟尼佛、毗盧遮那修行的同，往昔同佛一起修行的，所以才如是。

「大福光智生菩薩摩訶薩，得顯示如來徧法界甚深境界解脫門。」這是以他的智慧光，顯現如來難思議的境界相。

爾時海月光大明菩薩摩訶薩承佛威力。普觀一切菩薩眾莊嚴海已。即說頌言。

諸波羅蜜及諸地　廣大難思悉圓滿
無量眾生盡調伏　一切佛土皆嚴淨

在華嚴海會中，我們講普賢菩薩、十普菩薩是同生，菩薩的名字是同的。這是異生，各個有各個的功德名號。異生眾菩薩以海月光大明菩薩爲首，他普觀一切諸菩薩眾，莊嚴海已。海月光大明菩薩摩訶薩，他得了出生菩薩諸地，諸波羅蜜教化眾生，嚴淨一切佛國土的方便解脫門，無量法門中他只得到嚴淨一切佛國土的方便解脫門。

「諸地」就是從菩薩的初地到十地，每一地的菩薩自己所有的修行，乃至他所成就的德，修行一定有所得，所得到的修行法門也好，甚深廣大。「難思」呢？一般人想像不到、思惟不到的，這是指凡夫。說以這個波羅蜜，他都已經達到圓滿；波羅蜜就是到彼岸，「諸波羅蜜」包括布施、忍辱、禪定、智慧，乃至方便、力、善巧都包括在內，這些都達到究竟，一法能得度，一切法都如是。這是海月光大明菩薩所說的第一個頌言。

如佛教化眾生界　十方國土皆充滿
一念心中轉法輪　普應羣情無不徧

這是雲音海光離垢藏菩薩摩訶薩讚歎佛的偈子。佛教化一切眾生界，佛教化眾生得有處所，在十方國土、一切處都充滿，沒有餘遺。「一念心中轉法輪」，就是說法。「普應羣情無不徧」，眾生有緣者、有所求者，佛都顯現給他說法。

佛於無量廣大劫　普現一切眾生前
如其往昔廣修治　示彼所行清淨處

這是智生寶髻菩薩讚歎佛的，也是他自己所得到的法門，什麼法門呢？就是在不思議劫中，經過非常長的時間，使一切眾生得清淨，得清淨就是沒有煩惱了，得這麼個解脫門。

我覩十方無有餘　亦見諸佛現神通
悉坐道場成正覺　眾會聞法共圍繞

功德自在王淨光菩薩摩訶薩，他得到的法門是普見十方一切菩薩初詣道場時種種莊嚴的解脫門。佛在他成就佛果的時候，這個國土釋迦牟尼佛是八相成道，其他的佛國土，那些菩薩成就的時候，他也有種種的莊嚴，不止八相成道，各個佛成道的因緣都不同。功德自在王淨光菩薩，他證得了一切諸佛入道場時的種種莊嚴相。

廣大光明佛法身　能以方便現世間
普隨眾生心所樂　悉稱其根而雨法

善勇猛蓮華髻菩薩，他證得佛的廣大光明法身。光明本身就是在說法，但是眾生不能理解，就以各種方便善巧出現於世間，隨著眾生的緣，隨著眾生的喜歡愛好，給他演說法，讓他們能夠得解脫，能夠得度。

真如平等無相身　離垢光明淨法身

智慧寂靜身無量　普應十方而演法

普智雲日幢菩薩，他得成就如來的智慧，常住世間常時化度衆生，應十方的機給他們演說法。這一個偈頌，我們要多解釋一下。前頭這十個菩薩，到此是第六位菩薩，後頭還有四位菩薩。他們所證得的法基本上是相同的，雖然十個法門各個不同，但體是同的。

「眞如平等無相身」，「眞如」是《華嚴經》所講的一眞法界，也就是毗盧遮那佛的本體。佛跟我們衆生在眞如上是平等的。佛的無相身是法身，法身也是我們現在所具得的，就是清淨的、無染的法身。「無相」呢？就是眞如實相，是一眞法界的體。

「身」呢？這個身是指法身說的，不是指化身說的。佛體的法身，離塵不染，離障清淨，這也是我們所具足的，一切凡夫都具足，平等法身，凡聖同等。但是，我們這個法身現在被貪、瞋、癡、妄想、雜念、煩惱所纏縛，法身不現了。

現在我們所現的是報身，我們這個報身和佛的報身不一樣，佛的報身是功德報，我們這個報是業障報，因爲我們造的所有惡業，把法身障住，這叫在纏的眞如。對衆生說有纏、有束縛、有垢染、沒有光明，這是在纏的，沒得智慧。前面我們所講的，那些菩薩所證得的法門，都是出纏的法身。離開了煩惱，離開了垢染，離開妄想執著，那光明就有了。我們現在沒有光明，還沒有離開垢，煩惱、習氣全在，所以就沒有光明。

若出了纏、離了垢染，光明就具足了，這就是凡夫與佛的不同。一個是在纏，被什麼纏住了？被煩惱、無明，貪、瞋、癡、慢、疑、身、邊、戒、見、邪，十種邪知邪見把你障礙住了，清淨不了，這是在纏的眞如。前面講的是出纏的，沒有纏縛的，是清淨的法身，是指佛菩薩說的；佛是究竟的，菩薩不是究竟的，但是他們已經離開塵垢，逐漸的清淨。

「智慧寂靜身無量，普應十方而演法」，由於出纏緣故，離開纏縛就大用現前，用在利生事業上，這是約事上來說；約理上來說，他的體出纏了，沒有障礙了，光明顯現，清淨無垢，得到了法身。這個法身的作用能現報身，把他無量劫所修得的功德報身，在我們來說是盧舍那佛，以這個報身相利益眾生，眾生見了他就得度了。菩薩見的是報身，但是他悟得了法身。我們現在凡夫若開悟、明心見性，也悟得了法身；悟得法身，但沒起報用，那還得修啊！修起報的作用，修起用的智慧，然後做利益眾生的事業。智慧的、寂靜身，含了無量的德，無量的光明，無量的智慧，能普現在十方，給眾生說法。

我們經常說「說法」，說法的涵義是告訴你修行的方法，了生死的方法，斷煩惱的方法。你得學，不學你沒有方法，沒有善巧，你是不會的。不用說你學成佛了，連學開個車都不容易，開車不出車禍，那更不容易，開幾十年車平平安安的，不急不躁，不爭先恐後，開得穩穩當當。凡是出車禍的，大多是爭路搶先，或者開高速車，或者酒醉開車。還有一種是胡思亂想開車，這個我們佛教知道，開車的時候想別的事，容易出車禍。

以這個爲例，若想得到眞如平等的無相法身體，安靜一點，不要煩煩惱惱的。我們不是講寂靜？寂靜的涵義就是叫你安心，你定下來才有智慧，才能沒有煩惱。說光明、說智慧，光明是對著黑闇的，黑闇中你容易走錯路，乃至於還可能遇見鬼，遇到很多磨難。明明沒有路，你若往前走，容易摔跟斗、掉到坑裡頭。但是，你有了智慧，那不同了，心裡安安靜靜的，那有光明的，有光明就沒有黑暗，黑暗就破除了，這是通俗的講法。就教義上講，一個止，一個觀。止就是寂靜，你做任何事都把心定下來，這叫止。觀是運用你的智慧，看看這個事該怎麼樣處理，怎麼樣修才能進步得快，這叫止觀雙運。

有定有慧，止觀雙運所證得的這個身，叫法身、叫報身、叫化身，爲了衆生而示現法報化三身。「化身」是隨衆生的緣給他說法，度他成道。他是個和尚，你就現個和尚身跟他一起修行，叫他成道；你示現一個比丘尼，就幫助一切比丘尼道友成道；你是優婆夷，就現在家女人身；或者優婆塞男衆三寶弟子身。這些還不夠，世間上百行百業，菩薩要度那一類衆生的時候，就示現這一行業，這叫示現同事修。他很困難，用財富資助他，跟他建立很好的關係，那你說話他就聽了，這樣度眾生。還要跟他說好聽的話，攝受眾生，讓他聽得高興，以後你漸漸引他入佛道。這叫什麼呢？既有智慧隨緣義，不失本體寂靜義，這就是寂和照。寂是本體、法身所具足的德，照是從本體所起的智慧，照了明達，這樣來度一切眾生。

佛身是無量的，佛身是無有身的，他以智慧寂靜為他的身。所謂佛身無量的意思是眾生無量，要隨眾生的種種身，隨順眾生的種種事業，才能給他說法，他才能領受，回到佛的教導。佛利益眾生，把眾生看成什麼呢？看成是父母，看成是自己的六親眷屬，看成是自己最尊敬的人。第一個，你得先尊敬眾生，然後你漸漸引誘他入佛道。眾生本來憍慢的煩惱就特別重，許多沒知識的人他認為自己的知識比別人高，再貧窮的人，他也不服氣，不認為自己比人低一等；這是眾生的慢，因此不要對眾生憍慢。

菩薩度眾生，用善巧攝受，所以才叫「普應十方」；應以何身得度者，即現何身而度他，並不是都現佛身。我們眾生的習氣、業障很多，因此，諸佛菩薩度眾生的時候，要用很多方便、善巧。度眾生也應當善用其心，化導眾生得善用其心，你自己想修道也得善用其心。有智慧的人，處處都是方便、善巧、解脫，沒有智慧的人，那就是束縛了。沒有善巧方便慧，本來你去幫助別人，不但沒幫助別人，反倒把別人害了，也把自己害了，這叫沒智慧的利生。

像我們現在沒有發普賢大行心，也沒有發文殊大智心，要利益眾生，你的方法不對頭。本來是幫助眾生的，讓眾生解脫的，結果適得其反，不但沒幫助他，反而使他更增加煩惱，增加煩惱，把你也帶上了；你菩薩道不但沒行好，反倒隨著眾生界轉了，我們要能入世間而不染世間法，如果我們沒有這個本事，入世間就被世間轉了。

我看見我們那些剛發心的小道友，寫個自傳就說：「我為了發心度眾生，弘法利益眾生。」我問他怎麼樣弘法？怎麼樣利益眾生？什麼也不知道，他是學來的。開口就是弘法利眾生，怎麼樣叫弘法？怎麼樣叫利益眾生？自己連法是什麼都不知道，你當眾生還沒當完，當徒弟還沒當完，沒當幾天徒弟就想當老師，太略等了。

《華嚴經》的法都是大菩薩的法，我們是來種善根的，把這個目標定得非常高，乃至小孩子剛學佛法，或剛出家懂得學佛法，他就要弘法利眾生；願可以發，但是事情做起來可就難了。例如這些小孩子，加減乘除的數學還不會，九九乘法也不會，就想學微積分，行嗎？現在沒讓他們聽《華嚴經》，他們聽也是浪費時間，現在我們很多道友聽《華嚴經》也是浪費時間，如果不用很淺的方式解說，沒辦法進入。因此就用這麼很淺的方式解說，但這不是華嚴義。

華嚴義是什麼呢？讓你悟得本體的，那是大菩薩所做的事業，是文殊、普賢、觀音、地藏、彌勒這一類大菩薩利益眾生的事業，他們有這個智慧，他們的身是智慧寂靜的身，能示現無窮無盡的身，應以何身得度者，就示現何身。他怎能夠運用的？這裡頭就講這些大菩薩運用的方法。

我們學學大法，主要是讓我們的思想擴充，不要太偏隘，心裡不要太小，不要光看著五臺山。五臺山往西邊去還有大同，往東邊去還有太原、往南京、上海，往北邊走天津、北京，地方大得很，開開你的眼界。窩在山裡面，只看見北台，看見中台，看見西台，看見了沒有？我們都看見了，你看見的中台，文殊菩薩在那裡說法呢！你並不知道。黛螺頂，文殊菩薩現五種身，你也不理解。你看的是現相，不能認得本質。要學華嚴的義，用我們的智慧知道這一切法，一切利益眾生的善巧方便不是眞實的，這就是華嚴義，隨眾生緣而現的這些現相，都是假相，沒有一件是眞實的。但是衆生不理解，也不能夠進入。

先讓大家理解，不過這種智慧是學來的，不是證來的。現在我們跟著佛，跟著大菩薩學樣子、學做，就從這個入手。我們這個眞如法身，隨著眾生的感，普應十方而演法，也就是隨著衆生的根機，隨著他的求而給他說法。各個佛不同，利生的方法也不同，諸佛法身本體都是同的，包括我們一切衆生都是同的，但是在用上就不同了，一個是明白的用，一個是糊塗的用。糊塗的用就叫在纏，明白的用就叫清淨。好像這個世間都在行五欲境界，你在五欲境界就沾、就染、就纏、就貪戀。諸佛菩薩在五欲境界裡頭，他知道是假的、空的、沒有的，他的心不貪戀，身沒染污，意不顚倒。我們從這個就知道一切諸佛的法身是清淨的，我們的法身也是清淨的。但是我們的相、用就不清淨了，諸佛的相用是清淨的。

我們一說到智慧，智慧就是認知，簡單說什麼都知道，知道什麼呢？知道一切諸法是空的，空的還貪戀什麼呢？他就不貪戀了，因爲有才貪戀。知道諸法的空，空到什麼程度？到了眞空，它就變了，變成什麼呢？變成妙有，眞空不空成爲妙有。剛才不是說沒有嗎？是沒有，是妙有，妙有又不是有，妙有是顯現眞空的。

這是什麼意思呢？佛證得妙有，他知道一切衆生沒有達到這個，就示現妙有來利益你、幫助你；或者跟你做父子，或者跟你做夫妻，或者做你的兒子，示現六親眷屬。目的是什麼呢？讓你也達到跟他一樣，認識眞空也認識妙有。這是大菩薩化度衆生的方法。

法王諸力皆清淨　智慧如空無有邊
悉為開示無遺隱　普使眾生同悟入
如佛往昔所修治　乃至成於一切智
今放光明徧法界　於中顯現悉明了

沒有隱藏也沒有遺漏，也沒有什麼比較秘密的，開示給衆生。我們認爲密宗一定有一些密法，這是以世俗的眼睛來看。

我當小孩子的時候，東北的外道很多，你若想求法，得給他好多錢。然後到一間黑暗的屋子裡頭，窗戶都封起來，為什麼？「法不傳六耳」，只能四個耳朵，他兩個耳朵，你兩個耳朵，不能說給第六個耳朵聽，六個耳朵就是第三個人了。傳給你之後，不能跟你父母說，不能跟你妻子說，換句話說，不能跟任何人說。他告訴你一個什麼密法呢？「觀世音菩薩」，這叫五字眞言。

等到我出家之後，觀世音菩薩到處貼著，不但是六耳，無量耳都可以聽。他又說：「你那個觀世音菩薩不是觀世音菩薩，我們這不傳六耳的觀世音菩薩才是眞的觀世音菩薩。」那時東北的道門，叫慈善會，等到我當和尙回到東北，那個會長還在，他們叫他老仙師，我說：「你現在連給我當小徒弟的資格都沒有，你是什麼仙師？」他說：「你們講什麼？」我說：「我們講空。你這都是瞎掰，觀世音菩薩又叫觀自在，你知道嗎？觀世音有一千個手一千雙眼睛，你知道嗎？」

一切諸法都如是，當你沒有進入的時候，把《華嚴經》看得又深又廣，又大又無礙，等你進去了，也就沒有什麼了。我們不是有一班道友天天誦《華嚴經》嗎？等你誦多少年以後，你再看就能進入了。如果你聽了不能理解，你就多念、多看，就像你學手藝一樣，經過幾年的功夫，熟能生巧，等你一熟悉，就知道這句話究竟是什麼意思。這句話就告訴你，讓你斷煩惱、了生死，那你又問了，什麼是煩惱？這個問題很不好答覆，什麼是煩惱？什麼是無明？

我們研究研究什麼是無明？簡單說無明就是沒有光明，說法沒得智慧，智慧就是光明義。你念《華嚴經》不明白，人家念了人家明白，那你有無明他沒無明，這就很簡單了。當你打妄想、瞌睡的時候，那叫無明殼，鑽到無明殼裡睡大覺，什麼也不知道，就這麼簡單。醒來就又明白了，明白得很有限，只明白你的生活規律：怎麼活著、怎麼吃飯、怎麼穿衣、怎麼休息，其他的你不明白了。

智慧是什麼樣子？智慧是空的，空才能容納一切。從很淺顯的世俗道理，然後慢慢入到甚深的佛教道理，這道理很深，怎麼深呢？把你從煩惱習染很重的凡夫，轉化成爲諸佛。這裡頭沒有什麼隱瞞的，也不會有遺漏的，也沒有什麼秘密的，也沒有什麼顯的，只是如《法華經》上說的：「開示悟入佛知見」。所以，從淺的解說使你能進入，這得看你學習所積累的。這種道理你不能深入，得一步一步的入，就像須菩提問佛一樣，「怎麼樣住心？怎麼樣降伏我這個心？」

有個道友問我，他說：「從南方來這裡朝五臺山，剛好遇見老法師您講《華嚴經》，我想聽，但是我的業障現前了。」什麼業障呢？無緣無故的手痛。這很簡單，讓醫生一檢查什麼都知道了。是你的手痛呢？還是你的心痛呢？說白天有光明，他的手就好一點，若到晚上就痛得不得了了，連睡覺都睡不成了。

他說：「這個是不是業障現前呢？」你可以觀想一下，是業障現前嗎？你不要這樣認識。你的業障早現前了！你這個身體就叫業報身，現在業障現前，是障中之障，身體有生、老、病、死四種障，這是病，病怎麼辦呢？找醫生，身上的病找醫生，但是你心裡的病，找佛、找菩薩。先醫身、後醫心，怎麼樣住心？怎樣降伏你的心？心有了住處，心有住沒有住？要你修啊！心有住嗎？你先把心找到。你睡不著、覺痛，誰在痛？找找痛吧！觀察觀察，有覺覺痛，你有個感覺，感覺著很痛，但是這個痛，無痛痛覺，痛痛不到你的感覺上去，感覺跟這個痛是兩回事。

說生死，因爲有生，你這個身是生，有生必有死。你看這個世界上哪個人不死？印度有這麼一個故事，一個婦人她的兒子死了，媽媽就精神失常，抱著這個死去多天的兒子，到處找醫生給她兒子治病，讓醫生把他救活。找來找去的，時間久了，抱著的那小孩子都臭了。別人跟她說，「找別人不行，妳去找佛吧！佛能給妳解決。」然後，她抱著小孩到佛的精舍。

她請問佛：「佛！他們都說只有您才能救我，若能把我這個孩子救活了，我才能活，如果我孩子救不活，我也活不了了。」佛說：「妳的孩子是死了，死了我能把他救活。但是，妳得有個方法，妳到這個街上去問，看哪家沒死過人，妳去問吧！如果妳問到有一家，說他們家從來沒死過人，妳再抱著小孩子回來，我就給妳治好了。」

這婦人就到處去問，街上都問遍了，沒有一家沒死過人的。或者祖父死了、祖母死了，或者父親、母親死了，反正都死過人，問來問去，她又抱著小孩子回來了，她跟佛說：「不用佛解答，我明白了。」佛說：「妳明白什麼？」她說：「人畢竟得死，因爲沒有一家說他們家從來沒死過人。」這叫開悟了，自己明白了，她就放下了。這個道理大家懂了嗎？沒有沒死過人的，都死過人，所以說有生必有死。

現在我們明白這個道理，一切有爲法畢竟空，有必定得沒有，不是永遠有的，有到最後一定沒有，有成一定要壞；懂得這個道理了，你再進一步去修。佛的法身、報身、化身，還有個意生身。有時我們說三身，實際上佛還有個意生身。意生身是隨衆生意，應以何身得度者，佛就給他現什麼身。現的這個身是假相，比假還假，這是假中之假，一作意就生了，一作意他又滅了，這叫幻化。

我們看電視、電影，你的電門一開，什麼都有了，電門一關什麼都沒有了。看任何境界相，你都可以參，可以作爲學習，可以啓發你。好比「法王諸力皆清淨，智慧如空無有邊。」這句話你不理解，不要太執著了，你可以從側面、前面、後面、左面、右面，找方便善巧，找到了也就知道了，什麼呢？知道是空的，這就叫智慧。知道他不存在，因爲他是和合體，一分離了就不存在了。

我們經常形容我們這個身體，是四大地水火風假合組成的，一切事物都是四大組成的，缺一就不成了。你從這裡去觀，能觀者就叫智慧，所觀者就叫境界，能觀觀於所觀，所觀的境界相是無常的、是空的；你能把境界相觀空了，修道也就能進入，將要成就了。能把外邊一切環境，用你的智慧把它轉化，不隨它轉，讓一切境界隨你轉，觀境皆空，這叫空。如果你被外頭境界轉了，那就是生死，那你解脫不了。心能轉境，就跟佛跟大菩薩一樣的，你的心被外邊的境界轉了，你就是凡夫，落到生死堆去了。

你可以觀春夏秋冬，觀你的身體髮膚、脈轉筋搖。你的脈要轉、筋要轉，特別是人到老年了，腿會抽筋，手也會抽筋，胳膊也會抽筋，一身都會抽筋。涼點兒不舒服了，熱點兒不舒服了；看見好吃的你多吃一口，消化不良，毛病就來了；吃少了吧？營養不足，又餓了，很難調啊！怎樣把他調好呢？以假對假，以眞對眞，慢慢的修觀。對你的身體不要太將就，越將就他越出毛病，看破了，放下了，自在多一點兒，毛病就少一點兒。

有人問我：「你有什麼樣養生之道？爲什麼活這麼長呢？」我說：「我的養生之道，你做不到。」他說：「爲什麼？」我說：「挨餓，多餓一點，壽命長一點兒。」他說：「挨餓活得長？」我說：「是啊！少貪欲。」這是第一個。

其次，少煩惱，什麼事不往心裡去。社會上人說不往心裡去的是個傻子，難道你是個傻子？我說：「傻一半。」怎麼叫傻一半呢？我說：「全傻了，能活二百歲，我傻了一半，大概九十來歲差不多了。」怎麼講呢？大家知道揚州八怪，他寫了個「難得糊塗」，我說：「和尙就是求智慧的，幹什麼求糊塗？智慧跟糊塗是兩回事的。」糊塗就是沒有智慧，還能解脫嗎？壽命長有什麼作用？你看這座山，恐怕不曉得經過幾千年、幾萬年了吧？無知，什麼也不知道，這有什麼用處呢？

我在西藏的時候，聽說西藏北部有一個老頭，不曉得多大歲數，大概有好幾百歲。我們就好奇，約幾個人到那兒去參訪他，騎馬走二十多天。找到了那個地方，沒有人煙，也沒有糧食。他穿的是牛羊，吃的是牛羊，春夏秋冬一件皮襖，怎麼穿呢？夏天翻過來，裡頭皮板是涼的，抹酥油抹的油光湛亮。冬天翻過來毛朝裡，「無面羊裘四季常如舊」，不管春夏秋冬，就這麼一個皮襖就過了。

問他多大歲數了，他說：「不知道。」我說：「你什麼時候生的？」他說：「生的時候，皇帝叫乾隆。」我說：「乾隆哪一年？」「不知道。」問他說：「現在拉薩達賴到了第幾輩了？」「不知道。」什麼都不知道。

我們離開他了，我們同去的道友們說：「像他這樣眞好。你是怎麼個看法？」我說：「像這樣活著有什麼意思？跟石頭、跟牛馬有什麼差別？」大家想想看，人要是沒有知識、沒有智慧，跟石頭、跟木頭一樣，這樣活著有什麼意思？人所以不同就是智慧的差別，長壽有什麼用處？盡是讓人家幫助我，我從來不利益人家，你這個人活著有什麼意思呢？人是要爲別人活著的，不是爲自己，別搞錯了。搞錯了就是：「人人爲我」，下一句呢？「我不爲人人」。

這樣活著有什麼用處？佛菩薩爲什麼修道成佛？目的是爲了利益衆生，看見衆生苦難太深了，說我要求得知識、求得智慧，有知識有智慧，給他們解說，讓他們解脫。千萬不要鑽牛角尖了，這樣沒有用處，生老病死，誰也離不開的，愛別離、怨憎會，誰也離不開的。最近幾天，我們的一位護法，摔了個跟斗，腦溢血死了。還有，去年來看我的一個道友，他有個四歲小孩鬧腸胃疼，抱到醫院去檢查，在樓底下還跳跳蹦蹦，上了樓一檢查，完了，搶救也搶救不過來了，也死了。一個四歲，一個五十來歲，就在這麼幾天當中死了，這就知道人隨時在死。

「人的生命在什麼地方？」佛這麼問他的弟子。有的說人的生命一個月，有的說一天，佛說都不近道。另一個弟子就說，人的生命就在呼吸間，出去了回來、回不來，都不一定了。佛說：「此近道矣！」我們觀察自己，隨時可以死的。

我的一個老道友法尊法師（按：一九八〇年十二月十四日圓寂，時任中國佛學院院長），他是翻譯經典的，眼睛都近視到兩千度了，帶兩個鏡子，還在那兒翻譯。頭一天我看他，還在那裡翻譯，就在北京廣濟寺，第二天早上我去了，床空了、人沒有了。我問正果法師：「老法師呢？」「他昨天死了！」我說：「死了？死了好了。」死了解脫了，不死多困難呢！眼睛都看不見了還在翻。死了，死了不就好了？不苦了。生死人常理，這是人生必定的歸宿，死應該高興，特別是我們出家人，死了！這段可了了，再不受苦了。看破、放下，就自在了，你說哪個不死？死不可怕，看怎麼樣死？死的時候自在不自在？痛苦不痛苦？

像我說的這位老道友，他正在翻譯，筆掉地下，他一伸手撿筆就死了，好痛快！像這樣死得多好，沒得病也沒什麼，一昏過去就死了，少好多麻煩，少好多痛苦。但是如果修道沒有修成，還得再來，再來又痛苦了。像我們說「法王諸力皆清淨，智慧如空無有邊。」這個就自在了，他想來就來，想走就走，想化這個身就化，這段化生一圓滿就走了。

我就羨慕窺基大師，譯經百部，做百部論主，做了很多的事業，做完就走了。爲什麼？到老了還有老苦，你們都沒老，你們說：「老和尙！你不是還很好嗎？」苦，自己知道，我還給你們說嗎？老本身就是苦，四肢不調，一會兒這抽筋，一會兒那又轉筋，走不動、爬山上不了，人家跑得很快，你落伍了；有點危難，人家都跑了，你就坐這裡受吧！跑不動了！不是這樣子嗎？老本身就是苦，生老病死，你要是先認識了，就不會有什麼貪戀。放下看破吧！這個世界不屬於你的，早過時了。

要這樣來認識自己、認識社會、認識人生。什麼叫人生？無常的，你還煩惱什麼呢？沒必要，不要想不開，你連這肉體都做不了主，你還做得了別的主嗎？說身體是我的，不見得，根本不是你的，爲什麼？你做不了主，你能讓他不病？像寫條子的這個道友，他讓我慈悲開示，我說你別太認眞了，痛就讓他痛吧！你觀觀痛是什麼樣子？找一找，把痛拿出來，你拿不出來！沒有。

大家知道我住了三十三年監獄，苦不苦？苦拿不出來，過去了、沒有了，在你正受的時候也沒有。你看開一點吧！看破一點兒，人生就這麼回事，人生下來就像住監獄，再住一百年也沒事，反正就在監獄裡住。那時候多好，不要你自己做飯，什麼都不要你操心，還有人保證你安全，門口還有兩個衛兵守著你，你跑得了嗎？你什麼事都不要管，就管生死。

有人聽到生，或者生的很好、家庭很美滿，看著是快樂，其實不長的。不管多富貴的家庭，你看看，如果大家觀察一下都是不清淨的現相。佛是清淨的，法力清淨。再看看各國的總統，看看過去那些皇帝，他們認爲是快樂，可是非常的痛苦，一整天焦頭爛額的，有病的時候，權力也使不上，不是由你心裡想就能做到的。往往最初的時候是因，等到結果時才看到了，特別的苦。

現在大家出家、聽法，好像是很苦，怎麼苦呢？世間的快樂，我們一樣都沒有享受到，世間的苦我們都在受；但是我們有個樂，這個樂是究竟的，叫了生脫死。了生脫死就樂了，就沒有煩惱。把煩惱轉成菩提，把虛妄的假相轉成眞智，把我們幻化的肉體，修成了法身。到那個時候，你產生了無窮無盡的力量，一切都是清淨的。因此，這樣來認識法身，認識自己那個「知」，這個「知」就是智慧。這個「知」要認識什麼境界相呢？一切都是空的。你說放不下？空的，根本就沒有。在你痛苦當中，你觀想：痛苦是什麼樣子？什麼體性？你觀著、觀著，就不痛了，有覺覺痛，無痛痛覺。觀察這個覺性，觀察這個不痛的覺性，當你看不破、放不下的時候，靜下來思惟思惟，找一下這件事情的本末因緣結果，你這麼一找，這事情沒有了，這僅是看破的方法。

等你達到、證得了，「悉爲開示無遺隱，普使衆生同悟入。」不要遺漏，不要隱瞞，要給一切衆生說這種道理，讓一切衆生都明白這種道理，一切衆生就都解脫了，解脫就成佛了。爲什麼轉這麼大彎子？天天講這個道友們聽懂了，可是那剛來的聽我這麼念的，說這老和尚講的甚麼話？是外國話？是中國話？雖然是中國話，假翻譯，把印度話、梵文翻成中國話，再翻成我們生活當中的話題。

成佛是在世間成就的，依世間相成就的如來相，世間相非世間相。爲什麼這樣說呢？佛在過去就是這樣修的，他是這樣認識世界、認識人生的，所以他達到究竟後，知道怎麼樣做才能得到一切智慧；像我們這樣做，越做越糊塗，永遠得不到智慧。等你得到智慧了，你也能放光明了，你的光明也徧於法界。佛以本願現神通，什麼是他的本願呢？利益衆生。沒有一個菩薩不發願利益衆生的，不發願利益衆生，成不了佛。入了佛門裡頭就有這麼微妙，妙到什麼程度呢？

我們這些小孩子一出家，就說要弘法利益衆生。可是現在沒有利益衆生的本事，沒有學問、沒有能耐，那就得苦一點吧！那邊上在家課，這邊又上出家課，還得照顧老和尚，爲的是什麼呢？了生死，不是爲功名富貴，也當不了官、發不了財。但是他得到什麼呢？得到了他所說的發願利益衆生。利益衆生好像是爲了衆生，實際是爲了自己，不利益衆生不能成佛，換句話說他想成佛，想成佛才利益衆生。我們在座的道友都想成佛，成了佛就自在了，有什麼自在呢？覺悟了。

佛以本願現神通　一切十方無不照
如佛往昔修治行　光明網中皆演說

神通大，十方皆照了，那就有智慧了。演說的法就像我們現在上網，我們上的網都是迷糊網，鑽進去出不來，但是佛教這個光明網照了一切，在光明網中演說一切法。

十方境界無有盡　無等無邊各差別
佛無礙力發大光　一切國土皆明顯

沒有等級也沒有邊限，到什麼時候爲止？沒有，一切都是無盡藏。十方的境界，本來是沒有盡的，是無邊的；但是你一念收回來，清淨無染。佛的無礙力發出無量光，在一切的國土都能顯現。最後是大福光智生菩薩摩訶薩，他顯示出如來徧法界甚深境界。甚深境界是什麼境界？甚深境界沒有境界，一切境界是幻化不實的，這就叫境界。

「普賢菩薩一人獨入十法者，普賢衆，明一位普周衆行也。海月光衆但歎佛德，與自所入之法相似。以此頌中，更不別歎自德。」這一大段專讚普賢菩薩的。所有這些異類菩薩，乃至十普菩薩，他們所修行的、所證得的，普賢菩薩都入、都證得。

又說這些普賢衆幹什麼呢？普周衆行，說十普菩薩所修行的，普賢菩薩都具足了；海月光這些異類菩薩，他們所入的法、乃至所證得的德，也是普賢菩薩所具足的。普賢衆中，加上淨德妙光菩薩，淨德妙光菩薩是文殊師利菩薩的別號，文殊師利又云妙德。在《法華經》，他往昔的德號又叫妙光，與普賢菩薩一樣，都是以德爲光，德光能夠破除黑暗。

文殊師利菩薩在普賢衆中是表法的，表什麼法？表因果、理智、萬千行門具足，圓融無礙，但是必須以信爲入。這顯示了善財童子五十三參，最初參文殊師利，最後參普賢菩薩，從凡夫證得了佛果位。說一即一切，一發心時成正覺，乃至成正覺當中的一切法，發心是一，學一切法是多，一多自在無礙，一念就是無量劫，無量劫就是一念。時無礙，一念是最短的，無量劫是最長的，時間沒有定體的。這是總說普賢菩薩的涵義，這些等覺大菩薩與普賢菩薩相等的。

◯座內衆流

我們講「座內衆流分」，什麼叫座內衆流分呢？從毗盧遮那所坐的寶座，出來了無量的菩薩，所以叫座內衆流。

以下分十段來解釋座內所出現的這些大菩薩：第一段是明出處；第二段是顯衆類，講這些菩薩的類別；第三段是列衆名，說這些菩薩的名字；第四段是結衆數，說究竟有好多數字；第五段是興雲供，這些大菩薩興供養，供養像雲般無量多；第六段是供衆海；第七段是敬遶佛；第八段是坐本方，依本方而坐座；第九段是歎德能，讚歎衆流菩薩之德，行菩薩道、度衆生的德；第十段是申偈讚，這些衆流菩薩，他們又以偈讚佛，分為這十段。

爾時如來師子之座。衆寶妙華。輪臺基陛。及諸戶牖。如是一切莊嚴具中。

第一段是明出處：示現的寶座，從寶座中出現這些大菩薩。座是師子座，這是總說。這個座不是一般的座，是衆寶莊嚴，座有輪子，能夠隨便轉的、活動的，有台基，還有其他種種的莊嚴來莊嚴這個寶座。若依表法說，佛所坐的這個座，就是法界。

我們經常說法界，界是什麼義？世界、此疆彼界、界限、分齊，這個界不作如是講。法界的界是能生義，界生諸法。約依報，是國土、器世間；約正報是他的身體，把寶座中極微細的一個微塵，擴大成十法界，能容一切，這個座偏一切剎土。座中常時出現一切諸菩薩，如來演唱的一切諸法、諸妙寶具都從座中流出。我們講法空，這個座是空的，是法空之理體，以法空為座，以萬行菩薩道為莊嚴，所以才能出生一切菩薩。

一一各出佛剎微塵數菩薩摩訶薩。

座中一一寶莊嚴具裡，都出現佛剎微塵數菩薩摩訶薩。出現的菩薩有好多呢？微塵數那麼多！微塵有好多，出現的大菩薩就有好多。

其名曰海慧自在神通王菩薩摩訶薩。雷音普震菩薩摩訶薩。眾寶光明髻菩薩摩訶薩。大智日勇猛慧菩薩摩訶薩。不思議功德寶智印菩薩摩訶薩。百目蓮華髻菩薩摩訶薩。金燄圓滿光菩薩摩訶薩。法界普音菩

薩摩訶薩。雲音淨月菩薩摩訶薩。善勇猛光明幢菩薩摩訶薩。

第三段就是列這些菩薩的德號，這些是上首菩薩，跟他們同類的菩薩大衆，數量很多。以這十個上首菩薩的名號，表示十方，那麼大衆有好多呢？

如是等而為上首。有眾多佛刹微塵數同時出現。

我們經常說「佛刹微塵數」，一個佛刹指三千大千世界，把這三千大千世界抹為微塵，一個微塵又是一個佛刹，如是重重無盡的出現，同時出現。塵刹有這麼多，那所嚴的具更多了，這叫不可思議的境界相。

此諸菩薩各興種種供養雲。

這些菩薩到了法會中，見了佛要興供養，先是禮讚，禮讚完了要興供養。邊讚、邊禮、邊供養，供養的物質，以形相來說，像雲一樣的重重疊疊，沒有數量的數量。

所謂一切摩尼寶華雲。一切蓮華妙香雲。一切寶圓滿光雲。無邊境界

香燄雲。日藏摩尼輪光明雲。一切悅意樂音雲。無邊色相一切寶燈光燄雲。眾寶樹枝華果雲。無盡寶清淨光明摩尼王雲。一切莊嚴具摩尼王雲。如是等諸供養雲。有佛世界微塵數。

華，就是供養的這些華。香，就是我們點的這些香。寶物都放光明，圓滿無缺的，香裡頭放出香燄，像雲那麼多。有多少呢？有佛世界微塵數，這是興供養。哪些人興供養呢？寶座裡所出現的這些大菩薩。

彼諸菩薩。一一皆興如是供養雲。雨於一切道場眾海。相續不絕。

一一菩薩都如是供養，所供養的財物、寶貝，在這個道場裡頭示現。衆多菩薩興這如塵剎的供養已經是不可思議，更不可思議的是相續不絕，一直這樣供養下去，所以拿雲來形容，說明供養具之多。各種色相會歸理體，智攬無性。以智慧觀察一切諸法、諸供養具，都是依性空而生成的無生法。這個道理，我們前頭說的很多了。無盡身雲重重疊疊，能現和所現，能現的是現量境，所現的也是現量境，這是應用而來的，作意而已。這些寶物從哪來的呢？從繫念供養來的，供養完了又到哪裡呢？收在什麼地方？來無來處，去無去處，普徧含著慈潤，就像這法雨似的，慈悲潤色，利益萬物，重重無礙。

現是雲已。右繞世尊。經無量百千匝。

供養完了要遶佛，我們現在沒做了。佛在世的時候，那些供養佛的，或比丘、或菩薩僧，他們磕完頭了，一定圍著佛要遶，少則三圈，多者七匝，或者遶無量匝，不計其數，遶了一圈又一圈、一圈又一圈。

隨共方面。去佛不遠。化作無量種種寶蓮華師子之座。各於其上結跏趺坐。

遶完了，就在自己應坐的位置上，結跏趺坐而坐，自己應該坐什麼地方都有一定位置的。什麼叫跏趺坐呢？就是雙盤膝，也叫金剛坐，左右腳相互交盤而坐，就叫結跏趺坐而坐。這些從寶座出來的菩薩，各有方隅，各坐各的本方。從師子座東方出來的，那你就自己化現師子座，坐在東方；南方出來就坐南方；北方出來就坐北方，還有上方、下方。總之，十方各坐各的方。能聞得到嗎？像我們這樣坐，光對著前面一方，佛是圓滿身，坐東面的看著佛是對著他的，坐西邊的看著佛還是對著他。

像我們的觀音殿，有六面觀音，有四面觀音，你從東門進，東方的觀世音菩薩對著你，從南門進，南方的觀世音菩薩對著你，所有的任一個門，準有菩薩像對著你，這是取其圓滿的意思。自己化，自己坐，自己知道自己的方向，由這個座現出來的菩薩，一坐下來就入了三昧聞法。他們來的目的就是聞法，定中聞法，佛也是定中說法。定中而現的智慧，智慧是動義，定是靜義，能動的智要做什麼呢？要讚歎佛，這就是禮佛，供養完了要讚歎佛利生的功德。

是諸菩薩所行清淨。廣大如海。

每一位菩薩讚歎的佛功德都不同，爲什麼？他修哪一法，對哪一法成就了，有深入的認識，他就以這個法讚歎佛。這些菩薩所做的作爲，就是說身、口、意三業，都是清淨的。

得智慧光照普門法。隨順諸佛所行無礙。

體性是廣大如海，所產生的業用也是廣大如海。每一位菩薩都說各自得到什麼法門，以這些我所得到的，也就是隨佛所教授的，以此讚歎佛這個法門的功德。隨順諸佛所行的教化衆生的事業，無障無礙神通自在，若是有障有礙就不是大菩薩了。這個無障無礙說明什麼呢？這些菩薩已經斷煩惱、除無明了。阿羅漢只斷了見思惑，這些大菩薩連無明惑都除了，只是修行鍛鍊，除他的習氣，惑除了還有習沒除，隨順諸佛的教授，隨順諸佛利化衆生的事業，沒有障礙。

能入一切辯才法海。得不思議解脫法門。

弘法利生，第一個先得有辯才，先得到辯才無礙。在一切法上，證得他的體而起妙用，在妙用當中觀機說法，對什麼機給他說什麼法。因此不論得到哪一法，都是不可思議的解脫法門。心思、口議都表達不出來，就叫不可思議，換句話說，出了甚深法，不可思議。

住於如來普門之地。已得一切陀羅尼門。悉能容受一切法海。

如來法通達無量，所以就有無量的門，無量的門就叫普門。一切法都能容受，就像海納百川似的，能容一切水。陀羅尼是什麼意思呢？「陀羅尼」，我們一般說是「正定」，又翻「總持」，總一切法，持無量義。每一法的涵義很多，無量法合起來，那義理就更多了，所以叫總持門。

善住三世平等智地。

「善住」，善住平等就是善巧方便。三世，即指過去現在未來，把過去一法現在示現，未來一法提前示現，現在的法現在示現，這就是三世。我們經常說，過去的法已經過去，現在的法不住，未來的法還沒來。但是，你得有這種智慧，過去即是現在，未來即是現在，現在即是過去即是未來，所以叫平等。因為性法、體法不變故，隨眾生緣法幻化故，不存在的。

已得深信廣大喜樂。

對這種道理，已經得到深信廣大的喜樂，證得法性理體，這都是地上的菩薩，登了初地，那叫大歡喜地，乃至地地都如是，這都是地上的大菩薩。

無邊福聚極善清淨。

這些菩薩都是無量劫來行菩薩道，行道利益眾生的時候，他有得於心。在事上，一切法都是世間相，在世間相上能入到平等、自性一眞法界的理體，因此他生起了廣大的喜樂，三世達到平等智地。

他行道得之於心的無邊福聚，這些是極善清淨的。說善，這是達到善的頂點了，清淨，沒有能所、沒有對待、沒有分別，這才叫清淨的。凡是有能所，有能入、有所入；有能證、有所證，都是不清淨的。離開能所，離開對待，一切法平等，證得眞如理體。

虛空法界靡不觀察。

這種境界相就是第十一種：「虛空法界靡不觀察」。虛空還有什麼可觀察的呢？虛空不空，法空不是虛空，用虛空來形容法，就是法空，法空裡頭還含著不空，空即不空。空是指理體說的，不空是理體所具足的諸佛無漏性功德，福德智慧無量，這是空及不空。經上有的地方說，空是眞空，不空是妙有，妙有非有，即是眞空，眞空不空而產生妙有。這個道理不是凡夫境界，不是二乘境界，不是初發意菩薩境界，是究竟的大菩薩境界。虛空法界，觀察什麼呢？觀察虛空法界所有一切事事物物。

十方世界一切國土。所有佛興咸勤供養。

說利益衆生，你拿什麼利益衆生啊？十方世界一切國土，不管哪一個處所、哪一個國土有佛出興，那就有佛剎，他到那個佛剎去供養諸佛。「勤」是不懈怠的意思，永遠勇猛精進，供養佛無疲倦、不懈怠。

以下講解讚歎座內出現的這些菩薩功德。此處所舉的這些菩薩，無數無量的，舉十個為首者，每一個菩薩都代表了無量菩薩。他們所行的道業，上求佛法，下化眾生，利生事業都是清淨的，都是廣大的，這把它總述來說，所行的是什麼？是菩薩的身口意廣大無盡藏，身示現無量眾生身，利益眾生，口說無量諸法，心業證得法性理體，依體而起妙用，所以三業廣大。「得智慧光，照普門法。」法形容著就像門一樣，是通達義，因為這個法能從凡夫通達到佛地。法有無量，因為有智慧，所以智慧光照，能夠智證一切法，這一切法就是普法。隨順諸佛的所行沒有障礙，諸佛怎麼做的，這些菩薩都能去做，諸佛怎麼利益眾生的，這些菩薩都能如是利益眾生。

「身隨佛行」就是佛怎麼做，我怎麼做，口也如是，佛怎麼樣說法利益眾生，這些大菩薩也如是說。意呢？那都達到本性，都達到佛性，以佛性為他的意念。所以第四句就是「能入一切辯才法海」，辯才無礙，這是語業，這是得法清淨。「得不思議解脫法門」，約他自證分說的，他證得了不思議的解脫，這個解脫說不清楚，議論也表達不出來，這是說解脫得很深，入位得很深。第六句是「住於如來普門之地」，這是所證得的果位，這個普門地，就是講的十地圓滿，普光明地。

這些大菩薩所證得的，跟一切眾生對比，眾生需要菩薩來度，但是得有緣，得有入法界的因，沒有這個因緣是入不了的，要得到大菩薩的度脫，也得有個緣。這些大菩薩他們都得到總持法了，「已得一切陀羅尼，悉能容受一切法海」，一切法都能具足，福德智慧清淨廣大的。「善住三世平等智地」，他們的智慧已經是依理成事的，理法界無礙成就事法界無礙，達到了理事無礙，再進住於事事無礙，他們已得到這個深信。這個深信是不同的，他們的信成證，已經證得了，證得自己最初所信的，就是初發心時候的這個信心。等到你成就佛的果德，圓滿了，這個圓滿心就是究竟心，「初發心時成正覺，如是二心初心難」。

最初那個心很不容易發起，發起了要使它長養、不退失，更不容易，所以叫善住。說過去、現在、未來，三世智平等，衆生跟佛，佛佛平等，這是指佛的法性身，法性身是證得的法性身。凡夫跟諸佛對比，衆生是煩惱業苦，諸佛智慧光明，從凡夫進修、證果，跟佛也就無二無別，等於佛成就佛果。那麼衆生呢？衆生還沒有，他才剛發心或者發了菩提心，漸漸也如是。

這個問題在〈菩薩問明品〉中會加以詳細解釋的，這也有修行的次第。十方諸如來同一法身，衆生在六道輪迴，但法身並沒有失掉，只是具足很多雜染，雜染了法身就不清淨了。煩惱和菩提，佛有沒有煩惱？佛還在修行的時候，本來有煩惱的，但他修成了，煩惱就斷了。衆生的法性理體，衆生的法身沒煩惱，現在呢？流轉生死之後有了煩惱。衆生的菩提性體本有，現在菩提性沒有了，也不是沒有，而是迷了。諸佛做衆生的時候，也是迷了，現在佛覺悟了、成了，就有了。衆生跟佛本來是平等、平等的，但是迷悟不同倫，不是一類，一個迷、一個悟，衆生是迷，諸佛是悟。

衆生具足煩惱業苦，一切諸佛修得聖性，他沒有煩惱了，但在以前爲凡夫的時候，照樣有煩惱，現在成正覺了就沒有煩惱，衆生與佛，就是這樣顚倒來顚倒去。約體性來說，佛的體性、衆生的體性，都是平等、平等的，但是爲什麼有差別呢？一個迷，一個悟。悟有深淺，所以有三乘的差別；迷也有深淺，所以六道不同，都如是。曉得這種道理了，三世過去、現在、未來，所有一切諸法，不論染法、淨法，在性體上全都是平等的，全部都是稱性的。要這樣理解、這樣深思，才能達到、進入事事無礙境界，這樣就能入華嚴義，理解《華嚴經》。

「善住三世平等智地」，「地」是含藏著生育、生長的意思，一切事物最後也還歸於地，所以說一切諸法歸於佛智，究竟的就是一切智。「無邊福聚，極善清淨。」沒淨以前有障礙，有障礙就沒有福了，這說明這個福不是清淨無染的，要把這一切障福的、障智慧的蠲除了，那就清淨了。

「虛空法界，靡不觀察」，觀照虛空就是觀察法界義，成就智慧。由於觀察法界、虛空的道理，虛空是形容法界的，但是若要想恢復你法界的性體，必須因修而得。現在我們是學，學是在解的當中；說你光信了，信了還不明白、不瞭解，信而後求解、求明白，求明白當中就知道怎麼樣修，修而後才能證得，這叫信、解、行、證，共有四個次第。

有的一信就具足解行，這是過去宿劫所修行的，所以他能夠入到法空的理，這在佛教中叫頓悟；有的雖然明白了，但不能一下子契證，那就得漸修。漸修不離開頓悟，頓悟離不開漸修；不過事有先後，業也是有前後，業有厚也有薄，不是一切業都平等的，業有不平等的時候，就是業有先後、輕重、緩急這些差別。現在智慧增長了，我們是伏業，把業壓伏下去，使它不再增長，而不是斷除。

例如我在西藏學法的時候，有些喇嘛大德，他前生的智慧非常大，但今生就差了，這個問題我想了很久。我們有些惑業，是壓伏下去的而不是斷除，是假外邊的環境，這個環境好，業沒法顯現，它就不表達了，就像什麼情況呢？那草長得很茂盛，你搬塊石頭把它壓上，它得不到陽光，得不到水，那草就沒法再長了。隔一段時間，再把石頭搬開，嘩！它長的很猛利。

我們的惑或者說業，因爲環境的關係，你把它降伏下去，現行不大起；但並不是你斷了，若斷了你就智慧生長，那就不同了。你沒有斷，只是壓伏它，壓伏還得假著環境好，這個環境很好，你把它壓伏下去了，遇著環境不好，就像把石頭搬開，你的業照樣茂盛，遇著不善的緣，那比以前更厲害。煩惱就是這樣，你壓伏到一定時間，等它發作起來了比以前還厲害。一個斷惑，一個伏惑，如果你伏，經過你相續的這樣壓伏，壓伏而後理解了，心地一開，心開意解的時候，那就徹底把它剷除了。

我們現在修福，最大的修福是恭敬三寶，你恭敬三寶的恭敬心乃至於你知道這個事實上是不存在的，體性裡頭沒有，那你就更深一步，更高深了，那就叫證得。我們經常說空義，什麼叫空呢？很簡單，就是不執著，不執著就叫空。外邊世界跟你無關，你若不執著，名聞利養跟你無關，生活好也是如是活，壞也是如是活。有時生活好了更放逸一些，變成給修道作障礙，所以要少欲知足，少欲知足才近乎於道，逐漸這樣去行，久了就自然了，沒有想修行的心，也沒有所修行的法門。哪個法門是我修行的？乃至究竟證得，證得什麼呢？證得我本具足的體和性，證得自己的體性。這是三個步驟，這樣叫清淨。

我們經常說福足慧足，福慧兩個是互相資助的，修行的時候，定慧是均等的。知道這個道理了，就進一步認識到虛空法界，由你觀法界、觀虛空而證得了眞實的法性理體，你這樣來認識。十方世界一切國土，也有佛出世也有佛入涅槃，在有佛出世的時候，十方國土所有的佛興，你都去供養，供養就叫盡善緣，成就你無邊的福德。

我們念八十八佛，五十三佛是過去的，三十五佛是現在的。說我們有福德吧？又沒遇見佛；說沒福德吧？又趕上佛的法還沒有滅，法沒滅你就能夠聞法，聞法就能夠生慧解，有了慧解我們就去做了。今生沒做來生做，十生、一百生、一千生、一萬生，這個種子是不會斷滅的。遇到緣成熟了，再繼續進修，慢慢地就修成道業了。

你這樣去理解，了解後自己能做好多，就量力去做，超是超越不了的。我們不是講頓超直入嗎？那是他無量劫積累的才能頓超，學習佛法想撿便宜、走捷徑是沒有的。只有慢慢遵從法教，漸漸的磨練，天天智慧長、煩惱輕，道業增長一分，業障就消失一分，乃至於圓滿。釋迦牟尼佛沒有智慧嗎？他也修了三大阿僧祇劫，這是小乘說法，大乘教義是經過無量億劫的，那數字沒法算，時間沒有一定標準的。

《地藏經》上說，地藏菩薩成就菩薩果位的時間久遠了，等於把微塵數佛剎盡抹成微塵，一微塵又做一佛剎，又把佛剎全部抹成微塵，乃至稻麻竹葦山石，全都抹成微塵，他證得菩薩十地果位的時間，還超出這個數字。

你說他究竟修行好多時間？這個數字不是我們智力所能算得出來的，也不是一般的菩薩算得出來的。我看了好多經，都說佛無所不知，可是在《地藏經》上佛說過這麼一句話。「文殊師利，今天到法會的大衆，你知道有多少嗎？」文殊師利菩薩說：「千劫測度不出來。」佛跟文殊師利菩薩說：「我以佛眼觀故，猶不計數，我用佛眼觀也沒法清楚知道到會菩薩的數字。」佛還有不知道的嗎？是衆生不知，說了衆生也沒辦法理解，因此佛說不知，這是佛以此推崇地藏菩薩。

地藏菩薩如是，所有我們現在所念過的、所解釋過的這些大菩薩，全部都如是。我們看見從座裡頭出來這些菩薩，從什麼地方都可以出。舉什麼法，什麼法就有個總法門體，現在舉佛座，佛座就是法門的體，法門的體具足一切法門，法界的體就具足法界，是這個涵義。

你必須得如是觀，如是思惟，你才懂得什麼叫華藏世界，什麼叫《大方廣佛華嚴經》，你才知道體、相、用。這是純粹講的理法，理法就理法界，從諸佛方面講的，這些大菩薩已經證得了。所以經上說：「如來師子之座，眾寶妙華、輪臺基陛、及諸戶牖。」大家想想這個寶座是什麼樣子？還有窗戶，說是房子可不是房子，它是個座，座裡頭還有臺基安住在輪上，就像我們看到活動的座椅能推著走。但是，是眾寶妙華成就的。

每一個莊嚴具都出來佛剎微塵數菩薩摩訶薩，這些菩薩來幹什麼呢？要說說他們的來意。他們過去就是行菩薩道的，助毗盧遮那佛之前的古佛弘揚佛法；現在他們跟今佛有因緣，因緣契合，緣起跟性空契合了，過去的古佛跟現在的今佛毗盧遮那無二，古佛即是今佛，今佛即是過去的古佛，叫今古不二。而所坐的這個座形容菩薩所行的菩薩行，諸佛所悟得的菩薩行。諸佛所悟得的菩薩行，我已經知道了，諸佛所悟得的，我已得到了。諸佛的法座跟今佛現在所坐的法座，無二無別，這是座的總體，以什麼爲莊嚴呢？普賢萬行，我們講普賢行的十大願王，這就是莊嚴。

什麼是佛呢？大悲的智慧就是佛體。過去的佛、現在的佛，今佛古佛同如是，同一體故。現在的佛契合過去的佛，就是今同古，現在同於過去，因爲要消除衆生的懷疑，衆生對法不深入理解，有懷疑，所以需要證明，需要來助佛揚化，這叫如來的自行，與古同因衆，與來這個法會的菩薩大衆同一法體。這座是座體，但是座的體即是法界，那所行的就是法界行。過去無礙，現在也無礙，古今無礙合而成了無礙自在。座的身是正報，座上的莊嚴就是所感的依報的果，依正莊嚴同是所得報果。

這一段明什麼呢？因果不二。〈入法界品〉裡頭說師子座徧滿法界，座即是佛，佛即是座，涵義就是這樣。

在經文裡有二十九行的經文，包括七種道理都是明座的。第一種是明座上莊嚴出衆，明座上出來的這些莊嚴具。第二種是列所出衆名，列菩薩大衆的名號。第三種是來衆興供，所來大衆興供養。第四是其衆遶佛致敬，像我們一進道場，一定向右遶，有的遶三匝，有的遶七匝，遶完了才禮佛。第五種是致敬已、陞座而坐，遶佛致敬已，陞座而坐。這些菩薩都有大神通、大自在，禮佛完了自己就化現個寶座。雖然沒有服務員，也沒有知客、殿主、香燈，座是自己化現，陞座是自己升上去的。第六種是歎來衆之德。第七種是乘威說頌，大衆承他自己的願力，承佛加持的威力，跟他自己的修行所證得的神通力，說頌讚佛。

所以，以十菩薩爲首，各說二十行頌言，這二十行說什麼呢？讚歎佛成道所修的福德智慧，所得的依正二報，及過去、現在所修的因，以此來利益後來的賢者，隨著經文來讚歎古佛和今佛，古佛所行的道和今佛所行的道是一個。這裡又顯座內的普賢衆和座外的普賢衆，都是佛利他所修行的法門，座內座外的大菩薩，他們的福德智慧都如是。佛自己所修的、所契合的這些都稱爲普賢衆。今時的衆生行普賢道，過去那些菩薩也修行普賢道，道是運載的意思。「衆生乘之，即名乘不思議乘」，乘叫不思議乘，也就是大乘了義一乘，衆生乘這個乘，就把他運載到不思議乘，運載到如來乘、最勝乘、無上乘，至於道場成就佛果。什麼是道場呢？「此以一切法皆爲道場也，以法界爲場地。」這個專指說法的法道場；行道場，是專門修行的，念佛、參禪、修觀。

道場是講道的，講道要明理，你若想修行，得知道方法，怎麼修行？如何下手？功夫到了什麼地方？你如果見著相好、諸佛現前，究竟是魔嗎？是勝境？那你得知道。沒有智慧，你把魔當成勝境，把勝境當成魔業，那會顚倒的。修諸波羅蜜，這是所修的功，離垢清淨是所得的果，若想治無明、斷根本煩惱，那就必須得成就根本智，也就是一切種智。現在只說個大概的大意，以下分成十段，是這些大菩薩，讚歎佛的身，讚歎佛的座。

◎海慧菩薩歎身座

爾時海慧自在神通王菩薩摩訶薩承佛威力。普觀一切道場眾海。即說頌言。

諸佛所悟悉已知　如空無礙皆明照
光徧十方無量土　處於眾會普嚴潔

海慧自在神通王菩薩摩訶薩，他的智慧像海那麼大，能夠自在無礙，得了大神通，王者就是自在義。這個菩薩假他自己修行的功力，再假佛加持的威力，普觀道場海會大眾。

華嚴海會的時候，座內的大眾，包括前頭我們所說的，都是世間主，這是〈世主妙嚴品〉，所來的大衆都是世主。觀一切海會大衆，自己發音讚歎佛，讚歎佛身所具足的道德。「諸佛所悟悉已知」，說諸佛所悟的我都知道了，一邊讚歎佛，一邊表揚自己所證得的。「如空無礙皆明照」，一切世界都像空一樣沒有障礙，爲什麼沒有障礙呢？以智慧明照故。「光徧十方無量土」，智慧的光明，所悟得空義的光明，能徧滿十方，一切國土都現。

例如《彌陀經》上，阿彌陀佛的光照到我們這個世界，釋迦牟尼佛就說阿彌陀法，釋迦牟尼佛就是做介紹人，我們這個娑婆世界就是介紹處所，介紹什麼呢？介紹西方極樂世界有個阿彌陀佛，他的光明無礙，他的智慧無礙，能夠照十方國。阿彌陀佛在西方極樂世界，也讚歎釋迦牟尼佛，說他在五濁惡世能教化那些衆生離苦得樂，能教化衆生希有之法。佛說的《彌陀經》是希有之法，我們念《阿彌陀經》不覺得希有，其實是希有之法，難得值遇的。修行起來很簡單，念佛聖號就好了，只要念阿彌陀佛就能生極樂世界。

類似這個，我只是舉例來說，佛的功德就如是，他不但悟道，過去現在未來一切諸佛，他們成佛所發的願力；而且他的智慧光照，釋迦牟尼佛盡是放光，放光就是在說法，他不放光人家怎麼知道他要說法？怎麼來這裡聚會？放無量光明，十方諸國的有緣者才知道：「毗盧遮那在娑婆世界說法了，要來聞法。」世界諸大菩薩再來讚助，一是來聞法，一是來讚助。說一佛出世助佛揚化，大衆佛都來，共同來化度衆生。這是讚佛的功德，功德就是他的身所行的，所感召的德，但那得有智慧。以下是讚歎佛的智慧。

如來功德不可量　十方法界悉充滿
普坐一切樹王下　諸大自在共雲集

這是讚佛的智慧，佛的智慧廣大無邊，智慧無邊能徧滿十方一切世界，甚麼徧滿呢？智慧。坐在一切樹王下，這是指菩提樹，菩提樹就叫覺悟的樹，佛在這兒覺悟的。凡是成就的、得大自在的，就是諸佛、諸大菩薩。這是讚歎智慧，以下讚歎佛的功德。

佛有如是神通力　一念現於無盡相
如來境界無有邊　各隨解脫能觀見
如來往昔經劫海　在於諸有勤修行
種種方便化眾生　令彼受行諸佛法

領受以後就去做，一切佛法都如是。這是讚因深，過去修因的時候，達到成佛，因是很深的。

毗盧遮那具嚴好　坐蓮華藏師子座
一切眾會皆清淨　寂然而住同瞻仰

修因的時候，經過無量億劫才修成佛果，佛果是非常殊勝的、不容易得的，讚完了因就讚果勝。

摩尼寶藏放光明　普發無邊香燄雲

無量華纓共垂布　如是座上如來坐
種種嚴飾吉祥門　恆放燈光寶燄雲
廣大熾然無不照　牟尼處上增嚴好

有的是三身一同說的，毗盧遮那、盧舍那、釋迦牟尼，有的則是讚歎法身的偈子，有的讚歎化身的偈子，有的讚歎的報身的偈子，反正三身具足一身。

種種摩尼綺麗牕　妙寶蓮華所垂飾

這是形容詞，寶座不是有一些窗戶嗎？窗戶上有些窗簾，那窗簾都是不簡單的，都是用摩尼寶織成的，這是形容佛的功德。

恆出妙音聞者悅　佛坐其上特明顯
寶輪承座半月形　金剛為臺色燄明
持髻菩薩常圍繞　佛在其中最光耀
種種變化滿十方　演說如來廣大願
一切影像於中現　如是座上佛安坐

◎雷音菩薩歎座及地

爾時雷音普震菩薩摩訶薩承佛威力。普觀一切道場衆海。即說頌言。

道場所來的菩薩，像海那麼多，也說頌言來讚歎佛，這是讚歎佛座的讚歎詞。

世尊往集菩提行　供養十方無量佛
善逝威力所加持　如來座中無不覩
香燄摩尼如意王　填飾妙華師子座
種種莊嚴皆影現　一切衆會悉明矚
佛座普現莊嚴相　念念色類各差別
隨諸衆生解不同　各見佛坐於其上
寶枝垂布蓮華網　華開踊現諸菩薩
各出微妙悅意聲　稱讚如來坐於座

這都是讚歎座的讚美詞，光一個座，這些大菩薩就說了這麼多讚美詞。佛桌呢？佛桌上的供品呢？如果讓我們也說個四言八句，也說幾個讚頌偈子吧？我們沒有這個智慧，讚歎不出來，只能用世間相形容，我們不理解十方世界用什麼來讚歎；如果你到的地方多一點，擺幾朵花若想擺得莊嚴一點，這門學問是很深的。臺灣現在有很多插花的班，我看他們插花，我就想到，光是這一門學問都得學幾年，就是剪幾個枝，拿幾朵花，可是他一插，跟你拿著花插到花瓶裡就不一樣。讚歎詞也如是，讚歎佛的一個座，每一個大菩薩都說個四言八句讚歎座。

佛功德量如虛空　一切莊嚴從此生
一一地中嚴飾事　一切眾生不能了
金剛為地無能壞　廣博清淨極夷坦
摩尼為網垂布空　菩提樹下皆周徧
其地無邊色相殊　真金為末布其中
普散名華及眾寶　悉以光瑩如來座

這還是讚歎座，以下就是讚歎地，也就是現在印度菩提迦耶金剛座那個地方，菩提地金剛座。

地神歡喜而踊躍　剎那示現無有盡

普與一切莊嚴雲　恆在佛前瞻仰住
寶燈廣大極熾然　香燄流光無斷絕
隨時示現各差別　地神以此為供養
十方一切剎土中　彼地所有諸莊嚴
今此道場無不現　以佛威神故能爾

這都是地的莊嚴，因爲座必須得坐在地上，但也有坐在空中的，有時佛在空中說法，佛就坐在空中的。讚歎菩提座這個地，這個地是地神供養的，以佛的神力輾轉莊嚴這塊地，地莊嚴了，地上的也都莊嚴了。

我們這個法堂的地莊嚴，有沒有呢？莊嚴了。我們很多的道友在這裡付出了汗水，尤其是塡地基的時候，都出過勞動力。但是看你如何觀，若做生命無常觀，這個地方在宋朝元佑年間叫大華嚴寺。五〇年還是塊空地，不但五〇年，到五五年、五六年、八五年、八六年還是空地，什麼都沒有了。後頭那些碑是我們整建時挖出來的，現在那個沒壞的碑，可能是殿前頭的幢。

一切事物的變化，有他的現相，也有他的本質。你說這塊地是寶地、是興旺的，那寺廟不該毀壞到連一塊磚都沒有，只剩一些石頭碑。你說不是寶地，後人又來修，又修這麼大，等大殿修完了你再看吧！但是不叫「大華嚴寺」，人家叫「普壽寺」。一切諸法都如是，如是觀、如是思惟，這就叫修行。無常，無常裡頭還有個常，無常是大華嚴寺壞了、沒有了！普壽寺又興起來了，還是弘揚佛法，在佛法上是常的。說這個世界壞了，這個世界壞了五臺山不壞，大小三災，五臺山永遠如是，這是文殊菩薩的聖境。

我們向這方面修，要相信一切諸法都如是，生滅無常，寂滅為樂，多作如是觀吧！觀好了，你也成就了，成就什麼世界呢？以我的智慧不知道，反正我們將來都能成佛。為什麼？在《法華經》，佛給我們授記了；我們讀過《華嚴經》，一定能成華嚴菩薩，成就毗盧遮那佛果。你說：「我現在不信！」不信也不行，不信到時候你也得成，不管你信不信，種子種下去了。你又說：「我跑出來！」跑不出來，把它棄捨也棄捨不掉，一入就一切入，這就是華嚴境界，希望大家早日成佛。

◎衆寶光明髻菩薩獨讚場地殊異德

爾時衆寶光明髻菩薩摩訶薩承佛威力。普觀一切道場衆海。即說頌言。

世尊往昔修行時　見諸佛土皆圓滿

如是所見地無盡　此道場中皆顯現
世尊廣大神通力　舒光普雨摩尼寶
如是寶藏散道場　其地周迴悉嚴麗
如來福德神通力　摩尼妙寶普莊嚴
其地及以菩提樹　遞發光音而演說
寶燈無量從空雨　寶王間錯為嚴飾
悉吐微妙演法音　如是地神之所現
寶地普現妙光雲　寶炬焱明如電發
寶網遐張覆其上　寶枝雜布為嚴好
汝等普觀於此地　種種妙寶所莊嚴
顯示眾生諸業海　令彼了知真法性
普徧十方一切佛　所有圓滿菩提樹
莫不皆現道場中　演說如來清淨法
隨諸眾生心所樂　其地普出妙音聲
如佛座上所應演　一一法門咸具說
其地恆出妙香光　光中普演清淨音

若有眾生堪受法　悉使得聞煩惱滅
一一莊嚴悉圓滿　假使億劫無能說
如來神力靡不周　是故其地皆嚴淨

這十個偈頌，從地、樹、莊嚴具，都是讚道場的。

這個道場就是依報，依報都在演說法，乃至樹、莊嚴具、燈、幢旛、寶蓋，連菩提場的大地都出妙音，讚歎這處所就說了十個偈頌。這是比較而言的，現在我們的法堂有四五百人，每一個人說個偈頌讚歎，讚歎這個法堂。菩提樹就是菩提道場，我去參觀實物的時候，就只有菩提樹、金剛座，什麼都沒有，因爲你有什麼福德，所享受的就是什麼境界相；當福德失掉，道場也就沒有了。看正報如何，所受的依報就如何。因爲我們知得太少，沒有開智慧。沒開智慧，所看的不同，就像戴有色眼鏡似的，眼鏡是什麼顏色，你看外邊就是什麼顏色。我們有種種的業，個人所看的，我們說眼見的，其實是心裡想的，透過心裡作意，所見就各不相同。

《華嚴經》七處九會，所演的、所處的道場，無論哪一佛，從化佛的示現、從鹿野苑開始說法，到雙林樹下佛最終的時候，這裡演的有一乘法，有三乘法，有究竟了義法，這場地都在演。就我們上來所念的這個偈頌，燈也在演，樹也在演，一些幢旛寶蓋，所有供具都在演。師子座出來那麼多大菩薩，無窮無盡的大菩薩。學華嚴的要懂得這個道理，無論舉哪一法，哪一法就是法界、就是主。舉場地，就是說法的處所，場地就是主，其他的都是伴。所以，舉這一微塵，這一微塵就是主，其他微塵世界都是伴，伴是輔導、輔助的意思，這就是華嚴義。

學《華嚴經》，看以哪一法爲主，舉這一法爲主，其他的都是附屬。現在舉場地，讚揚場地，場地就爲主。場地包括太多，以我們現實來說，鐘、鼓、引磬、坐墊、乃至講桌，這都是莊嚴具，這就爲主，人也爲輔，看以哪法爲主。現在，這個菩薩的名字，叫衆寶光明髻；我們看到佛頂上的這個叫做髻，衆寶莊嚴的寶髻，這是他的名字。而他讚歎這個土地，土地上所有顯現的一切物質，用這十個偈頌來讚歎，都成了不可思議，不是我們所能想像的，所以叫不可思議。

◎大智日菩薩歎佛所處宮殿

爾時大智日勇猛慧菩薩摩訶薩承佛威力。普觀一切道場眾海。即說頌言。

世尊凝睟處法堂　炳然照耀宮殿中
隨諸眾生心所樂　其身普現十方土

大智日勇猛慧菩薩摩訶薩，承佛的威力，普觀道場內像海那麼衆多的，來參加法會的人，他說個讚歎的頌，來讚歎這個處所。

這個處所是誰化現的？是佛成道之後所顯現的。這個道場是隨衆生的心，隨衆生的緣，應見何相者他就能示現何相，所以那些菩薩到菩提場看的就有這麼多的莊嚴。我們到菩提場看，什麼都沒有了。樹也不莊嚴，座也不莊嚴。我不知道其他的聖者看是怎麼樣，以我這個業障人到那兒去看，金剛座就是一個小土台，菩提樹也不大。像我們到奧特蘭的森林，他們把那個樹都掛個牌子，標這棵樹的時間，有標成五萬年、十萬年。我就拿這個做例子想，你隨著遇到的境界相，隨那個地處，隨那個地方當時人的福德，所現的就不同。

來朝禮五臺山的人很多，就我們在五臺山裡住的道友，道友的看法跟五臺山裡住的人民百姓，他想像的就不一樣。我們想的說是四大名山，是菩薩的道場，在這個地方的緣是很殊勝的。他們恰恰相反，相反到什麼程度呢？「名山底下無善人」。我們若跟各個道場，無論普陀山、峨嵋山、九華山，你若跟當地人民答對，你就曉得了，曉得他們的思想是什麼思想，他們對這個山是怎麼樣的看法，這是說正報跟依報不同的。

再說個簡單的例子，現在大家穿的僧衣，信佛的四衆道友，他們看見覺得很莊嚴。不信佛的看了，可能認爲又髒又臭。曾經有一個人跟我說：「你們和尚穿的衣服跟人不一樣。」我說：「穿到人身上，會跟人不一樣？如果翻過來說呢？」他說：「翻過來怎麼樣？」我說：「翻過來我看你們穿的衣服，跟人不一樣！」就是這樣的，所見不同。

五臺山是金色世界，普陀山是琉璃世界，但是究竟我們看到五臺山是什麼世界？你看的是黃金世界嗎？是金色世界嗎？這兩年還好一點，有點綠化，十幾年前，都燒光了，什麼也沒有。四大名山有一個特點，只要有修行者就有水，你在哪修行，住哪個茅蓬，在前面挖一挖、掏一掏，就有水，九華山如是，峨嵋山也如是，這就是它的殊勝。

因爲佛在菩提場演說《華嚴經》，演《華嚴經》時的菩提場又不同了，現在的菩提場更不同了。像這些殊勝的華嚴境界，你若到印度去對照一下，對不上號的，因爲我們是業障凡夫心。其實，佛說華嚴從來沒有停過，菩提場常時如是演，這要我們修觀力了。佛隨衆生心愛樂什麼，就示現什麼。

我們經常問說：「你現在見到什麼境界？」什麼境也沒有見到，那是說你的看法如何。佛的法身徧一切國土，他的身所現之處，那個的地方的山河大地都變了。過去我們說「有福托滿門」，一個家庭裡，看看老太太活了八九十歲，其實這一家人都享受她的福德；等這老太太一死，這家也敗了，你看歷史小說都是這樣子，編小說的也如是。又說「人傑地靈」，若是一個了不起的人，他那土地都變了、都靈了，何況佛呢？

所以說佛所顯現的、所處的菩提場那個法堂，那是隨眾生心，隨哪些眾生心呢？佛演《華嚴經》的時候，那個時候來的全是大菩薩，而現的依報，就是非常殊勝的法堂，一切天人的宮殿都無法倫比的，現在世間上的一切更沒法比了。

如來宮殿不思議　摩尼寶藏為嚴飾

佛所處的處所也叫宮殿，全是如意的寶，你心裡想怎麼樣，寶就現什麼，所以叫如意寶。寶是尊貴稀少義，拿這個來嚴飾。

諸莊嚴具咸光耀　佛坐其中特明顯

佛增長這個道場的光明，增長這個道場的莊嚴，佛坐在其中，所有一切的莊嚴就特別的明顯，是佛的智慧、佛的福德，使宮殿變得更莊嚴、更明顯。

摩尼為柱種種色　真金鈴鐸如雲布
寶階四面列成行　門闥隨方咸洞啟
妙華繒綺莊嚴帳　寶樹枝條共嚴飾

摩尼瓔珞四面垂　智海於中湛然坐

最後這句話就是佛於中坐，「湛然」表示定的意思，巍巍不動。「智海」是指佛說的，佛的智慧像海那樣深。「鈴鐸」，殿角上掛的叫鐸，風一吹就響的叫鈴，有的像鈴，有的像鐘，這都是形容莊嚴、殊妙、美勝，這都是佛的福德智慧所顯現的。在北方，特別是在北京，有時開玩笑說：「你這個人哪！眞寶貝。」說一個人好像處處表現的跟人家不合羣，那就起個外號叫「寶貝」，這個人眞寶貝！這是貶低人，說這個人不好的。但是在這裡，「寶貝」是讚揚詞。

我到西藏，剛一聽說仁波切，「仁波切」翻成「寶貝」，我說這個簡直奇怪了，這個寶貝可尊貴了！西藏那些轉世的大德，他們叫「祖古」，我們叫「活佛」。在西藏沒有「活佛」這一稱號，這是漢人安的，「祖古」是西藏最大的寶貝，人中的寶貝。

這些裝飾品得看什麼時候、什麼地點、什麼條件，得懂得這個涵義，還得看處所。我們在國外時，那買房子的人來看房子，他先看兩個地方，一個放垃圾的地方，一個洗手間。看你的洗手間如何，完了才買你的房子，有時候洗手間比他的臥室還好、還乾淨，名貴的東西才放到廁所裡去。我們是放到大殿、法堂去，廁所無所謂。這是一個道理，但是這要看這衆生他的認識、他的觀感，一切事物就隨著變化了。

佛說法的道場呢？那就莊嚴了。在西藏求老師傳法的時候，他到「林噶」裡傳，「林噶」是森林，到森林裡頭把帳篷一支，又清香又乾淨，就變成道場了。等他說完法，把這莊嚴具一撤，那個地方就又變了，這是什麼變的呢？是心，「心生故種種法生，心滅故種種法滅」。每個人的認知不同，他的福德智慧就不同。

因此，這些莊嚴具、佛所說法的處所，不是物質變了，而是佛的福德感召的，使它變了。現在我們就知道佛的福德智慧，現在快三千年，凡是所有修的佛像，不論在什麼地方，那個殿堂再怎麼破，怎麼腐爛，怎麼舊，還是莊嚴的，人一到裡面就生起一種說不出的感覺，這就看個人的智慧福德了。

摩尼為網妙香幢　光燄燈明若雲布
覆以種種莊嚴具　超世正知於此坐

幢旛，大家都知道吧？幢是圓的，旛是扁的，幢旛、寶蓋這一類，像網絡結到一起，全是摩尼成就的。在印度以摩尼是最尊貴、最有價值的寶，它不是寶石，也不是鑽石。大家看地藏菩薩畫像的時候，地藏菩薩手裡拿著如意珠，那叫摩尼如意珠；帝釋天的莊嚴，或者各個天上的莊嚴具，也是摩尼珠，但梵天就不提這個，梵天是清淨的。各個都因主人而顯他的莊嚴，這是講道德的。

佛的道德呢？就算是不信佛的人，他見到了也會有個嚴肅莊嚴的感覺。你知道這個意思了，就知道華嚴所顯現的依報，就是處所，不管是演說法的，或者佛安居的宮殿，都是殊妙不可思議的。

十方普現變化雲　其雲演說徧世間
一切眾生悉調伏　如是皆從佛宮現

虛空所有的雲，普現出雲的變化，雲裡頭要說法，雲是徧一切世間的，所以法雲也徧一切世間。聞到這個法，不管多強悍的衆生，多不服教養的衆生，他一聞到雲裡所說的法，心裡就調伏了。煩惱火燄很高的時候，聽到雲彩說法，他就降下來，安定下來了。這是佛宮殿顯現的，到空中變成雲，雲又說法徧一切處，這一切處所有的衆生，聞到雲的演說法，就調伏了，煩惱就沒有了。

在夏日六月天很熱惱的時候，我們突然走到一個清涼的樹林裡，清涼的樹林裡還有一個小水池，清淨無比；然後，你到那裡一沐浴，舒服了，這就叫調伏。當你煩惱很重的時候，聽到佛所說的法：「人生就如是，人生如夢啊！不要太認眞，如夢幻泡影，如露亦如電。」你這樣觀一切法，貪愛心、煩惱頓斷，這叫法調伏。

我經常跟道友說，煩惱很厲害的時候，或自己的親人不在了，突然死亡，或者被逼迫的苦，特別欠人家的債。有些欠債是可見相的，欠張三、欠李四，他找你討債來，這個你見得到。還有些債你見不到，比這厲害得多，比如說生病，爲什麼要生病？找生病的原因。心裡突然間煩惱，你找找是什麼原因嗎？是生理的四大不調？還是心理的不調？這個時候你跪到佛前，或者拿一本經念，不要念太長的，念小品的，乃至念部《無常經》都好。這一念，一切都是無常的！你心裡頭就清涼了。

佛弟子煩惱的時候，以念經來調伏，念經看看佛怎麼說的，立時就清涼下來了，這叫調伏。我們很多這樣的問題，不要向外求，翻轉過來向自己內心求，這就說明聞到法了，都能調伏。因爲聽到雲裡所說法而調伏，那你親自見佛，或者親自見著僧人，或者依著佛法僧，不是更調伏了嗎？

摩尼為樹發妙華　十方所有無能匹
三世國土莊嚴事　莫不於中現其影

這是說樹的莊嚴具，樹也能說法也能發妙音。而且這樹是摩尼成的，是摩尼寶樹，它發出微妙的鮮華。三世國土的莊嚴，過去現在未來三世，樹在現影子，然後就變成樹，影子就是跟樹相適應的莊嚴，樹所發的妙華都來莊嚴國土。念《彌陀經》時，七重行樹也是在說法。這是讚歎樹。

處處皆有摩尼聚　光燄熾然無量種

處處都有寶摩尼，到處都有摩尼寶磨成的各種莊嚴具。

門牖隨方相間開　棟宇莊嚴極殊麗

「門牖隨方相間開」，這指的是門窗的間錯，形容房子內部的結構，棟樑就是橫柱，現在都是鋼筋拉成的，這也是柱子。這形容寶樹就像光燄宮殿似的，樹能現三世，而且這個宮殿種種摩尼寶，由無量種類的光燄裝成。

如來宮殿不思議　清淨光明具衆相
一切宮殿於中現　一一皆有如來坐

這是說正報依報。這宮殿本來就不思議，爲什麼？如來在中坐，一切都是清淨、光明的，不論這宮殿的哪一項，都是佛的神力道德所加持的。

如來宮殿無有邊　自然覺者處其中
十方一切諸衆會　莫不向佛而來集

都到這個宮殿來集合聞法，佛是主，菩薩是伴，所有宮殿、寶樹這些莊嚴具全成伴了；因為它們全都幫助佛來說法，樹也在說法，宮殿也在說法，連空中的雲都在說法。這是《華嚴經》的特點，別的經沒說雲彩也在說法、宮殿也在說法。

◎不思議菩薩通讚場樹自在德

爾時不思議功德寶智印菩薩摩訶薩承佛威力。普觀一切道場眾海。即說頌言。

不思議功德寶智印菩薩摩訶薩，承佛的威神力，又看看一切道場大眾，讚歎佛而說如下的偈頌。

佛昔修治眾福海　一切剎土微塵數
神通願力所出生　道場嚴淨無諸垢

這是總說，以下是別的偈頌讚歎。

如意珠王作樹根　金剛摩尼以為身
寶網遐施覆其上　妙香氛氳共旋繞
樹枝嚴飾備眾寶　摩尼為幹爭聳擢
枝條密布如重雲　佛於其下坐道場
道場廣大不思議　其樹周迴盡彌覆
密葉繁華相庇映　華中悉結摩尼果
一切枝間發妙光　其光徧照道場中
清淨熾然無有盡　以佛願力如斯現
摩尼寶藏以為華　布影騰暉若綺雲
匝樹垂芳無不徧　於道場中普嚴飾

這五個頌都是讚歎樹的，在道場裡很多的樹來嚴飾這個道場，樹幹、樹枝、樹葉都是嚴飾道場的，這是讚歎樹的偈頌。

汝觀善逝道場中　蓮華寶網俱清淨
光燄成輪從此現　鈴音鐸響雲間發

「汝觀」，說你看看、觀想一下，說佛在這道場裡，被清淨蓮華所成的寶網包圍起來，寶網發出光燄來，光燄又成了輪一樣的，從這化現的還有鈴、鐸聲，像雲一樣的交叉莊嚴佛這個道場。

十方一切國土中　所有妙色莊嚴樹
菩提樹中無不現　佛於其下離眾垢
道場廣大福所成　樹枝雨寶恆無盡
寶中出現諸菩薩　悉往十方供事佛
諸佛境界不思議　普令其樹出樂音
如昔所集菩提道　眾會聞音咸得見

在讚歎樹的當中，又特別讚歎菩提樹，這都是讚美詞、稱揚的話，讚歎樹的，把樹變成很微妙。樹也有神通，樹也起變化了，其實不是樹，而是佛。在這樹裡現的寶，寶中現一些菩薩，這些菩薩都來供佛，「供事於佛」。這就是諸佛的境界，是不可思議的，而且樹演的音樂呢？這個音樂的音非常的美妙，「普令其樹出樂音」，令出美妙的音聲。而且這些音聲說的是什麼呢？說佛過去怎麼行菩提道，行了菩提道，怎麼證得菩提佛果。

◎百目菩薩雙歎場樹備德自在

爾時百目蓮華髻菩薩摩訶薩承佛威力。普觀一切道場眾海。即說頌言。

一切摩尼出妙音　稱揚三世諸佛名
彼佛無量神通事　此道場中皆現覩

在這個道場之中，摩尼寶發出一種微妙的音聲，這個音聲說什麼呢？讚歎什麼呢？稱揚現在、過去、未來諸佛的名字，摩尼寶發出來的音，稱揚十方諸佛的名號。在稱揚名號之中，顯現這些佛度眾生所示現的神通變化事業。諸佛過去未來現在利益眾生的神通事，在這毗盧遮那佛的菩提道場都能看到。

這個問題很簡單，現在電視機一打開，地球上的事件你都看到了。那個比電視機還靈，不要打開，但是你得有福德，還得有緣份；沒福德緣份，你連菩提道場都沒去過，就是現在這個菩提道場，我看我們這裡去的人是有，沒去過的人多，這得有個緣呢！但是去過的人，你見到的是不是像《華嚴經》說的這樣子？沒有這個福報，也沒有這個緣，但比那個沒去過的因緣要好一點。人家說，聽境不如見境，見了境界又不如你想的美妙。你想一些事物，非常美妙，最好別去看，就光觀想好了，一去看就完了，不是這麼回事。這要你自己觀，一切事物都如是。有聖境、有凡境，隨各人的愛好和觀想力。

爲什麼這些都加個福德、智慧呢？有沒有這個智慧？你能認識得到不？這要靠智慧。你有沒有這福德？有沒有這個因緣？沒有這個福德、因緣，你連見都見不到。見到有什麼好處？將來你成佛就知道了！你會說我這個因，是因爲見到了釋迦牟尼佛他成道的處所。因爲我們見的境界相，都是一切衆生所見的；如果你證聖果、證二乘人，那就變了，那就是二乘人所見的；證了菩薩果，就是菩薩所見的；如果證了究竟佛果，那就是佛所見的，佛佛道同。一切事物都如是，一樣的事，十個人看，你讓他談論一下今天所看的，說你有什麼感想嗎？都不一樣的。

比如說我們到一個地方朝聖，你想像玄奘法師到印度取經的那條路，你現在怎麼能想像得到？你是坐飛機去的，他是在路上一步一步走著去的！這兩者不同。到那兒去，你是看風景，那個地方早改造了，這變化的狀況，哪是玄奘法師時候走的路？又好比說一九八三年，我們來朝五臺山後，從此再沒來五臺山了。在美國的時候，別的人來五臺山，然後到你那兒給你說還有個普壽寺，你不相信，因爲你來的時候沒有普壽寺。說台懷鎮，台懷鎮修的怎麼樣又怎麼樣，你來的時候是騾馬大市，做騾馬牛交易的，這個地方全是騾馬，並沒有台懷鎮。

心對境，那時沒有這個境，沒有的時候你緣念不出來，究竟這個境是什麼樣子？沒有這個福，沒有這個智慧，沒有這個印象，你怎麼理解他？你過去看到的跟你現在看到的，完全變了。你過去看見的城，現在沒有了，怎麼了？地震把它陷下去了！現在又有了，又重新修好。你沒見到，沒見到人家說了你不相信！一切諸佛所說的道理就是這樣子，這些大菩薩看到華嚴境界，讚歎佛的道場，說在寶莊嚴具裡，發出稱歎三世諸佛的聲音，而且還把過去諸佛度化衆生、顯現神通、利生的事業，在現在這個道場顯現。顯現了，得你有緣，如果沒有緣呢？不但你看不到，連聽也聽不到，聽到了你也不會相信，就是這個涵義。

衆華競發如纓布　光雲流演徧十方
菩提樹神持向佛　一心瞻仰為供養

樹上所產生的枝葉華果，發出來很微妙的香氣，那菩提樹神就折下來，拿它去供養佛。

摩尼光燄悉成幢　幢中熾然發妙香
其香普熏一切衆　是故其處皆嚴潔

佛說法、成道的道場，不是我們的語言、思惟所能達到的。除了《華嚴經》所顯現的、大菩薩所讚歎的，我們還得具足一個信心，相信這個境界是實實在在的，不是虛僞的。因爲我們的眼沒見到，心意識也緣念不到。這個問題等於沒給你說，說了也沒用，爲什麼？因爲你不信。只能使你發善心所嚮往，將來自己去求，將來自己去證得。

蓮華垂布金色光　其光演佛妙聲雲
普蔭十方諸剎土　永息眾生煩惱熱

蓮華垂布，所現出的光明是金色的，光裡演音說法，演佛所說的一切妙法。那音就像雲，雲中又有音，能夠使十方剎土都能夠聞到、聽到，聽到聞到了，就把你的熱惱息滅了。

菩提樹王自在力　常放光明極清淨
十方眾會無有邊　莫不影現道場中
寶枝光燄若明燈　其光演音宣大願
如佛往昔於諸有　本所修行皆具說

樹下諸神剎塵數　悉共依於此道場
各各如來道樹前　念念宣揚解脫門
世尊往昔修諸行　供養一切諸如來
本所修行及名聞　摩尼寶中皆悉現
道場一切出妙音　其音廣大徧十方
若有衆生堪受法　莫不調伏令清淨
如來往昔普修治　一切無量莊嚴事
十方一切菩提樹　一一莊嚴無量種

這十個偈頌都是闡說各種莊嚴具，提到樹是特別多的。菩提樹的莊嚴是無量種的，言詞所不能表達的。菩提樹是植物，現在以佛的智力，佛坐這樹下成道，它就變了，怎麼變化的呢？說能見到樹，能聞到樹的法音，就能成道。樹的音、樹的形象，能增加衆生的智慧福德，能夠減少衆生的煩惱，使衆生能夠證菩提。這是樹嗎？不是樹，是佛的智慧福德力量。

看那菩提樹，我曾經這樣想：「兩三千年的樹，現在還有存在的嗎？」即或有，那深山老林，人煙到不了的地方，誰又知道那棵樹佛有沒有在那樹下坐？這不是樹，是佛，因爲佛在這棵樹下坐了，然後說它的神妙。但是，不是樹，是佛；你所聞、所見的不是樹，是法。要這樣來理解、這樣去認識，你才能夠得悟入，才能夠入門。門是通達義，通達到裡邊去，你才知道：菩提不是樹，樹非菩提，是不是這樣理解呢？

大家還可以回憶一下，禪宗五祖弘忍要選繼承祖師時，六祖所做的偈子：「菩提本非樹」，菩提不是樹。我們可以用四句來讚歎，「菩提本非樹，菩提即是樹。」菩提不但是樹，菩提也是房子，菩提也是水、也是河，這怎麼理解呢？「菩提」者不是有個實物，「菩提」者覺也，「菩提」就是覺，覺者所認識的一切事物，所舉的一切事物都是菩提。

這菩提是什麼呢？衆生心，也就是我們的心，衆生本具的妙明眞心。妙明眞心不是相，因爲它不是哪一種相，所以才能徧一切都是相，相即是性，一切相都是性體，無相故才能徧一切相。所謂身者，是這樣子解釋的。現在我們能不能證到？就是讓我們去緣念、想像、思惟、觀、修，離一切諸相，即名諸佛。這個道理要大家多觀照、多思惟。離諸相即是諸佛，一切相都是諸佛的智慧。爲什麼這樣反覆又反覆呢？讓你進入。上頭所有這些莊嚴器皿，都是讚佛的依正二報。

◎金燄菩薩歎佛十力功德

在金燄菩薩的偈頌裡，讚歎佛的十力功德，因此〈疏鈔〉特別提出來講佛的十力。

佛的十力是不共之德，這是佛佛都具足的，但是與衆生、與其他九法界不共，一切大菩薩緣念這個發心。在第十六品〈梵行品〉裡，他要你反覆修習觀照。十力，每一力都含著無量的道理，我們應該學，清涼國師說的：不可不知，一定得要知道。《大般若經》的第五十三卷、〈顯揚聖教論〉的第四卷、〈對法論〉的第十四卷，都反覆的辨論解說這個道理。這依著七種義，分七門來解說，這是清涼國師義，清涼國師這樣倡導，讓我們學習。

這七門，第一個是立意，意念的意；第二種是釋名；第三種是自性；第四種是作業；第五是次第；第六是差別；第七是釋文。

先說作業，作業就是所作的事情，依著所造作事情的差別，依著這個差別而有不同，所以，依著文解釋這個差別之相，一共有七種，先解釋立意。

佛所具足的十力，〈大智度論〉上講，說佛所具足的眞實力是什麼？說這個力能使一切外道心服口服；能使一切二乘人希望、想像；能使一切菩薩仿照佛的眞實力去修、去做、去證得。因爲佛的眞實力能夠成辦大事，使你獲得佛果。十力總說起來，就是佛的諸法實相的智慧力。佛所具足的力有十種，這是對著外邊境界相來說，有什麼境界就降伏什麼境界、克服什麼境界，對境來說它產生一種力用。雖然說的是十，但是包含著無量的意思，也就是佛度脫一切眾生、利益眾生的時候，他的因緣果報。

第一種是初力，知可度不可度。說這類眾生能度得了不？可度和不可度之間，佛有力量，力量就是知，知道他可度不可度，這個我們不知道，我們說的法是普遍說的，不知道給他說的這個法，能得度不得度。

第二種是業力，佛知道他的業力。每個眾生都具足業力，他這個業力是重？還是輕？給他說法讓他去修行，有沒有障礙？佛有這個智力知道他障礙的深淺，怎麼樣能消除他的障，這叫業力。

第三種是定力，定力是什麼？執著禪味，說在這個味上起執著不起執著？這得有定力，沒有定力隨外邊的境界相轉，有定力就把境界相轉了，不隨境轉，心能轉境，這是有定力。

第四種是根力，以這智慧知道眾生的根機。我們經常說「知機」，知道這個眾生他過去種的善根是深？是淺？他去障的程度如何？他有好多的智慧？有沒有智慧？

第五種是欲力。他的欲望是什麼？想希求什麼？就是知道他所樂求的事。

第六種是性力，也就是他深心所趣向的。我們經常說明心見性，性是體，他深心所趣向的，他證得了實相境界，達到般若根本智慧，究竟明白好多？悟得的深，悟得的淺？

第七種是至處力。知道衆生能依哪一門得度，也就是解脫門；知道衆生應該怎樣才能解脫，籌量衆生的解脫，這是「至處」。至處對著非處說的，知道處非處。例如，他圓寂了，這個分段生死結束了，他到什麼地方？他的下一生又投生到什麼地方？他去的這個處所對不對？相應不相應？該去不該去？叫至處力。籌量衆生怎樣才能得到解脫，對機說法，使他明心開悟。

第八種是宿命力。佛的宿命力具足，知道衆生他所從來處，過去所修的如何。

第九種是生死力。分別一切衆生的受生處，是好？是不好？

第十種是漏盡力。知道這個衆生當得涅槃了，知道他將要證阿羅漢果，這叫漏盡。漏盡說是不漏了，有這個力量讓他不再漏了。漏盡是不再漏落，不在六道輪迴。

佛說法度衆生的時候，是這樣來審思、諦觀，詳細深求。其實這種道理還很多，僅僅說個十就包容了。現在我們想幫助一個道友，但是我們沒有佛的這種十力，沒有這種力量，怎麼辦呢？我們讓他種個善根，本著這個出發點。但是我們衆生的分別心非常重，看這個衆生很懈怠，就認爲這個衆生不能得度，這是錯誤的，因爲你沒有智力看到他的因緣。

以前有位老和尙，度衆生收徒弟的時候，都是從現相看，評論他精進不精進，看他辦事情如何。大家看星雲法師著的〈玉琳國師傳〉。我們看著都讚歎玉琳國師，但是對他那個師兄，我們說他整天睡大覺，什麼也不做，你沒這個智慧不認識啊！這是很好的說明。

其實，他的師兄已經成道了，他的師父知道。他師父有一個瓷夜壺，讓玉琳國師洗，玉琳洗完了，他師父連看也不看就說：「沒洗乾淨，再洗！」洗了多少次了，玉琳國師就發煩了。他師父說：「你不行，叫你師兄來洗吧！」這玉琳國師心裡就煩惱了，他說：「我這麼洗都說不乾淨，他一天睡大覺，還叫他來洗？」可是師父說了，他就去找他師兄了。

找了他師兄，他師兄正在那兒睡大覺，把他叫醒對他說：「我洗好多次了，師父說洗不乾淨，叫你來洗。」他師兄說聲：「喔！」就把那個瓷夜壺拿腿上一頂，把瓷夜壺翻過來了。他說：「你翻過來再洗，就乾淨了。」這樣玉琳國師才知道他師兄是有神通的。

我們都是看現相，不能看本質。你看每一個人的好壞，拿什麼評論？破戒不破戒？持戒不持戒？拿這個來要求嗎？現在都是三壇大戒一起受的，你是以比丘戒來要求？還是以菩薩戒來要求？比丘戒是犯的，菩薩戒不犯，他得去做。在菩薩戒，做不犯，不做就犯；比丘戒做就犯，不做不犯。你依著哪個？你現在算菩薩還是算比丘？你說我是菩薩，那就照著菩薩戒要求吧！《梵網經》不是凡夫能受的，無論誰受都得犯，那是菩薩境界，凡夫持不了。一般凡夫能持的是彌勒菩薩所說的六重二十八輕（按：依〈瑜伽師地論〉傳承的菩薩戒本），在西藏受的菩薩戒，都是彌勒菩薩的六重二十八輕。

但是我們漢地對彌勒菩薩的法門不大深入，沒有這個信仰力。喜歡貪大，以爲越高深越好，要看你是不是這個材料？你不是這個材料做不成，所以說很難。我們千萬不要說大話，要做實事，我們都是貪大，越大越好，你是那個材料嗎？如果不是那個材料，還是腳踏實地的一步一步走。

圓融法是要圓融的，我們沒有這個膽子也沒有這個力量，絕對辦不到。那大菩薩有的衆生向他求發財，他就能令他發財，我們做得到嗎？沒有這個本事。或者他已經要死亡了，求你給他迴向，讓他不死，你能辦得到嗎？道濟禪師就辦到了，已經死的人，踹一腳就把他踹起來了，就好了，你能辦得到嗎？那都是菩薩所行的，我們辦不到，我們若做了是要下地獄的。菩薩他若不做，不做他要下地獄的。換句話說，做也要下地獄，不做也要下地獄，怎麼辦？你就下地獄吧！所以要你學，學的目的是什麼呢？我們講的十力是佛的，我們學的時候隨緣量力，量我們自己的力量，能做得到的，不必給衆生做障礙，我們能做到的，是讓他種個善根。

現在，我們這些大菩薩不是度生，而是給衆生做障礙。這是什麼？規矩，我們的法律！說這樣做犯法了，眞正的法律還沒懂哪！我說的法律是佛給我們制的戒法，戒法的止作、開遮、持犯沒學好，對人對自己沒法進入。我們講的是《華嚴經》，太圓滿、太殊勝了！但是對我們來說，辦不到。你連讓你的身體發揮點作用都辦不到，你能讓樹發生光輝？讓樹去說法？你有這個力量？眞正樹說法，你能聽得到？你能理解？今天颳風，這個風是佛在說法。現在住世的佛很多很多，哪一個佛在說法？你聞到了嗎？你知道是颳風，風沙之大，天昏地暗，什麼都看不見了，這是說微妙法，你理解嗎？

所以，多修觀想，多做好事，這就是佛告訴我們的，「諸惡莫作，衆善奉行。」反正我心裡不做壞事，好事我雖然沒做好多，但是壞事沒做的，就是這樣子。就我們現在的人、現在的生活環境、現在的條件，能夠修一步算一步，修到好多算好多。說成阿羅漢，我現在還沒有資格，身體受不了；說放下身心，這不是句空話，透過自己的心，踏踏實實的，別做虛假的事。

這句話怎麼講？沒有修行就是沒有修行，不要裝模作樣的騙人。騙人可以，騙鬼都騙不了，說騙佛菩薩？那更空話了。老老實實、踏踏實實，學一分做一分，盡自己現在的身體，現在自己的智慧，就是你知道的力量，你所學得的智慧，從你的智到你的身體力行，老老實實做，千萬不要超越。你念句阿彌陀佛該可以吧？我看誰都能做得到吧？但是，要老實念，不要裝模作樣的，只有拿著念珠才算念佛了？或者拿個計數器，說我念一萬了，一萬了？你一聲都沒念。念完一萬是口念的，那一萬聲也沒往心裡去，效果沒有的。我跟大家說老老實實的，不要欺騙自己，那騙人家可以不可以？既不欺騙自己，也不欺騙別人，老老實實的。

出了家之後，我能做好多就做好多，做了好多就是好多，實實在在的，不要做一分說十分，這叫欺騙。你做十分不說，那還可以，那不叫欺騙。沒做說做很多，裝模作樣，不可以。眼睛雖然不向外看，心裡卻打壞主義，很多人都這樣的。大家要注意，我們不是想了生死嗎？求解脫嗎？生死沒了到，不要再增加生死了，想解脫沒有解脫，一步一步來吧！也不要今天說了就今天一天不吃飯、今天一天不睡覺，坐不倒單，日中一食，你以爲一天就修成了？照樣煩惱！

我們講金燄菩薩頌，他讚歎佛的十力。佛的十力分七門，即「立意、釋名、自性、作業、次第、差別、釋文」。先知道他的名，再簡別他所作業的差別不同。

什麼叫立意？先解釋立意。〈大智度論〉講，顯佛有眞實力，令一切外道心伏。這是二乘人所希望、嚮往的，菩薩效仿佛的十力，去行菩薩道。

十力，佛的力有十種作用，這個力是對著境說的。這個我們上面講過，再重複一下。初力，力是力度，有什麼力量？他知道這個衆生當度不當度？可度不可度？

業力，知道他的業力，有障、無障？障礙得深、障礙得淺？障有種種的不同。

定力，禪有一定的味道，知道禪味不著，知味不著味。在修禪定時候有種歡樂，定生喜樂，但是不執著味。

根力，知道眾生的根性、具足的智慧大小，就是根力。

欲力，他的要求是什麼？他希望的、嚮往的是什麼？他能得到什麼？樂求就求得。

性力，也知道他心裡所趣的深淺，他的趣向只是了個生死就行了嗎？他趣向於利益眾生行六度萬行嗎？這就是性力，說他原來的本性恢復到什麼程度了？開悟了？明心見性了？明心見性，見性到什麼程度？根本智照理，方便智照事，在照理、照事上，說深心所趣的、所達到的深度如何。

至處力，至處就是籌量、思惟、觀察這個眾生，依哪個解脫法門能讓他得到解脫。

宿命力，知道這個眾生多生累劫所積累的善根。這都是指著佛的十力說的，我們不知道眾生過去多生累劫所修行的法門如何？如果這個佛的教授，是跟他過去所修的，或他習慣的、很成熟的，佛一說，他一習就進入了。像我們就不知道過去做了哪些錯事，或做了哪些開智慧的事，這叫宿命智。

再由這種智慧知道生死去處，生，生到何處；死，在這個世界壽命盡了之後，又生到他世界。死的時候的好壞，生的時候的好壞，都能知道、瞭解。

再來是漏盡力，漏盡不同，把一切煩惱都盡除掉，這叫漏盡通，通達了、有力量了，就知道眾生當證得不生不滅了，叫漏盡通。佛以這種力量審度一切眾生，度化一切衆生。

以這樣的力量能摧滅煩惱，能摧滅怨敵，所以叫力。說法一定要契機，法契機就產生能量、力量，這個能量是修功得來的，饒益一切衆生的時候，這個十力功能跟衆生相應，這就是摧伏魔怨的意思，所以都叫力。

解釋自性，自性就是最殊勝本具的體，自己本來具足的，慧根是以這個爲它的體。從它的實體說，五根就是它的性，在〈菩薩地〉裡說，「五根爲性，由慧勝故。」本來這個力是信力、定力、進力、念力、慧力，就是五根五力，現在以慧爲自性，所以說知道處非處等的智力，而不說信進等力。或者說是相應體，這是對法講。相應體，這個心與外頭的境相應，受、想、行、識四蘊爲性，法跟這個性相應了。五蘊爲體，無漏的色與四蘊心體這個性，道共、定共、慧共三者合而爲一，這雖然不立文字，但在理上法爾如是。

遮犯戒垢，遮是遮止，佛不叫你做的，你做了就是犯戒，犯戒就是垢染，垢染就是不淨。那麼，心裡頭能夠知道衆生所作的業，知道他所受的戒體違犯了，助他摧毀這個犯戒的業障。在《華嚴經》，性徧一切法，一切法都是性，這叫無礙法界，圓融一切法以爲其性，它的體徧一切處，徧一切處都是體。

作業，就是辨相，以下的文將詳細說明。

次第，引證的法很多，或者引證〈瑜伽師地論〉，引證〈大智度論〉的，大概舉這麼個例子，拿這個顯示《華嚴經》的圓滿義。

差別，各個所說的力度都不同的。

釋文，在每個經論說的都不同的，《華嚴經》將其引證來做解釋，那不是華嚴義。

這個十力是有差別的，因眾生的緣差別，佛對眾生就隨緣力度，那個力就不同了。總說十力是包括法界之內的一切宿命，乃至包括過去、現在、未來三世。

爾時金燄圓滿光菩薩摩訶薩承佛威力。普觀一切道場眾海。即說頌言。

佛昔修習菩提行　於諸境界解明了
處與非處淨無疑　此是如來初智力

第一個偈講的就是初力，處非處智力。善因得善果，這是必然的，善因得善果的這個處，是「是處」，善因得到善果，這叫處；善因得到苦果，苦果是惡果，無有是處，它不對了。應當惡因得的是苦果，善因得的是樂果，不是苦果，這叫處和非處。處者，就是建立這個道理，什麼因就得到什麼果。依著這個道理，能建立果，與這個果能得到果的法，這就叫處。如來的正知知道，能知道是他智慧的力，所以叫智力。因果相當就叫處，因果不相當就叫非處。佛往昔修行的時候，在一切境界上，他證得了處、非處，沒有疑惑的，這是如來的最初智力，這個智力就是處非處智力。

如昔等觀諸法性　一切業海皆明徹
如是今於光網中　普徧十方能具演

第二個是業報智力，〈瑜伽師地論〉叫自業智力。業就是造作義，就是說過去、現在、未來，身、口、意所做的一切，是善？還是惡？業有善惡，所作業所感的報，善有善報，惡有惡報。你所作的業，感你所受用的，你所受用的跟你所作的相應了，這就是過去、現在、未來，三世的業報相應了。佛悉能了知你所造的善惡業，這叫業力。初力是指著衆生所造的業，自作是指能造的，例如衆生造殺業，一定墮地獄，這是能造，隨著你所作的業而招所感的果，這個就叫作業。

往劫修治大方便　隨衆生根而化誘
普使衆會心清淨　故佛能成根智力

第三個是根勝劣智力，根是指衆生五根說的，根有勝有劣。佛是五眼圓明的，我們的眼根非常低劣，是有障礙的，不是通達的。在偈頌裡說，肉眼是障礙的，不是通的，隔上一張紙，你就看不到了，「肉眼礙非通」。天眼，天人的眼睛看世間是通非礙，他是通達無障礙的。慧眼，修道得了智慧了，這個慧眼就「當觀俗」，就是能看一切世間法，觀俗諦的諦理。「法眼了眞空」，法眼才能看到眞諦的諦理，曉得一切諸法沒有體性，眞空是由理說的。佛眼，佛眼圓明能觀一切。

僅僅眼這一根如是，其餘根根也都如是。根勝的，是修道所得的；根劣的，是造業所得的。業之殊勝，表現他根的智慧的力量大小，有信心，信得很深的則根勝，再加信、進、念、定、慧五根的勝和劣。若是有正知的、正信的、正念的，正定能產生正慧；但是這個智慧的力量，有勝有劣。佛知道一切衆生根，是勝根、是劣根。

就以我講的例子來說，說他的眼睛是礙的，不是通的，這是劣根。說他眼睛是通的，不是礙的，是中等根也不是殊勝，那麼他對俗諦諸法就能觀得一切如夢幻泡影，如露亦如電。這種觀是有慧根的，他看世間一切是無常的、苦的、空的，這是有慧的正知，這是勝智力；劣智力就不同了，什麼都不知道。佛能令一切衆生，隨著衆生應以何法得度者，佛就用什麼法度他，讓他成就根智力，也就是信、進、念、定、慧五根，五根又能夠產生五力。

如諸眾生解不同　欲樂諸行各差別
隨其所應為說法　佛以智力能如是

第四個是種種解智力，這叫勝解，信、解、行、證中的解。說觀一切諸法的先後次第，一切眾生的愛欲、愛好是什麼？他信什麼、喜歡什麼？這有種種不同：有貪財的、貪利的、貪名聞的、喜歡修定的、喜歡修慧的，而如來能正知，讓他捨掉那不相應的、不淨的，增長清淨的，讓他成就宿世所習的。但是這得有種智力，沒有智慧力量怎麼能瞭解呢？這是種種的解智力。

普盡十方諸剎海　所有一切眾生界
佛智平等如虛空　悉能顯現毛孔中

第五個是講種種界智力，我們經常講法界性，這個界就是性，就是體。不論一乘根性也好，三乘根性也好，一切乘的根性也好，都是從貪、瞋、癡上翻過來的。所謂八萬四千行，都有種種的性。性是什麼？就是種子。解是現行，有種子了，發生現行。性是集聚的相，性是內欲、裡頭的思惟，作業是外頭所有的動作，這個作業一定受到果報。所以〈瑜伽師地論〉說「超勝解」，所起的相似種子，這是由解力而得到的，有智慧的一觀照，就知道種子上的差別，這是因爲他性裡所有的智慧力，界智力，久習成性了。懂得這個道理，種種的界智力就是了解一切衆生，隨他的根性而教化，給他說大、中、小乘等五乘之法。

十方剎劫衆生時　悉能開示令現了
一切處行佛盡知　一念三世畢無餘

第六個是一切至處道智力，也叫偏趣行智力，說他的智慧力量偏一切，趣就是至到一切，偏趣行，就說他的行、他的智力偏一切，「趣」是到一切處。修行即是道，道即是修行，衆生所行種種不同。譬如修出離行跟不出離行，說我們對世間的五欲境界要厭離、出離，這個出離跟不出離都是感果的。若你行的是有漏的，那就在五道中，五道都是有漏的事業、有漏的行爲。

無漏是至涅槃的，涅槃有二乘的涅槃，一直到如來的涅槃，這就是偏趣行，偏一切處。這些種種的行就是你所有做的，它是約趣入境界的。由於法性的智慧，由於界智，因此能知道它所行的跟它所得的相應了。知道他所行的是雜染的，感果是不清淨的，一切都是雜染的。

偏趣行智力，偏趣一切，趣於人道、趣於畜生道、趣於餓鬼道。在佛利益衆生來說，都能知處、非處。初力是指因爲得果之處，果是酬因的處，就是所感的果，佛能迅速地知道是處、非處，有沒有投錯胎？中間他能不能截止了？有時候有行錯的，馬上又回轉來，這跟處、非處是有關係的，這是業的關係，他的業沒有成熟，果現前了，這個果就是不對的。

黑龍江齊齊哈爾有這麼個故事，是我小時候聽來的故事，聽了就記住了，學佛之後我經常琢磨這個事，才知道：「嗯！這個有道理。」

一個小女孩，大概十一、二歲，她感冒了。我們那邊缺醫少藥的，也沒有找醫生看，只用一般鄉間傳的土法子，拿點紅糖煮上一碗薑水讓她喝了，再用被子蒙上發發汗，感冒就好了。這小女孩感冒了，她媽媽也是給她喝碗薑湯，讓她發汗，怕她發不出汗來，又幫她蓋上一、兩床被，然後就忙著做別的事去了。這一發汗呢？就把這小孩悶死了。

這小孩死了，她的靈魂離開她的肉體跑出來了，其實是她感覺得太熱受不了，她的神識跑到大門口風涼風涼了。正在這個時候，有一輛大馬車，我們那邊那個時候都是馬車，上頭坐的跟她差不多，都是這麼大歲數的小女孩，向她招手讓她過去玩，她也就跑上去跟人坐著玩。她們在村子東頭住，我們那邊都是大村子，一個村子有好幾百戶，或者一兩百戶，幾十戶的村子很少，爲什麼呢？怕土匪來搶劫，大家住在一塊力量大，人多土匪也不敢搶了。

我們那邊有個土話，叫「響窯」，什麼叫「響窯」呢？某個村子有火槍、有洋槍。那時候要有現在進化的步槍，那叫洋槍；有土槍呢？土槍是打獵的。「響窯」

就說這個村子有槍、有炮火，是這麼個涵義。那村子是很大的，這個車子從村子東頭跑到村子西頭，進了西村一家大院子裡，一進去後，車子就沒了，只聽人喊：「生小狗了！」這小姑娘說：「我怎麼變成狗了？我不能變狗。」她一著急、一憋氣，這小狗死了，而她這邊也活了。

正在這個時候，她媽媽進來看她，掀開她的被子，出了一身大汗。她就跟她媽媽說：「媽媽，我剛才做了個夢，夢見我變成小狗。」說她到了西頭哪個家，有名有姓的，這是實際的事情。她媽媽似信非信的，做夢嘛！證實一下，看有沒有？她媽媽就去村子西頭看。人家生了六個小狗，有一個黑底白花的小花狗死了，那個小狗身上有白點，而這小女孩穿的是黑色棉襖白花綴點。

這是故事了，農村裡聽到就說做夢，小孩變了狗又回來了。這是她所至的處不是處，還沒有這種果報，這叫差別；因有種種差別，這個果不是她應受的才回得來，若是應受的就回不來了，這就是差別因感差別果。這個因還有沒成熟，因還沒有圓滿，果不能成熟。像戰場上，有時候一場大戰下來，死了幾十萬人，都應該這個時候死嗎？像那有病的，說該死了，該死了活不了！你沒有這個業，你能活，你因果成熟了，活不了了。在我們看起來，死人、生人好像很簡單，特別是大戰役、大瘟疫、災害的時候，這叫共業，共業之中還有別業，這十個人該死，那這個人不該死，他是別業。

例如唐山大地震死了那麼多人，有一個人原來是和尚，三反五反的時候把他鬥爭得還俗了，在一個廠裡當工人。唐山大地震時，其他人都死了，他怎麼活得出來呢？他住的房子有兩個柱子，這一震房子塌了，兩個柱子抵起來，他就在兩個柱子下的空間，他沒死！他待了六、七天，人們把他挖出來。他是劫後餘生，在劫難當中活出來，人家問他願意什麼？他說：「我以前是和尚，如果許當和尚的話，我還是想當和尚。」國家滿他的願，就把他送到北京法源寺當和尚，讓他看門，他就講他的故事。

該死不該死？這個時候不該死，有智慧的就知道，沒智慧的就不知道，有人說這是巧合了。從佛的智力、解脫力、三昧力，能了知這些問題。但是一般的大菩薩不是究竟知，但是能詳細知，一念間就能知道三世的事，這就看你修行的功力如何了。聲聞緣覺能知道八萬大劫的事，八萬大劫以前的就不知道了。像我們能知道下個月初十五該幹什麼，這算不算智力呢？也算智力。爲什麼？如果你沒有記憶力、忘了，這是沒智慧。等到下月的十五，你忘記了，這叫沒智力，記憶力好的，有智力，他記得了，不但十五，他把今年這一年到年底，他都記到，這就有智力。有時病了，喪失智力，或者事情忙，把你應該辦的事情忘了，這叫沒有智力。但是，這是淺顯的，若是過去世、現在世，過去的過去，未來的未來都能知道，這是三世智力，唯佛與佛乃能究竟。

禪定解脫力無邊　三昧方便亦復然
佛為示現令歡喜　普使滌除煩惱暗

第七個是禪定解脫三昧智力。如果你常讀《華嚴經》〈淨行品〉，那你就知道「染法」與「淨法」，一個是有漏的，一個是無漏的，染法是有漏的，淨法是無漏的。佛都能清楚了知，而且知道這個因，知道這個果，這就叫智力。這個智力是怎麼產生的？禪定解脫產生的，三昧產生的。這是佛的十力。

佛智無礙包三世　剎那悉現毛孔中
佛法國土及眾生　所現皆由隨念力

這叫隨念，一作意、一念，佛智就這樣子，這一念就包括過去、現在、未來，包括無量劫，剎那之間都能瞭解。就像攝影機似的，把過去攝進來了，把現在攝進來，把未來也攝進來了；但是照相機攝不到未來，只能攝現相，也不能攝過去。你早先攝好儲存起來了，它也是現。佛無礙的智慧，無論過去、現在、未來，都能夠顯現，這是佛智的顯現，佛是清楚了了的；乃至於有情世間、無情世間，依止的國土，乃至所依的依報，佛的教化還有被教化的眾生，隨佛的念力之間都能顯現。

第八個是宿住隨念智力，過去的境界，本生、本事這些都是過去的，或者現在住宿世的，這是宿住。宿住，宿是過去，過去的過去、未來、現在，現在又有現在的過去、現在、未來，現在的三世，還有未來的，未來還沒到呢！沒到也能知道，隨你的念，一作意，隨他的念力都能瞭解清楚、顯現、俱現，這就是宿住智力。這只是指前際說的，前際一切苦事、樂事，善因、善果，惡因、惡果，種種的因、種種的果，都能清楚明了，叫宿住力。

這個力即是智，智即是力，〈大智度論〉說：知道宿命所經過的事情，光知道這個事情不行，還得知道這個事情的因，什麼原因而起的？這個原因的因果，就是宿世所有的業，相續到現在。我們每個人都如是，就是不知而已。現在所受的是你過去宿世的業，感了很多的果，果又變成因，因又變成果，果又變成因，因又變成果，相續不斷、無窮無盡的，業的因緣是相續不斷的。如果知道的就叫智慧，智慧就是明。一般相續的業，二乘人能得到的，只是八萬大劫，那無邊無量的劫，他的力量就到達不了。能知道無量的因果，知道因就能知道讓它轉變，因爲那個因感現世這個果，現世把這個因轉變了，那個趣向的因不同了，將來的果也不同。但是要分別出來，菩薩的願力他不是感果，這個搞要清楚。

像地藏菩薩發願到地獄去度衆生，那不是感果，而是智力與願力的結合。像有些大菩薩，到我們人間來弘法，他也示現跟我們一樣的，但是這不是他的因感的果，這是他的願力跟智力結合了來度衆生。但是，這個身是空的，這得靠你有智慧，那絕不是他的果。好多大菩薩也示現的做人，做人也示現出家，或者他示現沒出家，他出家不方便，出家對於利生事業有時不方便，他就做在家人。像茶館酒肆，各行各業，或在碼頭作業的工人。

我以前聽到那麼個故事，一個在天津碼頭當苦工的人，因爲天津產鹽巴，一船一船的裝上鹽巴，他就專門做苦工揹口袋。他是示現的一個苦力，其實他是菩薩，他給工人講很多人間的故事。還有好多大菩薩示現的，這叫諸佛，看了就知道，這是示現的菩薩，不是他的因果。菩薩發了願度衆生，以他的智力，以他的願力，以他的方便善巧，就是慧、方、願、力，就是我們所講的這個力，那又是特別的。但是，我們衆生不知道，不知道他就是菩薩，跟一般的苦力一樣對待他，他是化現的，這是例外，遇著佛了，佛就知道了。

「佛法國土及衆生，所現皆由隨念力。」這都是佛的智慧力、念力，不但能念還能現。我剛才講的菩薩示現苦工或示現什麼，這都是示現的，不是眞實的。因爲世間人編小說，他不知道，把道濟禪師編成個羅漢，其實他是個菩薩。凡是發大心、示現到人間的都是菩薩。羅漢是怎麼樣子呢？羅漢是絕對遵守佛所制的戒，菩薩是不定的，只要是對衆生有利益，他可以殺人放火。殺人放火受報不受報呢？殺人放火的時候，他是變化、示現救度衆生，一樣也得給衆生示現受報。他也示現墮三塗，但是他墮三塗是自在的，不是受苦，都是化現的。

菩薩觀察一切法如夢如幻如泡如影，受果的時候也如是。大菩薩把他這個身觀成跟虛空等，虛空有什麼苦？有什麼樂可受？沒有了，虛空沒有三受：苦受、樂受、不苦不樂受。菩薩的心跟虛空一樣，他所化現的身跟虛空一樣，有什麼苦受、樂受？沒有，他只有一個悲願，利益衆生。所以，對於佛法，佛所依的國土，國土之中所有的衆生，這都是示現不實的、假的，隨佛一念之間皆能了知而無遺。

「所現皆由隨念力」，這個念力的念是智，隨著念力就是隨著佛的智力，不但能念也能現，能現又能念，就是示現廣大境界相。

佛眼廣大如虛空　普見法界盡無餘
無礙地中無等用　彼眼無量佛能演

第九個是天眼智力。天眼智力就是從一切境界相來顯，顯什麼呢？顯力。什麼力呢？眼力。眼力是光明力，光明力就是智力，還是智慧。〈瑜伽師地論〉名爲生死智力，說在這地方死，到那地方受生，有時候隨著善趣，有時候又隨著惡趣，大小好醜都能正知，都能瞭解。一切衆生所有的果報，所有造的因，佛都能了知。

這裡要說十眼，清涼國師在〈疏〉裡說：肉眼是我們現在具足的，能見一切色；天眼能見一切衆生心；慧眼能見一切衆生諸根境界相；法眼能見一切諸法的實相；佛眼能見如來的十力，即是上面所講的十力。這是《金剛經》上說的五眼，以後又加了五眼。第六是智眼，智眼了達一切諸法，見一切諸法。第七光明眼，光明眼能見佛的一切光明。第八出生死眼，了脫生死證得涅槃，這叫出生死眼。第九無礙眼，所見一切法也好，諸塵也好，一切都無礙。第十就是一切智眼，智眼又叫普眼，見普門法界一切諸相。這在《華嚴經》的〈離世間品〉中特別舉出來，十眼是由前五眼的佛眼又開出一個智眼，光明無礙一切智眼，這樣圓成十眼之說。

一切眾生具諸結　所有隨眠與習氣
如來出現徧世間　悉以方便令除滅

第十個是漏盡智力。漏盡了、永遠不漏，也就是解脫，沒有疑沒有惑。佛能知道一切衆生，哪個應得漏盡涅槃，哪個能得，哪個現在不能得，將來能得，這叫正知，正知就是智慧的力。在我們現生當中，我們的智慧力，信仰三寶、恭敬三寶、隨時隨地的念三寶，久了產生一種力量，相似的智力。但是，因爲我們衆生的習氣非常嚴重，證得阿羅漢果，只能斷見思惑，不能斷無明習氣，也不能使衆生的漏清淨，因爲他沒有力量。佛則能夠知道一切衆生的無明，能夠幫助衆生，給他說法，把他的習氣消滅了。

貪、瞋、癡、慢，這四個是很嚴重的。在佛的弟子當中，貪的習氣特別重的是迦留陀夷。瞋恨心習氣重的人是舍利弗，瞋習很重的，他沒有證得佛的究竟果德，沒有見到理。愚癡的是周利槃陀伽，念「掃帚」這兩個字，他念了上字忘下字，念三年還不會，兩個字就是連不到一起，愚癡習太重了。貢高我慢的是畢陵伽婆磋，慢習特別重。

這些人都有他過去的宿習，現行的煩惱能斷，宿習就不容易，雖然證了阿羅漢果，還是不能斷習氣，特別是見的習氣，普徧具足的。好多修道者都具足懷疑的習氣、見的習氣，像我們中國有句話：「三思而後行」，三思本身就是疑，這想過來，「唉！不行、不對！」那想過去也不對，這叫疑。疑的習氣非常難斷，爲什麼呢？因爲我們現在都講注重事實，「見有」的習氣太重了！見事不見理，理看不到。

許多的菩薩還有這種習氣，登地的菩薩也有，必須等到八地以上才能斷。八地叫不動地，爲什麼叫不動地？他的見思煩惱都斷盡了，自認爲跟佛無二無別，他說：「我已經成就了，所以不動。」十方諸佛就勸他、鼓勵他，讓他繼續行菩薩道，以後他才說法利益衆生。

上面所講的十力，就是講智慧、智慧的本體、所起的作用，這個作用就叫力，也就是大方廣的廣。智就是力，因爲力的性就是智，智的作用就是力。在這十力當中，宿住隨念相應的這種智力很不容易，說在一切境界上，隨念就能夠理解，這個很不容易。在一切事理當中，或者自事或者他事，我們說水能使你清淨，做什麼事都要洗洗手，用水把它洗清淨。水的力就是能淨，水能淨、火能燒，這都是本具的自力，每一事物都有它的力量。我們說大小，大小沒有標準的，什麼是大？什麼是小？若約總攝來說，初力最大。若約辦得來說，這個大是指什麼力呢？是指涅槃、漏盡，這是最大。但是，若是以一切事物無礙解脫的根本來說，這就平等平等。

◎法界普音菩薩歎佛往修十度行滿

爾時法界普音菩薩摩訶薩承佛威力。普觀一切道場眾會海已。即說頌言。

佛威神力徧十方　廣大示現無分別
大菩提行波羅蜜　昔所滿足皆令見

他讚歎佛修十度的威力滿了，十度行滿，都達到般若波羅蜜了。十度是從六度中的智慧又開出慧、方、願、力、智，這樣就是十度。我們現在講十度當中，慧、方、願、力的力度。每位菩薩要說偈頌時，都先普觀十方所有來的海會大眾，大菩薩有智慧，看看大家思想所想的大體差不多，說出來大家都同意的，合乎十方海會大衆的意見，所以都加一個普觀一切海會大衆。

「佛威神力偏十方」，何處有因、何處有緣，就何處現，有度生的事業，因緣有了，佛就現。佛的力度有好大呢？徧於十方。沒有作意、沒有分別，普徧示現，普徧如是，爲什麼呢？因爲佛的覺悟是大覺圓滿，形容這覺悟的行門，覺悟的修行已經達到圓滿程度。菩提就是覺悟，波羅蜜就是到彼岸，究竟成就了。凡是往昔有因緣的，都滿足他們的願，滿足他們過去的因緣，「皆令見」，都能令他們能見到佛。

現在見到沒呢？我們都見到法身佛，《大方廣佛華嚴經》就是佛的法身。我們讀誦、受持，就是把自己的法身跟佛的法身合爲一體，就是這麼樣一個因緣，這得經過無量劫，沒有因緣還是遇不到的。佛的智力也就是佛的威神力，說佛威神力徧十方。在〈疏鈔〉裡清涼國師說：佛的威神力有三類，俱生威力、聖威力、法威力；這三種再加以解釋，又有佛的神通威力、法的威力、俱生的威力、共二乘威力，還有個不共二乘威力。佛菩薩威力，有二乘人共的，二乘人的威力跟佛菩薩的威力有相等、相共的一面；還有不共的一面，不共二乘的威力，二乘沒有，大概依這五種來解釋佛的威神力。

佛的五根都是清淨的，在《華嚴經》講佛的四肢百節、每一個汗毛孔，都有無量的力量。爲什麼呢？因爲他是堅固不可壞的、是常的、是無邊的，佛的身是這樣的身，所以叫無邊身。我們經常說偏於無邊的身，這是指這個身說的，這個身即是力，是指法身說的。廣大的示現，是指化身說的，變化身。佛的無分別智，叫平等智，還有個平等智身，智慧身。大菩提行就是指波羅蜜身。

這些身總說起來就是法身，法身徧一切處就是無邊身，法身的不可思議徧無邊處，就是現無邊身雲，那叫變化身，所有的變化跟法身沒有什麼區別。一切眾生身跟佛身沒有什麼區別，那是指眾生的法身說的，不是眾生所化的身，佛的化身跟眾生的化身是區別的，是絕對不同的。佛的報身跟眾生的報身是有區別的；佛的法身跟眾生的法身是沒有區別的，平等、平等。辨別諸佛的果相，即所謂功德相，就要知道佛的法威力。

這十度的諸度都有解說的，各有四種相來辨別果相，辨別法的威力。第一斷所對治，能斷的跟所斷的、所對治的一切煩惱習氣。第二資糧成就，我們經常講二資糧道，先知道「資糧」，我們有道糧資助我們這個肉體，資助我們行道，叫資糧道。我們一念起，先求佛菩薩加持，這樣才能夠自己得利益，也讓他人得利益，即第三相饒益自他。第四種，辨果，辨你所證的果。看你對治的如何？對治得深，證果也深。對治得淺，那你證果也淺。證的果位有什麼不同呢？因不同。持戒清淨能生天，如果是忍受臨終時候一切的障緣、障惱，心裡即無憂悔，這樣果報很容易感到天界。

行以殊勝菩薩道的勝士夫，得到的是什麼呢？得到神通能生定，他所生的是淨慮天；智慧的果能感到的，離開煩惱障、離開所知障，這兩種重障都能離開了，多分成就果了。但是，這果有究竟的，有不究竟的，有有爭議的，有沒爭議的，有的是清淨的，有的是不清淨的。

以下把諸度一個一個分別的解說，這裡有十頌，用這個頌來顯示，一頌顯一度。這個偈頌裡上兩句是修因，下面就是得果。有十行十地，從開始到究竟，就是從始到末。

以下也有十門，就是：「釋名、出體、辨相、建立、次第、相攝、修證、約教、觀心、釋文」。這是清涼國師爲了讓我們在學習的時候，能夠入法界的方便，也可以叫作加行，加被我們的行持，使我們能夠進入。

第一個釋名，先解釋名詞。再一部分一部分的詳細說。名，總的說都叫波羅蜜多。「波羅蜜多」，有的翻「到彼岸」，般若波羅蜜多是智慧到彼岸。說做什麼事達到般若波羅蜜多，就是圓滿成就了。這個解釋是法相宗，也就是唯識宗說的。密宗，每一段都有咒語，這是專門讓你觀心用的。中觀，像〈梵行品〉完全是中觀的涵義。《華嚴經》具足了各宗各派，是一切經的根本。

知道這個道理了，就知道佛最初三七日說華嚴，以後分別開演，都是《華嚴經》的涵義。所以若知道這七種最勝，第一安住最勝，第二依止最勝，第三意樂最勝，第四事業最勝，第五巧便最勝，第六迴向最勝，第七清淨最勝。然後方可建立波羅蜜多。建立智慧，建立到彼岸，建立涅槃，建立一切成就。

安住在什麼上？安住在最殊勝上，什麼最殊勝呢？菩薩種性，菩薩能成佛。

要依止什麼呢？依止也依止最勝的，也就是要依止大菩提心，大菩提心就是你最好的老師，大菩提心就是大覺心。「菩提」翻「覺」，隨時照顧你的心，讓他明白，覺悟就是明白了。安住最勝，依止最勝。

心裡最喜歡的，最想要求的是什麼呢？慈愍一切有情，意樂大悲心度衆生，爲了利益衆生，捨身命、捨一切，都供養給衆生就得大歡喜，慈愍是意樂最勝的。

什麼是事業最勝？具足一切佛事業，利益衆生的事業、大悲的事業、大慈的事業，這都是具足的一切事業，要行這些菩薩行。

巧便最勝，什麼最方便？什麼最善巧？最方便最善巧的是什麼？無相的智慧。不要在有相上執著，不要在一切言說上執著，不要在一切行相上執著，無相的是最勝的。

我們在修行當中發願、懺悔，但是，最重要的是迴向。迴向什麼呢？把自己所有一點一滴的善業，迴向於無上菩提。迴向有三處，一個迴向於諸佛菩薩，一個迴向於一切衆生，還有一個迴向無上大菩提。迴向諸佛是上供諸佛，迴向衆生是下化衆生，供養諸佛、下化衆生都是要得到成就無上菩提。

第七清淨最勝。什麼最勝？清淨。離掉煩惱障、所知障，煩惱跟所知兩個相互障礙行道者不能成道。

如果這七個最勝缺一種，都不得行、不能到彼岸。這七種就是十度，以下到經文裡再解釋。

現在讚歎佛修十波羅蜜修圓滿了。

前面我們講佛的神通，講佛的聖威力、佛的法威力、佛的俱生威力、跟聲聞緣覺共的威力、跟外二乘人不共的威力。這不是像我們所知道的，在印度的化身釋迦牟尼佛，不止這麼一個佛，他這一身在十方一切處都能現無邊身，佛的化身又變化，一會在天上，一會在人間，不是我們肉眼所看得到的，也不是我們現在一般所知道的，他是無法測量的。以佛身偏十方說無邊身，廣大示現是變化身，說佛的無分別身就是平等性的智身，佛的大菩提行是波羅蜜身，這些身都是凡夫所不能理解的，我們現在這個身是個業報身。

前面解釋「釋名」，釋名完了就「出體」，現在我們開始講「出體」了。什麼是佛的體？佛的體是法性爲體的，這前頭只是說一個名，標題，後頭到經文裡再加以解釋。「出體、辨相、建立、次第」，這些是標題，現在我們先不解釋，爲什麼呢？大家沒辦法進入，等到後頭隨文再解釋。第一個是釋名，「出體、辨相、建立、次第、相攝、修證、約教、觀心」，最後是釋文。

我們先從文字解釋，把中間這些略了；「釋文」，就是解釋經文。

昔於眾生起大悲　修行布施波羅蜜
以是其身最殊妙　能令見者生歡喜

佛在往昔的時候，經過好長時間呢？那不是億萬年、十億萬年、百億萬年、萬萬億萬年，要比這個多得多，在這樣的往昔時，從他發心修行布施度。這個布施度就是我們平時講的六度：布施、持戒、忍辱、禪定、精進、般若，在《華嚴經》講呢？要講十度。

現在我們就講第一度：布施度。什麼叫布施度？把自己的物質施給別人、加惠給別人，這叫施，施是對治你的貪。什麼是布施的性？有三種：財布施、法布施、無畏布施。財施，以世間的物質解決困難；財可以買衣物，沒衣服的買衣服，沒糧食的買糧食，缺什麼買什麼。法施呢？法是專指釋迦牟尼佛所教授的方法，給他人講法，讓他知道怎麼樣培福，給他講講：「為什麼你受窮而人家很有錢？」因為人家行布施了，而你沒做過布施，換句話說就是你慳貪，慳貪就是不肯捨，這個大家都懂得。法布施，這就很難了，吝法就是人家請法不肯給人說，這叫吝法。還有一個叫無畏施，我們在這個世界上，生活當中有恐怖、危險的事很多，你保護他的安全、給他無畏，讓他不要害怕。

現在我們專講布施度，一者解釋什麼叫布施；二者解釋什麼是布施的體；三者辨別什麼叫布施的相；四者就是釋文。什麼叫行布施？什麼叫布施波羅蜜？布施對治你什麼煩惱呢？貪，貪就是不捨。如果是法布施，這得從口裡說，屬於口業。無畏布施是以你自己的威力，保護別人安全，這叫身業。最重要的是意業，就是你心裡頭想的，你想布施這個衆生，光是給他點財務、給他說幾句法或者保護他的安全，這是現相，現相裡含著有一個體上的，體上是什麼呢？讓他明白他自己的性體，這就深了，讓他明白自己的心。說布施的相，布施還含有忍辱、持戒、精進、禪定、智慧，我們只是講六波羅蜜，現在先不講十度。

布施還得有智慧，沒有智慧你肯捨嗎？有智慧的人，他施捨供養給別人，他不作施捨、作供養想，對一切衆生都是供養。在供養的時候，心裡沒有希求，不求他的回饋，也沒有說我跟他結個善緣，這些思想雜念全部沒有，得有這種智慧，才能做到布施波羅蜜。

但是，他的主導思想是大悲心。這個大悲心是跟著菩提心產生的，菩提心就是覺悟心，自己覺悟了看見衆生沒有覺悟，生起大悲心想救度衆生，救度衆生得攝受他，你得先跟衆生結緣。布施是手段，大悲心想他離苦，但他不見得聽你的，所以以大悲心來給他行布施。行布施的時候，常時給與大悲心，這不是爲救他眼前的痛苦。給他點財務，能解決什麼問題呢？給他說法，說法之後還要讓他修行，讓他入佛門，讓他皈依三寶，這樣把他度了，達到菩薩行布施度的究竟，到達彼岸。

波羅蜜不是說以大悲心行布施，行行就不行了，這是無量劫、長時如是去做。那麼布施是主，持戒、忍辱、精進等都是輔，一度就具足十度。但是，你有智慧也得產生力量，他人受怨害了，你要布施他人無畏，你得有力，光有力了還不行，還要有些方便善巧。這些都是滿足自己以前發的大願，你若想布施，以前得有大願，沒有大願你是行不了的；所以得有智慧，得有力量，得有方便善巧，這些都得具足。看著是說布施，然而一度就是十度，十度也就是一度，每度都是一具十，布施波羅蜜就具足了以下的九度。

佛在往昔行菩薩道的時候，都是這樣行十度的。所以他感得的果，成就非常殊妙的佛身，無論誰見佛都生歡喜心；因爲這樣，所以他得到最勝身的果身，也就是佛的報身，使一切衆生見了都歡喜。

昔在無邊大劫海　修治淨戒波羅蜜
故獲淨身徧十方　普滅世間諸重苦

十度是連貫的，布施然後是持戒。戒是什麼意思呢？止一切惡，行一切善。止惡的時候，就是戒的止持，戒者止你不許作；還有個作持，行一切善，就是要作一切善業。這裡所說的戒，不是沙彌戒、比丘、比丘尼戒，而是說的菩薩戒，就是你的身口意都要清淨。

一個是攝律儀，一個是攝善法。律儀呢？說你行、住、坐、臥都要有規矩，那麼感果的時候，攝律儀、攝善法得到清淨果。菩薩受菩薩戒的時候，是無作爲身，無作戒這個戒很難得持，是什麼戒呢？觀一切法空。不觀一切法空，在義上就犯了。還有一個饒益有情戒，前頭的布施，見一切衆生歡喜，度一切衆生、給他食物，就是饒益衆生。饒益衆生戒、攝律儀戒、攝善法戒，總的說來叫三聚淨戒，這不是條文，等到別別解脫的時候，才告訴你條文。

有哪些呢？沙彌、沙彌尼、式叉摩那、比丘、比丘尼，這是出家五衆；在家二衆的有三皈五戒、優婆塞、優婆夷。佛在往昔修這些戒律的時候，持清淨戒，持到究竟了；因此他得到清淨的法身，法身才徧十方一切處，能滅一切世間的苦難，普滅世間衆生的一切苦。爲了讓大家能夠得到法益，就淺顯地介紹一下，因爲這個都還要從頭講一遍。這個時候講的都是大衆來集會的時候，叫序品，還沒入正文，到〈如來現相品〉以下才進入正文，那叫正宗分。這是給你介紹佛往昔的事，佛怎麼樣修行？他是怎麼成佛的？簡單的說，佛就是行十波羅蜜。十波羅蜜怎麼來的？先頭得有信心，信而後理解佛法的大意，理解了證得佛的眞實性。眞實性是什麼？無分別性。

那麼，第一個就講戒。戒，深入的你不知道，知道戒是防非止惡的，好事多做，壞事不要做。往往有些道友說：「我沒有犯戒，做的都是好事，沒有做過什麼壞事。」這叫粗心大意。怎麼叫粗心大意的呢？他沒有反省自己，迴照自己的錯誤。我是約菩薩戒說的，因爲成佛得受菩薩戒。你犯戒了！不該做的你做，行菩薩道行大悲你不做，你犯戒了。菩薩救度衆生的時候，這個戒我們都犯，特別是對待異類衆生。什麼叫異類？不是人，對畜生，你沒把畜生當人看，更別說把牠當佛看了。菩薩把一切衆生都當成佛看、當成父母想。

大家看《梵網經》怎麼說的？梵網戒本怎麼說的？那是大菩薩所持的，不是一般的人，起碼得登到初住。這個講的是說佛往昔修行的時候，他做每一件都是能達到究竟的。我剛才說粗心大意，意思是指不該說的，你說了。在三寶面前，三寶就是佛像、法寶，特別是法寶，法寶在那擺著也不說話，你在法寶前說錯話了你還不知道呢！經書在那擺著，你並沒有把經書當成佛在，《華嚴經》擺在那兒，你把《華嚴經》當成華嚴海會嗎？當成這些菩薩都在嗎？打開經本念一念，才知道一直都在。平常你沒這個觀想力，這是要求得深，要求什麼深呢？要求成佛，《華嚴經》都是要求成佛。

所以，修淨戒得達到波羅蜜，得達到究竟，修布施也得達到究竟，十度都究竟了你才能成佛，不然你怎能成佛？這是講十度，十度從凡夫把你度到成佛果，像要過河，這個船把你從此岸運到彼岸，就是從凡夫苦海的此岸，達到彼岸、達到佛果了，這個中間過程非常的長。

防非止惡，什麼是非？什麼是惡？這都是你要學習的。一般地說，殺人放火或強盜的，這個你都知道、都明白，但是有好多微細的你不知道，犯了也不知道，你想持也辦不到，因爲你不能制伏你的念。你這個念是妄、是生滅，在生滅法中的妄念，你能保持不犯，不可能。爲什麼？因爲身口意還沒有達到純善，還定不下來，只有戒的防犯。看見這個衆生受苦，你是菩薩，在那兒過，明明看見衆生受苦了，你不救他，這樣你犯了戒了。你有什麼力量來救他？沒有力量你也救不了，這個時候怎麼辦呢？靠法的力量。

我經常跟大家說，你當個介紹人，這個你能做得到的，當時你念菩薩聖號或者諸佛的聖號，最好是念觀音、地藏，爲什麼呢？你看《觀音經》、《地藏經》，這兩個菩薩發願救苦難，尤其是對娑婆世界，這個世界災難特別多，你發了願要救苦難、要度衆生。願是什麼呢？就是解釋你自己的戒。慧、方、願、力、智，十種都達波羅蜜，這也是你自己的戒。但是這個戒的體是無作的，無作是要作才能無作，無作而作，無作並不是什麼都不做，空了，不是這樣子，是做的時候不執著，無作。度了衆生，心裡上沒有：「我這回救了他，他將來得要報恩。」連這個念頭都沒有，因爲這是我行菩薩道應該作的。戒的意思、戒的目的就是在你還沒有做壞事前，防犯你不做壞事，心裡總有個戒在：「不能做壞事」。

因此，這個戒波羅蜜，包括的涵義很多。像我們道友，有的只授三皈五戒，有的只授三皈沒受五戒，三皈也是戒。三皈不是光說皈依佛、皈依法、皈依僧嗎？沒有說戒條啊！其實是有的，三皈三結，三結就是戒。三皈是「皈依佛，終不皈依外道天魔等」，這是戒，皈依佛了，不能再皈依天魔外道。這是什麼意思呢？見到神像不能給他磕頭。好多人給關聖帝君磕頭，這是不對的。在臺灣有好多佛弟子給媽祖磕頭，或給所有的神磕頭。你給他磕頭，他並不歡喜，因為你折他的福。如果你是比丘、比丘尼，如果你是授三皈的佛弟子，你認為是恭敬他，他對你生起瞋恨心，他認為你折他的福。皈依佛，終不皈依外道天魔；皈依法，終不皈依外道典藉；皈依僧，終不皈依外道邪衆，這就是戒。

五戒就很明顯了。但是，同是五戒，在家的五戒跟出家二衆的五戒不同的。一般比丘、比丘尼的五戒，就是十重戒的殺、盜、淫、妄，加個不飲酒，但是到菩薩了，這五戒不同了，怎麼講呢？如果有一個壞人想害很多好人，例如現在他想在身上綁一個炸彈，想成爲肉炸彈炸死好多人。他是報仇來的，可是並不是找他的仇人炸，炸的是好人。他到那個大公司裡，等人員聚集多的時候，他引爆了。這些人跟他毫無關係的，他把好人都害了。

你是菩薩，如果你知道了怎麼辦？你可以把他殺了，殺了壞人救了很多好人。比丘、比丘尼可不行，你殺他，犯殺戒的。你也沒有那個神通知道他要害別人，得你確切知道他要害別人，你沒有這個神力不知道，這是第一種。第二，你殺他，你要還報。說菩薩殺他，救了很多人，菩薩在他的分內也要還他的報，也得被他殺一次。這事是比丘、比丘尼不做的了，佛也沒有讓比丘、比丘尼這樣做，但是菩薩非做不可。

再舉個例子，如果我們走到賣魚鱉蝦蟹的地方，專門賣海鮮或者雞的市場，不是已殺死的，而是沒殺死的，或者賣各種鳥，他們賣鳥不是養活玩的，而是殺了吃肉的。你若是菩薩，既是救命又是無畏施的，你見著不救度他們，那你犯戒了。像大家受了菩薩戒，我們哪有這個力量？你到超級市場，那個賣天上飛的，海裡海鮮什麼的，你都能買得的了嗎？說放生，放生就是大家湊幾個錢，你能買好多？你不能完全都買吧？但是你若這樣去買，人家市場願意賣給你嗎？你這買斷市了。有錢也不行，那你怎麼救度這些衆生？這要有善巧方便智。

超度牠最簡單的辦法是默念經，念《心經》也好，念聖號也好，類似的持戒方便善巧有很多。學菩薩戒是終身的，爲什麼要學戒？要把這個都達到究竟，行到波羅蜜，修至淨戒波羅蜜，淨是清淨，一點都沒有違犯。

我剛才舉這幾個例子，大家聽聽，能做得到嗎？大菩薩教授我們好多的方法，像〈淨行品〉一百四十一種，你按文殊菩薩所教授的去受持，能保護你的戒體。他還有很多的方式，不一定在戒學裡面，在經學裡面也教導你。戒經就告訴我們：

早晨睜開眼，一下床先念一個偈子，這是求佛菩薩加持的，不是你的力量能做得到的，念什麼呢？「從朝寅旦直至暮」，從早晨直到晚上天黑我上床睡覺，「一切眾生自迴護」，特別是現在這個天氣，假使我沒看見你，也不知道你，「若於足下喪其形」，如果我把你踩死了，「願汝即時生淨土」。為什麼佛在世時候沒有穿鞋、穿襪子呢？光著腳傷害的眾生少，因為你這肉很軟的，踩上牠不見得受傷，也不見得死。但是若穿上鞋、襪，特別是穿上皮鞋，那踩上非死不可，但是一念這個偈子等於免了。

還有〈淨行品〉，凡是你的一舉一動，那就是戒，對菩薩來說，經即是戒，戒即是經，所以這才叫達到波羅蜜。因為要懂得菩薩戒制的是心，比丘尼、比丘戒制的是身、口。我的心打壞主意，不論殺人放火，沒有事實不犯的，沒有付諸行動不犯的。比丘、比丘尼飲酒戒是輕戒，飲酒戒不是我們講的四重，沒有五重。但是菩薩戒的飲酒戒很重，重到什麼程度？你拿酒杯端起勸人家喝，只要手一舉酒杯就已經犯了，而且犯的很重。

宋朝年間鼓山有個老和尚，這位老和尚道德很高的。有一次他到天王殿拈香，護法殿上供的那兩個蠟燭，讓耗子都給啃了，老和尚看了就跟那護法神說：「你在這兒護法，連蠟燭都護不住，還護什麼法？」批評了這個護法神一頓。第二天，老和尚又來拈香，一個蠟心上嵌著一個耗子。這老和尚更發脾氣了，老和尚說：「我批評你兩句，你注意就是了，竟在這兒殺生，我遷你的單！」一說遷單，他這個像就垮倒了。

這護法神也不服氣，就給知府托夢，他說：「你幫助我，這位老和尚把我遷單了。」知府說：「這事我怎能辦得到啊？他遷你的單，我幫助不了你。」他說：「你能幫助我！」「我怎麼幫助你呢？」他說：「你明天到廟上去，你是地方官到廟上去，他一定供你的齋，你跟他說你必須得喝酒，他讓你自己喝，你不要喝，要讓他敬你的酒，必須他給你斟了酒才喝。他只要拿酒壺一斟，我就進廟了。」知府一想，說：「這個我還能做得到，但是我幫助你，你得給我護法。」講條件就是了。

第二天知府到廟上，這方丈當然就招待他了，他說：「你們廟裡有沒有酒？」和尚說：「我們廟裡沒有酒。」他說：「我帶來了。」那個老和尚說：「你帶來，自己喝吧！」他把酒拿出來：「主不斟客不飲哪！」說你主人不斟我酒，我客人怎能喝呢？老和尚說：「想我給你斟酒？我一斟酒他就進來了！」那知府才知道這老和尚是得道高僧，有神通了；鬼神在背後行賄的話，他都聽見了。他說：「我若一拿酒瓶子給你斟酒，那他就進來，不行。」

這只是形容持戒清淨很難，爲什麼我們要經常懺悔、經常拜懺呢？我們每天作的業很多，特別是意念、沒成事實的，每個人打的妄想，一動念就犯了，這叫菩薩戒，這就不叫波羅蜜了。

這裡讚歎佛，說佛修淨戒都達到波羅蜜究竟圓滿了，都是清淨的。因爲有清淨的業，才得到清淨的法身，清淨的法身才能夠徧滿十方一切處去度衆生。佛所做的持戒、布施都達到究竟，能滅一切衆生的痛苦。「普滅世間諸重苦」，就是佛能度最重的苦難，都給他們罷免使他免苦，這是假佛的神力。但是到了深入的時候，到了無相戒，到了究竟圓滿，那是菩薩受了戒之後，特別是攝善法戒，他做得夠了。

我們一般說，在經典裡說戒律的時候，是指三聚淨戒，就是我剛才念的。「攝律儀」就是戒文所有的，那叫律；還有一個儀，儀就是威儀。我們經常說「清規戒律」，「戒律」是佛說的，「清規」是祖師做的，還有八萬細行，我們廟裡沒有，古廟裡都有，用兩塊大方磚或者兩塊琉璃瓦燒的「淨律」，一個淨一個律。說看著和尚是沒事，其實他一舉一動的都有束縛的，若眞正證得無我相、無人相、無衆生相，清淨了，那他所做的都是合乎戒律的，不是這面就是那面，你看他律儀是犯了，他攝善法成就了，他不是犯戒，而是利益衆生。

有些菩薩、阿羅漢示現的逆行，逆行就是跟戒律相反的。有初學佛的人，問過我這些問題，我跟他說：「你看看釋迦牟尼佛，哪件違背戒律？」祖師各有各的法門，不論哪個祖師都不能違常規的。你是學佛的，凡是佛所做的你照著去做準沒錯，不一定學祖師的。

所以，佛制戒的時候，就這樣要求的，但是他有方便善巧，說不犯不可能，犯了怎麼辦？犯了懺悔！懺悔的方便就叫羯摩法，懺悔的方便可多了。因爲我們是學戒的，學戒的有時候你該解脫的，你該有方便善巧的。爲什麼裡面加個方便呢？方便就是開緣，學戒律的先把開緣學會，不學會這個事你拿這沒有辦法，這麼做吧？犯戒；不做吧？又犯戒。做也犯不做也犯，怎麼辦呢？看看開緣，開緣告訴你：做不犯，不做犯了。有的戒律告訴你不做犯了，做了不犯，大多數是告訴你做了就犯了，不做不犯。每一條戒底下，大多數從五緣開始，一直到十緣，怎樣照佛告訴你的，說這件事遇著困難，這戒持不了了，你看看那個方便善巧，合乎這個緣，你怎麼做、怎麼做。

爲什麼學戒要學那麼長的時間？經也如是。經典告訴你觀心、習定，戒定慧三個是連著的，不能因爲學戒，定也不要、慧也不要，那戒你是持不住的、持不好的。或說因爲我習定，就可以不持戒了，說我們是學禪宗的，不講戒律，這是不行的。沒得戒你定得不到的，沒有戒、沒得定，那慧怎麼生？沒解決問題，那個不叫慧，那是邪知邪見。所以，這個慧必須得包括著正知正見，必須得包括著戒、定。

我們學的是《華嚴經》，這道理我講得很淺顯，不是華嚴的境界，華嚴的境界從性體上說的，沒什麼淨也沒什麼染，沒什麼持也沒什麼叫犯。看看《華嚴經》這些菩薩，我們念那麼多的菩薩、鬼神，他們都是菩薩，他們怎麼做的？若是講持戒，那每一個出家人必須得持戒的，但是布施、持戒，布施裡頭具足持戒，持戒裡頭具足布施，持戒怎麼布施呢？持戒的功德殊勝行，我做的是最殊勝的，持戒的功德是無邊無窮無盡的，把你持戒的無邊功德，「持戒功德殊勝行，無邊勝福皆迴向，普願沉溺諸有情，速往無量光佛刹。」十度，都用這四句來迴向。

迴向有兩處，迴向哪兩處呢？一個上供，供養十方諸佛一切大菩薩，每一個迴向都做如是觀想，我們諸位道友可能都做，也許還有沒做的，迴向上供；然後就是下施，布施給一切衆生。你所做的是一點點，但是經過你迴向，就把它擴大了，擴大了功德無量。

往昔修行忍清淨　信解真實無分別
是故色相皆圓滿　普放光明照十方

布施持戒後，第三個就是忍辱。佛往昔修忍辱行，修成功了、清淨了，大家讀《金剛經》的都知道吧？忍到人家割截他的身體了，他都能忍受。這個忍包括非常廣，你修道也要忍受。

例如說一個修道者住在森林裡頭，他的心裡本來就不淨了，那些雀鳥整天叫喚，雀鳥叫喚的聲音吵了他修定，他生起瞋恨心說：「我將來一定要變成大鴿鷹，專門吃這個鳥。」因爲這個時候的願力，後來他就受報了，這是一個阿羅漢的故事。還有，他住在水邊，水流的聲音使他生煩惱了，他說：「我將來一定使這個地方斷水。」你說這是不是愚癡呢？你換個地方去修，你不用在那兒斷水，你斷了水，人家有吃這個水的，有用這個水的，你把這個水斷了，這是要受報的。

類似這些事都要忍，忍就是不要動心。這個忍不是能忍痛苦，如果大家做到這種功夫，你有病的痛苦，受迫害的痛苦，或者說捆綁吊打痛苦，你可以忍受。忍受不了，你可以修觀，這個我們普通的道友都懂得，就是觀想「誰覺到痛？」把你的目標轉移，佛法的方便善巧很多，這個屬於忍。誰若在你的心口上插一把刀，這忍字就是在心上插一把刀，這痛苦啊！但是你也能觀想說我前生殺過他，我要還他的報，沒有報復心；你能夠忍受了，因爲你殺了人了，人家來殺你這是正當的，你的心裡能忍受。

忍苦、忍餓，餓到不行了，有時候沒有飯吃，這個忍字包含很多，都要你忍。前頭有布施，後頭有波羅蜜，一直觀下去，十度都如是，都得達到波羅蜜，究竟到彼岸。忍也如是，忍而達到波羅蜜，要把忍修到清淨了。怎麼叫清淨呢？沒有能忍的思想，也沒有所忍的一個形相。比如釋迦牟尼佛被歌利大王割截身體的時候，他心裡頭不惱害割截他的人，對割截的方法，他也不生執著，自己觀想也沒有個受割截的人，這叫三輪體空。無能忍者、無受忍者、無傷害你的這些空間、這些過程，什麼都沒有。不但忍如是，布施也如是，持戒也如是。不過，我們比丘、比丘尼、優婆塞、優婆夷都持有相的戒，這裡不講，但是你受菩薩戒了，就必須得講。三輪體空，沒有能持戒的我，也沒有我所持的戒，也沒有佛制的戒，這種是波羅蜜。你若達到這種智慧、這種觀照，這叫三輪體空的忍。

另一種忍，聞甚深的法、甚深的教義，你得有耐心，不是你一想一學就會了，或一來就進入了，那不可能；從凡夫到成佛，這個過程很長的。但是，禪宗這樣說：「頓超直入」，說悟得了立證菩提，叫明心見性。明心見性只是個理，若想成佛，還得修三大阿僧祇劫，得度衆生。還有功德、相好呢！不度衆生？不度衆生而能成佛的，沒有！沒有一個不度衆生的佛。中國禪宗開悟的、見性的人很多，都是佛嗎？所以應當懂得，明心見性、明得理了，事上還得漸修，還得一步一步的來。

忍，包含著忍受法，法忍，我們不是說無生法忍嗎？忍可一切諸法不自生、不他生、不共生、不無因生、一切法無生。你得承認，這個承認就是忍，這個忍很不容易，這叫無生法忍。還有一個忍發願，一般我們都把發大願當成說空話，或者跪在佛前，或者禱告一下子，你認爲這是空話？一點也不空，非常眞實的。

例如你念經幫助人家，人家求你給迴向，或你心裡頭對著你父母親、對著你的家人，心裡非常虔誠、誠懇的，這樣效果非常大，立竿見影。你這邊念完經、拜完懺了，一迴向那邊就得到效果了，怎麼的？病好了，醫生不能治的病，好了；平常很愚癡不信佛的人，突然間就信了，這都是效果。

這裡頭都含著忍，忍就是忍可、承認，要生信心、要理解這種道理才是眞實的、要證得無分別智。我剛才講了生忍、法忍、無生法忍，這要具足三忍的。「耐怨害忍」，你能忍受一般說的怨憎會苦，怨害你，你也要忍，明知道他害你，唉呀！我欠他的，還給他就是了。

還有，「諦察法忍」，經過修行觀察，要忍一切法，就是法忍，一切法不生的。還要「安受苦忍」，忍苦、安樂於受苦，人生不論你的條件多好，怎麼樣富貴榮華，苦是免不了的，任何人都免不了，生老病死這四個苦，誰也免不了，每個人都有這麼個過程。生了不老嗎？老本身就是苦。生的時候苦，我們忘記了、不知道了，當時那個苦非常的苦，所以小孩生下來一定是哭的，這是生苦。老本身就是苦，不像年輕時行動很迅速的，六根很健全的，老了連骨頭都痛，骨頭老了自然的往回縮了，一般說人老骨頭縮，你看一米八幾的人，到老縮成剩一米三四高，這得要忍哪！

忍，包括的方面太多了，平常我們不大受罪，忍跟戒差不多，反正這六度沒一個說是一修就成的，很不容易。爲什麼說六度萬行呢？這是六個，可是包括的比一萬、兩萬、十萬都多，包含的事太多了。能忍的人，相貌就是好，誰見到都歡喜，因爲他能忍受，佛的相貌那麼圓滿、那麼好，是忍成就的。雖說十度都有，但一般的是忍，能忍的自然安，能普放光明。

忍度講完了，講精進度。我們平常一般都說六度萬行，六度包括的涵義很多，在《華嚴經》講的可不是六度，而是十度。度者就是把我們從生死當中度脫到了生死，從凡夫度脫到成佛。

忍，我們一般認爲是別人惹我了，我不生氣，忍了；可是在法上，最注重的是法忍。例如我們說一切衆生都有佛性、都能成佛、一切衆生跟佛無二無別，這個叫法忍，就是你認可，承認說的對，你現在有沒有這個忍力呢？例如經過長時間的苦難，你能忍受不能忍受？六祖大師已經成了祖師了，卻在搶劫的土匪隊伍當中忍受了十五年，因爲弘法的因緣還沒有成熟。

現在大家信佛之後，皈依三寶了，以爲皈依三寶就萬事大吉，什麼困難都沒有了。事實上是這樣子的嗎？有句俗話說，不受魔不成佛。沒有皈依三寶之前，你還是個惡人，人家不敢理的，所有你欠人家的債，不敢跟你要，怕惹起糾紛、惹煩惱。但是，你皈依佛門成爲佛弟子，那你不是惡人，是善人了，人家可以跟你討債了。有的道友們信了佛之後，常時這樣問我，沒信佛之前好像還很順當，信了佛之後障礙很多。這種障礙使你的心不安定，顯然有煩惱了，這個道理你應當懂得，就是我剛才說的，你過去欠人家的債，現在皈依佛門了，該還了。還有，好像過去沒信佛身體很健康，信了佛之後，魔障來了，病苦也多，幹什麼事都不順當。

爲什麼佛教第一個要懺悔、發願？如果你的理解很深入，你會明白：「我現在是還債。」過去是抗債不還，沒人敢管你要，所以你不感覺什麼障礙。等你信佛之後障礙多了，這個就需要忍，這是衆生相互之間的忍。還有法忍，法忍是最難了，佛講：「一切法無生、一切諸法無自性！」說一切諸法都是假的，不要認眞，要看破，看破就不認眞了，看破、不認眞，你才看破放下！等你看破了放下之後，才能夠自在，這是忍。不論布施、持戒、忍辱，都得要精進，懈怠是不成的，所以，第四度就是勤修精進度。

往昔勤修多劫海　能轉衆生深重障
故能分身徧十方　悉現菩提樹王下

精進是練心的方法。什麼叫精進？精是不雜、是純；進是不懈，勇猛向前，不達到目的絕不罷休，得有這種精神。大家既然入了佛門了，修法的時候選擇跟你相適應的，也就是你很喜歡，修起來很熟練的，這說明你過去生中，多生都學過，都聞過，那你就修這麼一法好了，不要多，多則亂，亂則不精，不精就不純了。

一切法都是訓練你的心，最初我跟大家說，如果沒有信心，你沒法學華嚴。一般說，特別是在家二衆的優婆塞、優婆夷，總以爲我信三寶、信佛了，就叫有信心。這個不是信心，而是欣樂心。信心，相信自己是佛。我們講《華嚴經》是講毗盧遮那、法性身、法性的體，說一切法都歸於此法界。學《華嚴經》的信心，信什麼？信你的自心跟佛無二無別，心即是佛，佛就是你的心。信佛就是信你自己的心，你相信這個心跟佛無二無別，你這個心能成佛，本來具足就是佛。信嗎？信得極了之後，你修行一切法，以佛心來修一切法，一切法都是成佛的根本。現在大家都以衆生心修，知道這個世界是苦的，求把苦斷了。苦是怎麼來的？是你自己招感來的，這個招感就叫集。苦已經成果了，要想轉變這個果，很困難的。集是招感苦的因，知苦斷集，知道苦，把這個招感的因斷了：你不作苦的事，自然就不受苦的果，你一天老是作苦的事，那苦是離不開你的。知道苦了，不作苦的因，作樂的因，樂的因得的是樂果，苦的因得的是苦果。因爲相信你的心是佛，你要集成佛的因，把你所做的一切都歸於佛。

說到佛，得先知道佛是什麼？心是什麼？佛，印度話叫「佛陀耶」，我們皈依三寶是念的是翻譯文字：「南無佛陀耶，南無達摩耶，南無僧伽耶」，這是印度的原話，意思是「皈依佛，皈依法，皈依僧」。皈（或作「歸」）是依止，我的心依止他，爲什麼？因爲我的心就是佛。這個覺悟是怎麼能達到？怎麼能回歸到我的心？那你得學法。法是什麼呢？是方法。你想在人間生存的日子過好一點，生活過得幸福一點，你得有知識。爲什麼我們從小就開始讀書？讀書的目的就是爲了生活、爲了生存。你不讀書，一生都在農村，那你的生活非常苦，因爲那是苦的因，不是聖的因。讀書也是一個離苦的方法。

但是，我們讀佛經就不同，讀佛經我們要求覺悟、明白，明白什麼？明白我今生所受的，爲什麼總是這麼波折不如意，生活上的不如意，那是你前生招感的，你自己作的，自作自受你別抱怨，抱怨沒有用的。若問你來生如何，看你今生做些什麼？今生所作的，就是你來生所受的。我這個心原來跟佛無二無別的，爲什麼現在墮落了？因爲本有的心迷掉了，那你所做的就不是佛事，你做的畜生事，你就變畜生或者變飛禽走獸，比這個更嚴重的就墮到餓鬼道，比鬼道更嚴重的，那就下地獄吧！我們所說的下地獄是自己招感來的。

現在翻過來了，學習一些覺悟的方法，把我這個迷惑，把我這個惑業漸漸地都消除，達到覺悟。雖然我具足的，但是現在迷失了，再把他找回來，找回來怎麼找呢？所以，這才入佛門找覺悟的方法。

覺悟的方法，第一個要布施。捨得、捨得、捨了才能得，這叫布施。你想發財嗎？發財你要捨，捨了你才能發得財。這個布施，光布施人家的生活醫療事具，他有病了，布施他醫藥、醫療；這不能解決問題，只能度他暫時，不能度他永久，讓他永久不受痛苦了。衣食住行的四緣都具備了，那靠什麼呢？靠你的布施。布施並不是光財物，還有法布施，這叫智慧投資，智慧財產；我們所學的智慧，把它給別人，還不求報，這是法的布施。有些人經常生活在恐怖當中，我們要布施無畏。

你要增長這個智慧，得要清淨，布施也要清淨，不要執著我是能布施的，不要布施給人家驕傲。說我有財富，你是窮苦的人，以一個驕傲態度施捨，這是不行的，這個所得到的福報非常小。要平等布施，把布施當成供養，把他作諸佛看待，作父母看待。恭恭敬敬的給他，不輕視他，對任何討口的也不輕視他。

昨天，有位北京的道友問我，他說：「北京前門總站，這些討口、要錢的是做生意的，他雇些小孩去乞討，到了晚上就住在賓館裡頭。」住在賓館還要錢，這是欺騙的。我說：「你布施了，不管對象如何，你是眞實的捨，欺騙也好、不欺騙也好，你不了解他那個，不問他那個，你是修你的心，知道嗎？練心法門，佛法是練心的，你只是作供養就是了，不要問其他的。」如果能夠做到：沒有施捨的物、也沒有受施的人、也沒有能施的我，這叫三輪體空，這個功德不可思議。這個我們做不到，爲什麼呢？因爲我們是我相、人相、衆生相、壽者相具足的，煩惱相具足的，所以很不容易達到波羅蜜究竟到彼岸。看著一樣捨，人家捨跟你捨的思想出發點不一樣，效果不一樣，受報也不一樣。我們一樣做事情，人家一本萬利，我們一本一利也得不到。有時候發個脾氣，對那個受施者生氣，再踹人家兩腳，這樣不如不布施好了；這樣的布施不但沒有培福，反而造罪了。往往一件事，作者的用心不同，事物就全變了。

持戒也如是，不要一天裡老是掛念著我在這裡持戒，我們說：「有心持戒戒不得，無心持戒體無量。」我沒什麼持戒不持戒，沒有犯有什麼持？要用這個心態，這都是要達到波羅蜜的方式，要懂得這不是求世間果報的。忍辱，根本沒有誰羞辱我，我忍什麼？以這種心情來修才能達到波羅蜜。說忍他人之辱，他人沒有，忍一切法辱，法也沒有，這叫三輪體空，這是《金剛經》說的。

《華嚴經》，我們只是提個名字，這是序品，還沒有講到《華嚴經》正文。只是《華嚴經》前頭的序品，述說法會來了哪些人，這些人都是什麼程度，說這些參加法會的人具足的，全是大菩薩，都是文殊、普賢、觀音、地藏，沒有小菩薩、阿羅漢，阿羅漢是不入華嚴的。

我們一般說的持戒、忍辱，乃至於布施，都是從事上說的，《華嚴經》是從理上說的。事上就是世間生活的現相，理上不是了，理上是從你的內心，從你的法界、你的眞心，把這個事歸到理上。把你所悟得的，我的心就是毗盧遮那，跟一切諸佛平等平等的，這就是理。把這個理布施給衆生，給衆生說法，讓一切衆生都知道，一成一切成，不是爲了自己。修道、出家、說法，都是爲利益衆生，爲了讓衆生離苦得樂，我才出家、學法，讓他們離苦得樂，這叫菩薩。爲我自己要了生死，要斷除煩惱的，這叫聲聞、緣覺，這還得成就了，不成就了還得不到的。

說達到究竟，「六度萬行體中圓」，六度萬行就在你一心，一心就是理，達到圓滿無礙了。把《華嚴經》十度的境界都作如是觀，一度就是十度，十度就是一百度，一百度就是一千度，一千度就是萬萬萬萬，無窮、無盡、無量的度，這是華嚴境界，一具一切。用這個心來修，你所處的心全是佛心；以佛心做一切事，因是佛，果必成佛。現在你聽到《華嚴經》，聽到《大方廣佛華嚴經》這個名字，你已經具足善根了，不容易聽到的。聽到的，一定能入法界，不過時間長一點，不是短暫的。

現在這是分別解說，每一類的菩薩，他證得的每一類不同的神通自在，把這十度作這樣解釋。佛往昔的時候，無量劫以前，精勤不懈怠、純而不雜、唯修一心，修心觀察，精進不懈怠。《華嚴經》盡講煉心，怎麼樣修煉你這顆心，煉心於法，法是什麼呢？就是你自己本來具足的體性，是一眞法界的法。「無不從此法界流，無不還歸此法界。」就是一眞法界，什麼都沒有。這樣子煉心，光是說心，就叫「精」；我非達到目的不可，這叫「進」，這是總說、開闊的說。以身口意三業，所做的事情，三業不退心的，就是精進的體性。這解釋的也有三種。精進有被（披）甲精進、攝善精進、利樂精進。

被甲是什麼甲？不是作戰時披的防彈衣，過去古來穿盔甲，有鐵盔鐵甲、金盔金甲的，那是避免受傷害用的，那叫甲。我們這個披甲是什麼甲呢？你所發的大誓願，無所畏懼的，你發的願就是你所披的甲，以這個願力一切無所畏懼，精勤不懈。

光有願力不行，怎麼樣達到目的？第二個就是攝善。作一切的善法，作了善法不執著：「我做了好事。」人家不表揚，自己表揚，胡吹。像現在打廣告、上網路、上電視，說打知名度。在家的道友們說，和尚也要打知名度，才好化緣修廟。建寺安僧、宣揚佛法也得有錢，那就是打知名度，收攝緣法、趕經濟，這跟我們現在講這個善法不一樣。凡是對一切衆生、對一切人有利的事情，都要口裡說、身體去做、心裡如是想，三業都投入了，這就是善，是大善。你想做好事，還得有方便善巧，不然你好事做不成，變成壞事了。想幫助別人，不但沒有幫助，把別人送到苦海，所以，攝善法戒你得有方便善巧。

第三種，精進利益衆生、不捨棄度衆生。這在你讀誦大乘經典的時候，有時你自己會開悟的，什麼開悟呢？在我們行菩薩道幫助別人的時候，有時候不精進，心裡雜了：「這一天好累，盡幫助別人，我自己修行好像沒得利，應當自己靜坐修煉。」

我在念經的時候，曾經念著念著好像打瞌睡了，從這打盹當中也得到一種啓示，「你在幹什麼？菩薩行菩薩道在幹什麼？」不是坐到山裡修行啊！坐在山裡修行，你幫助什麼？怎叫行菩薩道？行菩薩道沒有自己。什麼自己修行不修行？持戒不持戒、精進不精進的，沒有自己。全心全力看一切衆生，維護一切衆生，犧牲自己，利益他人，這才叫行菩薩道。自己坐那兒修行，你行什麼菩薩道？你度誰去？誰得到你的好處了？你在山裡修行，自己在那觀想，冥思靜想，別人能得到你的好處？這叫行菩薩道嗎？這是準行菩薩道，你沒有那本事，怎麼能行呢？說先修煉本事，等我有了本事再去做，這是一種菩薩。

另一種菩薩，他從發心的時候，就沒有自己，就把自己的身心一切，都供養給衆生了，利益衆生是這樣利益的。那些大菩薩行菩薩道，爲什麼叫被（披）甲精進？你發了大誓願，等於披上盔甲，隨著你的誓願去利益衆生。大菩薩爲了度一個衆生，隨著他的緣，經過好長的時間才把他度了，不捨一個衆生。像這種，普遍的說是種善根，普遍的種個因。如果你一直度他，追逐不捨，那是大菩薩的願力。

但是，菩薩就度這一個衆生嗎？不是的。大家知道菩薩要化千百億萬身，對這個衆生一個化身度他，對那個衆生一個化身度他。觀世音菩薩化現的千手千眼，只有兩個眼睛兩隻手，度衆生忙不過來，怎麼辦？化現一千隻手，一千隻眼睛，夠用嗎？一萬隻眼睛也不夠用，十萬隻眼睛也不夠用，他能化現無盡的。像地藏菩薩化現的，文殊師利菩薩到佛說《地藏經》的法會，說用一千劫都算不出來，不能盡數，因爲衆生多、他化現的也多。化現是什麼呢？就是作意。他的心裡一作意，就跟著你這個衆生度你，直到把你轉化了爲止，這叫精進，精進是度衆生精進而不捨。生生世世度衆生，示現什麼身都不一定，或者示現比丘、比丘尼身，示現優婆塞、優婆夷身，乃至於示現飛禽走獸，大菩薩都示現。衆生墮落畜生道，他也就隨著他化現畜生來度他，文殊師利菩薩也化現豬呀！豬的名字叫勃荷，專門去度那些豬。懂得這個道理，這就叫精進。

我們再講一講精進，說今天我二十四小時，夜不倒單、日中一食，這算不算精進呢？算精進，但這個精進太渺小了！精是純，大家修念佛法門，只修念佛法門，那麼讀《華嚴經》也是迴向極樂世界，讀《法華經》也是迴向極樂世界，不論修什麼，乃至上殿、過堂、吃飯、穿衣，都是迴向極樂世界。

那天我說連上廁所都在迴向，都是學佛法，有一個人跟我說：「老法師，您說的不對，廁所那些地方很髒的。」我說：「你一念咒就不髒了！」〈淨行品〉裡「大小便時，當願衆生，棄貪瞋癡，蠲除罪法。」你到廁所也在度衆生，讓衆生把貪瞋癡都去掉，一舉一動、起心動念都在度衆生，這才叫精進。

不管怎麼樣的，我們大概說一下精進度了。每一個十度，到了後文，你可以聽聽普賢菩薩怎麼講十度，文殊師利菩薩怎麼講十度，文殊師利菩薩教善財童子五十三參，十度還有五十三個位置，五十三參裡頭都是十度，五十三位菩薩所說的十度都不同，你在信位菩薩怎麼行這個十度？施、戒、忍、進、禪、慧、方、願、力、智，這十度每一位善知識所說的都不同，每一位有每一位行十度的方法，乃至究竟成佛。佛度一切衆生，是用些什麼善巧方便？你學不完的，那沒有數量，十度變成一度，這叫精進。

佛久修行無量劫　禪定大海普清淨
故令見者心歡喜　煩惱障垢悉除滅

這講六度的禪定度，梵語叫「禪那」，華言「靜慮」。定的名字太多了，如靜慮、三昧、觀照，都是啓發定的。什麼叫禪定呢？等持。等是平等，平等什麼呢？一切法都平等。我們說的一切禪那就是禪定，我們把他翻成禪定，單說禪就是靜慮。禪定的大海，讓他全部都清淨。有禪定功夫的，人家見你就生歡喜心，爲什麼？你煩惱障、業障，一切障垢全消除清淨。

我們都會念觀世音菩薩的《心經》，恐怕信佛的弟子沒有不會背的，但是能入到《心經》、體會到《心經》、懂得《心經》，那可就少之又少。《心經》就是定、禪，就是靜慮思惟。思惟是什麼呢？觀照。我們讀《心經》時，第一個字就是「觀」，觀是什麼呢？就是定。觀怎麼會是定？觀不是動態嗎？觀即是定，觀就是靜慮，靜慮就是思惟，思惟就是禪定。思惟什麼呢？就告訴你：「觀自在菩薩行深般若波羅蜜多，照見五蘊皆空。」人的身體是五蘊合成的，五蘊合成色法跟心法。受、想、行、識是心法，色是形形色色的，凡是有相的都叫色法，這就是色、心二法。他用的是深智慧，深智慧就是深般若，深般若是從觀來的。因爲修深般若的觀力達到自在，自在就解脫了，成佛就是自在了。你若觀就自在，不觀就不自在，在煩惱當中你怎麼自在得了呢？

我們不說出世的事，就說世間事。當你遇著最不幸的時候，靜下來坐著想一想、觀一觀，迴照一下，什麼因緣發生這個事？財富失掉了，親人死亡突然間離你而去了。因緣和合法，因緣所生法是假的，我說即是空，這不過是緣成了，大家在一起，緣盡了，「緣盡還分手，各自尋門走。」像我們這個講堂，現在三、四百人，有時四、五百人，最高到一千人，然後散了。當然，這一年中從這裡出去的人，有死的、也有不退的、也有退了道心的，變化很大。我們這只是一個很小很小的小集體，大者上千、上萬，或是一個國土。現在這個世界有六十幾億人，我們只看見六十幾億人，沒有看見一個世界，這連個小千世界還不夠，這只是一個小千世界的四大部洲。六十億、六百億、六千億、六萬億、六十萬億、六千萬億，往前推去有無量、無量的衆生，我們只看人。若看一切衆生，我們能算出這個世界螞蟻有好多？螞蟻種類有好多嗎？蒼蠅有好多嗎？蟑螂有好多？老鼠有好多呢？佛當然都知道了。

老鼠不曉得比人多好多倍，到哪都有老鼠，你們看見過老鼠跟天空的飛鳥，搭夥合作嗎？怎麼合作呢？夏天時候，這些飛鳥到各地採集糧食，讓老鼠把糧食運到洞裡頭。夏天爲什麼採集？因爲冬天飛鳥不能出去，冬天大雪封山，什麼都沒有了，飛鳥牠就閉關了，這老鼠就享受飛禽運來的糧食，大家共同在裡頭過冬。

從印度到西藏，在帕里地區，山上六千多公尺高，這個地方一年只有二、三個月時間沒有雪，一到這個時候，鳥都飛出去，四處採集糧食運到洞裡頭，冬天雪一封山，老鼠跟鳥都到洞裡去。那鳥怎麼生存呢？鳥的體積大概跟老鼠差不多，老鼠跟鳥搭夥，老鼠負責什麼？負責打洞，等於我們蓋房子，洞打得很大，冬天鳥都進到老鼠洞裡休息，夏天飛鳥就採集，這就是鳥鼠同穴。

看到這個我感覺得很奇怪，世間眾生的合作關係非常的複雜。二百年以前，我們看見美國人、歐洲人，怎麼能合作呢？紅頭髮、綠眼睛，還有紅種人的印地安人、黑色的非洲人，我們東方人都是黃的，五顏六色的，現在大家合夥開公司。我十幾歲的時候，沒有這個現相，現在又變了。不止人類，一切眾生類，飛禽、走獸，大菩薩度眾生的時候，他的觀力都能觀想到，這叫觀，觀就是禪定。「禪定大海普清淨」，佛修沒法計的無量劫時間，他的心才定、才成就了。「禪定」，我們認為得坐下來，眼睛三分睜七分閉，六根都停歇下來，這才叫禪定，這個禪定是小的，換句話說不值錢，或者說很低級的。這種的禪定天人都有，四禪八定是天的禪定，天不是有四禪天嗎？看你定的功夫如何，他有初禪天、二禪天、三禪天、四禪天。但是《華嚴經》上，這個禪是不取的。

《華嚴經》是什麼定？觀音菩薩、普賢菩薩、文殊菩薩常在定中度眾生。文殊菩薩滿山盡現老者相，他有時候現這個相，有時候現老比丘相，有時候老者相，現個很髒的老農民，穿得很爛的。你知道他是文殊菩薩化身嗎？你沒有這個慧眼認識不到，如果你有這個慧眼，一看就知道他是文殊菩薩化身。眞空所現的都能認識得到，這才叫大定。

毗盧遮那佛入在定中，可現的千百億化身釋迦牟尼，我們這個世界只是千百億中的一位。化還歸於體，是在定中，大菩薩的定是在定中工作的，心不散亂、意不顚倒，他能化現無盡的身雲，誰見到誰生歡喜。爲什麼呢？能見到菩薩的化身，煩惱就斷除了。煩惱沒有除滅，怎見到菩薩的化身，換句話說沒有緣。這是怎麼來的呢？是從清淨心。

爲什麼靜慮叫等持？平等一切法，總無量義，持性不捨，無量義當中就含著一個平等、平等，什麼平等呢？性。我們最初講《大方廣佛華嚴經》的大，大裡具足了大方廣，自體相用，就是這個平等平等，一切衆生都具足，一個螞蟻具足跟諸佛平等平等。等持，禪定是把一切衆生平等任持，這裡含著無量義，持一切法總無量義，等持。這是什麼？是指性。禪定是安住不動，這叫禪定，然後再引發出來智慧，定能生慧，智慧就能利益一切衆生，度一切衆生，給一切衆生說法，跟一切衆生結緣，一切衆生都生大歡喜。他的煩惱障斷了，所知障也斷了，煩惱斷了，二障蠲除，貪瞋癡都沒有了。

翻譯的名義很多，各有各的用處。所以「三摩地」就是禪定的一種，對某種境界而言，叫「三摩地」，但實際總說就是「禪定」。三摩地是什麼呢？沒有散亂心，心不散亂、意不顛倒，就是身口意三業絕對不會顛倒。在〈對法論〉上說，三業同時並用，心裡在打主意，口裡在說，身體也在做，三業並用。你看每個技工、每個教授，他口裡在給你講，身體也在做示範，他的意業必須得到，意業不到講什麼？口是個工具，口說的時候意得到，意不到口說什麼？一切法常住不變，佛的身口意三業常住不變，爲什麼不變呢？常在定中，楞伽常在定。

懂得這個義理了，你如果看《楞伽經》，看《圓覺經》，上頭說的就非常圓滿，《華嚴經》是總攝每部經的。這時候，你辦一切利生的事情，一切衆生見你就生大歡喜心，他得到法樂。聞法的歡樂跟你世間的歡樂完全不一樣，兩回事、兩條道，就像兩條車路，你往太原去，我往石家莊去，這兩條路絕對不會走到一線上去，走到一線上去就走錯了。若從中國的總環境上說，管你走到哪去，反正你沒離開中國的國界，就是這麼個涵義，給終離不開定，這是定的體。

他的用呢？他的相呢？我們一般說入定了，就是坐著或者倒著。但是，有些人看著是死亡，實際他入定了，例如釋迦牟尼佛涅槃，他達到不生不滅。你看他死了，那是你看佛入滅了；實際上，佛現在還在靈鷲山說《法華經》，釋迦牟尼佛化身還在菩提場說《華嚴經》，《華嚴經》永遠不散，《法華經》永遠不散，其他的法會，有緣就現無緣就散了，《法華經》、《華嚴經》永遠都是有緣不散的。

爲什麼？我們看五臺山就是石頭，你看見別的嗎？說黛螺頂上，每天都有一萬菩薩繞清涼，你看見了嗎？能理解嗎？定就是這個涵義。由定能發出種種的神通變化，能變一切有利益衆生的事情。所以，發心、修道、發願、成佛、行菩薩道，目的只是利益衆生。大家懂得這個涵義就行了。你發心學法，要發這麼個心：「我是爲衆生學法，我是爲衆生得道，得道才能夠度他們。」一切出發點是爲一切衆生。我們經常解釋大慈大悲，這樣的用心才叫眞正的大慈大悲。念念思惟，都是爲了衆生！我們爲了衆生得度，我要成佛、修菩薩道，爲什麼？要利益衆生。我發心出家不是爲了自己圖安靜，我是爲了衆生；學法是爲了衆生，我學會了才給他們說。念念之間是爲了別人，這就是菩薩，這是大菩薩。小菩薩呢？也是爲了衆生，也是爲了自己。他先爲自己，而後才說爲衆生，把自己擺到第一位，把衆生擺到第二位，還好沒有忘了衆生，忘了衆生光是自己，這就不是菩薩了。

說了生死，那是阿羅漢的事。菩薩沒說了生死，菩薩不了生死，他若了了生死，那跟衆生結合不到一起，他在生死輪轉中度衆生，他不怕，他在生死當中，不畏懼生死苦，而能給衆生一切無畏，這才叫大菩薩。從你發心修道，大小、深淺都是從你發心來定的，你的心怎麼想？想什麼？想的是人家，想讓他們得快樂，不爲自己求幸福，但願衆生得安樂！這就是大菩薩。

你經常這樣用心，見到你的人，自然就生起歡喜心，見聞者都能生歡喜心，這就是你修禪定，住在法樂上，用你的智慧來斷一切魔惑，見你者惑消滅，能夠見到這樣的菩薩，你的惑就消滅了。你沒有見到菩薩，那是德還沒有修到。但是，你能見到菩薩像已經不容易了，說像是假的，你見到眞的還是假的，懂得這個吧？假像你怎麼理解呢？菩薩的化身。觀音像是觀音菩薩的化身，普賢菩薩像是普賢菩薩的化身。

一打開經本，這就是諸佛菩薩的法身，也是你自己的法身。我給你說，不是我，我說的是毗盧遮那佛所說的，我說的這一段是普賢菩薩所說的。那我在這兒是代言人，替代菩薩說，你們去說呢？也如是，人人都如是。有一種人說：「等我成道了，再度衆生。」誰知你哪年成道？等你成道，衆生不知道還要受好多苦難了！說：「等我學好了，再度衆生。」誰曉得你什麼時候學得好？這輩子學不好，那這輩子就不說了？那怎麼樣發心呢？遇緣。

有人說：「你在普壽寺佛學院住過，普壽寺的修行很好，你給我們講講，怎樣離苦得樂？怎樣消災免難哪？我家庭最近很不好，病人很多，生意也不如意，做了就賠錢，賺不到錢。師父，你幫助幫助我。」

如果你說：「我還沒修好啊！」他說：「等你修好，我生意賠光了、病人早死了！」還等你學好了再說？你能夠給人家念聲佛也好，這也是說法，或勸他多信佛、多歸依三寶，多念佛，佛菩薩會加持的。

但是，千萬不要先想到：「我給他念念經，他很有錢，可能給我個紅包吧？」

這就完了！福報智慧加持力，有是有，非常小了，作用不同！千萬要放下。怎樣放下呢？一切名聞利養都沒有。你求我的時候，也不是你求我，有緣，謝謝你成就我的道業，看見是我們度衆生，實際上是衆生度我們，讓你快點成佛，心裡做如是想，效果就大了！

現在這個季節，天氣好，朝山的人多，很多人要看看我，說不讓你看吧？人家會不高興，說讓你看吧！我這就很忙了。來看我幹什麼？就是一個老頭子、老和尚，又不像年輕人，動作也遲緩。「您比縣上的老人還好啊！沒什麼太多的皺紋啊！也說話，也講課。」我這氣都沒有了，現在我講兩堂課的時候，好像還很有氣似的，講一堂課氣反倒少了，那麼講三堂課呢？不行了。什麼原因？這要大家參。這是精神變物質，懂得這個涵義吧？講課是物質，靠什麼支持呢？靠你們大家加持我，這是精神。你們說沒給我什麼東西，沒有支持我什麼。你們給我東西，我也收不了、也用不了，但是精神是不可見的，不可見的力量比可見的力量大得多。你們都說：「老和尚您可多活幾年，把《華嚴經》講完。」這就是精神的加持力，其實是你們加持我，講是我給你們講，好像是我啓發你們，不是的，是你們在加持我。

如來往修諸行海　具足般若波羅蜜
是故舒光普照明　克殄一切愚癡暗

現在我們講十度的般若度，「般若」翻成智慧，般若是既照事也照理。智是照理的，慧是照事的，推求一切法的理就叫慧。我們經常說「諦觀」，弟子們若有請佛說法的，不論哪位菩薩請，佛都跟他說：「好！我答應你的請求，但是，你聞法的時候要諦觀。」諦，不是從音聲上求，不是從所說事上求，要諦觀「理」。事，比如說有人找不到月亮，另外有人就用手指指這個月亮來告訴他，但是這個指不是月亮。諦觀是讓你觀眞實的月亮，不是觀手指。

在聞法的時候，不要在語言上去琢磨、思惟。語言一定詮釋著一種道理，諦是觀理的，這就是智。我們心裡有好多事物、事情不明了，有智慧就明了了。所以，六度萬行先修智慧。現在我們是講十度，十度以智慧爲主。佛在往昔修行時，具足了般若波羅蜜，具足智慧，以這智慧能到彼岸。我們不是說要了生死嗎？要了生死得有智慧，沒得智慧就不行。六度萬行是以智慧爲主，有了智慧，能讓你達到三種無分別。衆生空就是「生空」，觀一切世間法是衆生法，空的；但是不入理，即不是「法空」。佛說一切法皆空，一切法都是空的，法空。還有「俱空」，俱空是生、法一切都不存在，是無分別的意思。

我們說這人很聰明、很伶俐，但是聰明伶俐不是智慧。什麼是智慧呢？明理。像最初講《華嚴經》時，說相信你自己與佛無二無別，這個得有智慧，沒有智慧你不會相信的，說一百遍、一千遍，你也沒辦法進入，沒有智慧。說能夠遇見任何事情時，不但在事上條條分明，還能知道它的理，這個事情是怎麼發生的？怎麼起的？為什麼要起？這是有智慧。

舉個例子說，「發生車禍」這件事，一輛大巴士裡面坐著十幾個人，發生車禍了，有的死了，有的受重傷，有的受輕傷，有的好像跟他毫無關係似的，翻車了他卻平安無事。為什麼？有智慧的就知道他這個因果，這叫智慧。沒有智慧的呢？說是僥倖。世間上沒有僥倖的事，只是在這個報、這個業果中，不涉及他。這種故事非常多，雖然是在共業當中，但他跟這個共業沒有關係，別人死亡了，他沒有死。

另外，有這麼一位出家人，他是在抗日戰爭之後出家的。在淮海戰役的大會戰中，雙方死了好幾十萬人，在戰役中他沒有死。他向我講說，他聽見好像兩個人的對話，他們在拉他的屍體時說，他不應該在這個戰場死，應該死在四川重慶，不應該死到蚌埠。他聽得清清楚楚的，心裡：「這兩人是誰？」沒有人！這是鬼說話，他見鬼了。他沒死，但是鬼把他當成是死人。一個說他不該在這兒死，這個名冊上沒他。

他確實也沒死，活了之後，他說：「我這條命是撿來的。」他就出家了，那上頭說這個人本來該死到重慶的，不該死到蚌埠。因為他是四川人，他沒死又回四川去了，回家後他一想：「我乾脆出家吧！」他見到我時，出家二、三十年了。說在劫的難逃，他聽到那個是說他不在劫，所以他沒死，這不是他的智慧，是因緣湊巧了，因緣一般看來他死了，可是他沒死。

還有一個，本來是開玩笑裝死的，結果眞的死了，好好的一個活人去裝鬼，裝鬼了就死了。這是跟人打賭。這個事情發生在四川廣元，那時候槍斃了一、二十個人。別光聽故事！這是講般若，我拿這個來證明什麼是智慧？什麼不是智慧？這不是智慧。

黑社會大哥，那時候的四川話講就是「炮鍋」，有一個小兄弟，十幾歲的小孩，四川講叫兄弟伙。炮鍋頭子測驗他們誰的膽子大，說：「今天槍斃了十七個人，誰敢晚上十一、二點鐘，夜深人靜時，拿一碗麵去給每個餵麵，誰的膽子大敢去，我就給他一支手槍。」那時候炮鍋得到一支手槍，很名貴的，是人人很希望得到，可是買又買不起的。

有一個十三、四歲小孩，他說：「我去！」炮鍋看看他：「你有這麼大膽子？」他說：「不怕！」他就去了。這個炮鍋大爺另外又找個活人躺到死人堆裡，他要這人等到這小孩餵麵的時候，張口吃了。他說：「死人不吃的，活人還會吃，你吃了，然後跟他要第二口，看他怕不怕？」指派的這個人就去了。一切都佈置好，等到了夜深人靜的時候，那個小孩拿碗麵，一個個挨著就餵，他說：「打死的人，還吃嗎？」餵到這假死人，他張口就把它吃了，然後又說：「我還要一口。」「還要一口？」這小孩過去就給他兩耳食。「一人一份，你還要一口，哪有你的份！」他這一打不要緊，他吃的那一口麵，還在喉嚨裡，這一打，那人一咽，完蛋了，氣喘不上來了。本來是裝假的，但是就死了，他的因緣就該這麼死了。

第二天，小孩回來了，炮鍋大爺獎勵他一支槍。「哎？扮鬼的那個人怎麼沒有回來，我們去看看。」一看，那人不起來，眞死了。炮鍋大爺一想：這怎麼死的？他說：「你做什麼動作？」他說：「他還要一口，我就給他一耳食，打他一耳光，說一人一份，就這麼的，其他我不知道了。」找醫生一檢查，他那一口麵含在喉嚨裡咽死了！氣出不應，這叫該死，這麼死的。

如果是有智慧的人，生有處、死有地，這叫因果。但是，也有不同的，像那幾十萬人，都該這天死嗎？都該這個時候死嗎？現在一個炸彈下來，或者一個手榴彈下來，像一九四五年，美國在廣島、長崎各放了一顆原子彈，炸死了幾十多萬人，都該死嗎？大家讀過《藥師經》，佛在經裡說有九種橫死。不該死的死了，這個因緣錯了，結果他死了，這叫橫死，不該死而死，有九種。人的生、死、幸福、災難，你得有智慧，智慧包括的很多，包括宿命智，知過去的因、過去的果，未來的事情能知道，這叫宿命智。神足通叫神足智，知未來、過去三世差別的叫三世智，下文講差別因果周的時候，會詳細講。

這個涵義就是說，你若想解決一些問題，都得靠有智慧，沒智慧問題解決不了。乃至於出家修道，這也得有智慧，有智慧者就能夠知道因緣，慧者就是慧照。

前五度比如瞎子摸象似的，是盲者行道，現在則有智慧了。布施、持戒、忍辱、精進、禪定，得有智慧指導，以智慧爲主，沒有智慧，五度是修不成的。一部《華嚴經》就是以文殊菩薩、普賢菩薩爲主。慧必須得有行，得要去做；行的時候必須得有智慧，沒有智慧你修行不成。什麼原因？拜懺也好，念經也好，沒有慧力加持，做不下去，做做就斷了。有時候我這個毛病很重的，比如上午念經感覺很累，「哎呀！下午再補吧！算了，休息吧！」就不念了。下午，又有別的事，一打閒岔，「哎！晚上再念吧！」三推兩推的，到了晚上，因爲做了很多事疲勞到極點，想去念，又乖瞌睡，「哎呀！算了，修道不是一天修成的，乾脆睡大覺。」這一斷，明天呢？反正昨天也沒念，今天也算了，不念了！一斷，這個修行的行門就斷了。拜懺、禮佛，沒有智慧，做不下去的。

這叫什麼呢？魔難。什麼叫魔呀？這個本身就叫魔，什麼魔呢？中斷魔，它總讓你斷。我們一提到魔，一定認爲還有個東西，還有個像人那樣，還是有個鬼神什麼的，不是了！《楞嚴經》講五十種陰魔，色蘊有十魔，色、受、想、行、識都各有十魔。受，領受；行，運動當中；識，識蘊分別一切事物的時候，有障礙障你認識不清楚，非要智慧才識別它。這六度是相互配合的，有智慧的絕不做糊塗事，有智慧的人怎麼樣呢？他是相續不斷絕。

因此，智慧學非常重要，所以在這部經上講的，特別是〈菩薩問明品〉，專門講智慧，怎麼樣才能明了？明了就是知道，自己能夠認識障道因緣，把它破除了，破除了它就障礙不了你。智慧的反面就是煩惱、沒有智慧，有了智慧就認識煩惱了，認識煩惱了，煩惱就煩惱不到你了。比如你心裡因爲一件什麼事而感覺很不安，舉淺顯例子吧！你人在這兒很安心的聽課，正常的運動，忽然來個電報，說媽媽病重要死了。不回去吧？覺得媽媽生我一場了，再說出家也講孝道，回去吧！回到家裡，六親眷屬圍在一個病人面前，幾天後死了。死了你得送，不能回來了，留在家裡送往生。

這一段時間是一種障礙。是不是業？不僅華嚴沒有聽到，在家的時候，你心裡還有觀照功夫嗎？沒有了。不回去是不是就無情無義？現在這個時候，沒有不回去的。觀照這世間一切都是假的，這要有智慧。

舉個例子，像弘一法師，他一出家就跟家裡完全斷絕，從來沒再作返家的念頭。有時候看看歷代祖師、大德們的高僧傳，或者就算一個普通出家人，他的歷史、他的經驗，這裡含著無窮無盡的智慧。我們從正面的道理去學習，有時候還不能啓發，你從側面的，從傳記來激發你的智慧。同是一樣的人，同是一樣的事，有智慧的人處理這件事，不同。沒有智慧的人處理這件事，偏重於情，不是智，叫情執，情執翻過來叫慧解，有慧了就解脫了。他不爲世間的事物所累，一切事物上累不到他，他已經看破放下，完全自在了。所以，不一定按經文去學，經文距離我們還遠得很，就從你的日常生活當中，有智慧、沒智慧，什麼重？什麼輕？在事上觀察，怎麼樣把事迴向於理？事必具理，從理上解決問題，不要從事上解決問題，事上解決問題解決不了。恩愛牽纏，纏縛太多了。

有人問過我：「老和尚，我看您對您的道友，或者您的皈依弟子也好、出家弟子也好，好像太方便了，太隨便了，要求什麼您都答應。」我說：「我的理解是這樣子的，慧得你自己生，不是誰加入給你的，師父沒辦法給你，如果是有辦法，佛菩薩早讓我們每個人都有智慧了。佛菩薩沒有辦法，他只能告訴你這個方法，得你去做呀！」本來他正在煩惱，你沒有力量來解決他的煩惱，說你這個師父不夠格，不夠師父的格，怎麼辦呢？隨他的緣吧！你可以求佛菩薩，只當介紹人，或者你給他念一部經，給他持上一百零八遍咒，或者持七遍、二十一遍，看你的功力如何，功力不行，你給他念上一萬遍，效果就有了。

從事上，他會生煩惱的。你讓他自己覺悟，只能從這方面來做，過去大德這樣做的很多。明明知道這個事情揹因果，是師父承擔？還是徒弟承擔？好比我知道這個事明明揹因果，加在他身上，他要受十倍的痛苦，加到我身上，我可以念念經，或者觀想觀想求求佛菩薩，把它轉移一下，我就受兩三分就可以了，可是他得受十分。這些都要用智慧，在日常生活當中，你如何學習呢？大家多讀讀〈淨行品〉，「善用其心」，善用就是智慧，文殊菩薩就給我們智慧。我們依照〈淨行品〉去學、去做，我們自己沒有智慧，不曉得怎麼做，是文殊菩薩給我們的智慧，文殊菩薩告訴我們，你該這麼做、這麼做，這麼做、這麼做，這個你都做了，能夠成佛。

智首菩薩問文殊師利菩薩說，文殊菩薩就讚歎他，「你為了防護一切衆生的罪惡，所以問了一百一十種問題。」文殊菩薩答了一百四十一願，你看〈淨行品〉，都是問答形式的。因此，你若想有智慧，你要發願，得先發菩提心，以菩提心行菩提行；怎麼樣利益別人？那你自己就得修行。你有什麼方法利益別人呢？依我的理解，我們的力量是不夠的，衆生求你的事太多了，死人、生病、生意發不了財、賠本了，請師父加持。或者精神分裂，這種病最難治，你可以當個介紹人，讓他念地藏菩薩、念觀世音菩薩。你這個介紹人還得負責讓他念，或者他不能念了，你就幫助他念，念完了迴向，迴向到他自己能念，就讓他自己修行。這叫分別的智慧。用這些善巧方便，目的是讓他得到解脫。

我們每天講《華嚴經》也好，講戒律也好，或者自己在佛堂裡念佛也好，打坐修行也好，目的是什麼呢？都有目的。你出家的目的是什麼？出了家到普壽寺來住，目的是什麼呢？你得有個願，你得要達到目的。有智慧的，不達到目的絕不罷休。達到什麼目的？達到慧解脫，生出來智慧。智慧是怎麼生的？把你的心開闊了明亮了，就像剛才有一盞燈不亮，天陰了後邊就看不見了，你把這個燈一開，亮了！你的心這麼一開闊，亮了就沒有障礙了，是這麼一個道理。我們是求解脫的，不是求束縛的。

我們很多道友最初以一個欣樂心出家，到普壽寺住，也住了好多年了，某一方面有進步；但是在慧解方面沒有進步，有些進步很少。我們是學解脫，不是學束縛，不要把那個心越學越小，簡直不開闊。本來我們就夠受的，貪、瞋、癡、慢、疑，心裡頭都是侷限著，做這個也不對，做那個也不對。為什麼我們不開智慧呢？你進哪個門都有哪個門的鑰匙，沒有鑰匙你怎麼開？你得掌握這個鑰匙，開了門進裡頭去了，才看到裡頭究竟是什麼。

所以，想入佛門，怎麼進這個門？第一個你得有開門的鑰匙，人家門鎖著呢！開了門，到了裡頭，你選擇吧！修禪也好，持戒也好，你必須得有智慧，有了智慧一切所做的事，都是解脫的。沒有智慧所做的事，都是束縛的，越做越束縛，越學越執著。所以，不要把這個慧看輕微了，要把它看成很嚴重的。怎麼學呢？我也想開慧，你也想開慧，怎麼學呢？按照菩薩的教導，菩薩叫我們怎麼做，有一種明顯的，你過去的善根跟這個法相結合，一學就明白了，這是很明顯的。

還有一種，障很重，怎麼學也學不進去，學了幾年，表面上似乎明白一點了，實際上沒明白。為什麼呢？心裡沒有解脫，經常束縛，把一切事看得很眞實、很狹隘，到死的時候，還不明了是怎麼死的。我們出家人死的時候，一定要明了。我們學法不是光為了今生，而是無量劫。不是有這麼一句話：「此身不向今生度，更待何時度此身。」你今生聞到佛法，不把你度了，沒得到解脫，你等到什麼時候得度呀？那一錯下去，不曉得錯到哪裡了？

因此，大家對於慧學，一定要注意，慧是從磨練中生出來的。人家說不經一事不長一智，不經過這件事，就不知道這件事是怎麼回事。你經過了、吃虧了，經濟損失很多，花錢買智慧。上一次當，學一次乖，下回就不這麼做了。由於這種關係，大家一定要修智慧。有明求，也有暗求。暗求的，說我沒有智慧，念經也念不下去，念個咒吧！密宗的規矩，你入他那個寺院，一過了十歲他不收。不像我們這裡收徒弟，中年的、老年的，什麼都收，密宗不行，滿了十歲他就不收，都是小的，五、六歲，三、四歲。你看達賴、班禪，都是三、五歲就請入寺院，派兩個老師，從小就培訓，爲什麼呢？因爲他很清淨，容易進入。

小孩子最初出家的時候，什麼都不懂，要先開智慧。怎麼開？念經也不會，什麼也不會，就念一個咒，成年的也如是。像我們到西藏學法，我住色拉寺，他們住哲蚌寺，什麼都不教你做，起碼一百天之內不做，或者這一年不做，就念一個咒，文殊菩薩心咒，就念：「嗡阿惹巴雜那地，地地地地」。一天就這麼念念、念念，腦殼混混沌沌的，還是念：「嗡阿惹巴雜那地，嗡阿惹巴雜那地，嗡阿惹巴雜那地。」晝夜如是念。漢人若想學藏語，生活話起碼得會說，在這一百天之內，必須得把藏話說好，吃飯、穿衣、睡覺，一切跟人交往的一般話你得學會，不會你怎麼生活？你想求人幫助你，別人也沒法幫助你。

我們年齡大了，舌頭笨了，像能海老法師到西藏，他已經老了，老了又去學的，學那麼多年，那得下苦功夫。這個咒使你的身口意都能開智慧，口業開智慧，學藏語學得非常快，馬上就會。身業開智慧，就跟他們打成一片；意業開智慧可就難了。你把那五部論學通了，還能辯論，那就不是一年、兩年、三年、五年，他給你規定二十年。第一年就念「嗡阿惹巴雜那地地地地地」，先鍛鍊你的舌頭，「嗡阿惹巴雜那地地地地地」，一直「地」下去，「地」到氣上不來了，再換第二句，「嗡阿惹巴雜那地地地地地」，那個舌頭在裡頭轉的，大概要轉上億萬次，那你再學其他的，舌頭非常靈活。

一者是菩薩加持力，你念那個咒，心裡就想著文殊師利菩薩，把自己變成文殊師利菩薩，智慧當然就開了，密宗就是這個，這叫密。讀《華嚴經》，咒也非常多，密宗是從《華嚴經》開始的。以前我們打華嚴七的時候，每一座都唱華嚴字母。華嚴字母就是四十二個字，每一個字都具足法界的力量，那是開智慧的，這叫密法。

顯法，學《華嚴經》的〈菩薩問明品〉、〈淨行品〉、〈梵行品〉，這幾品你必須得學通，學完了得用功夫，你能入華嚴、入法界，這個智慧所要求的又不同了。但是，布施、持戒、忍辱、禪定，都得靠智慧，沒智慧等於沒有睜著眼睛去做，有了智慧就有慧眼，慧眼照一切，你作布施也作得究竟，持戒也持得好。持戒一定得把開遮持犯搞清楚，不要偏於止持，從作持彌補止持做不到的，止持有好多我們做不到的，我們用作持。作持是什麼？我們學智慧，有了智慧什麼都做得到，不是說我一個人能扛二百斤，有了智慧的，一千斤、一萬斤，移山倒海都能辦得到，智慧就是神通，智慧力是不可思議的。

種種方便化眾生　令所修治悉成就
一切十方皆徧往　無邊際劫不休息

第七個是方便，方便是什麼呢？就是方法，辦一切事都有個方法，方法不對，這件事沒法完成，這叫方便善巧。「方」是一個方法，「便」就是找便宜，不必費很大力氣就做到的。

方便裡夾著有迴向，慧方願力智，把願加到方便，方便成就願，願又成就方便。有願力才能想出辦法來，你的心若想完成這個事，得有願力，方便跟願這兩個是結合的，有方法就能善巧的解決問題，這由甚麼產生的呢？由大悲心。因爲大悲心想度這個衆生，得想種種的辦法度他，因此化生種種的善巧方便。

佛昔修行大劫海　淨治諸願波羅蜜

是故出現徧世間　盡未來際救眾生

「盡未來際救眾生」，也得想種種的方法。眾生有種種願、種種希求、種種業，你不能拿一個方法用於一切。比如說肚子痛，肚子痛的來源可多了，為什麼引起肚子痛？開方用藥的時候，這個肚子痛跟那個肚子痛不一樣，你用同一個方法就不靈，必須得有方便善巧。六度是總說，而這個眾生這樣他做不到，因此必須得方便善巧引入，他才能做得到。怎麼引入呢？讓他先發願，先懺悔，先把業障消一消，他就能夠布施、能夠持戒，這個就叫善巧。發願、懺悔或者說對治方法，這都叫方便行。或者一個人好動，好動？好！朝山去吧！朝山爬黛螺頂，一步一個磕頭，這也是方便，救度眾生，一切都有方便善巧。做任何事都有方法，都有它的規律，但是要走捷徑，不要繞得很遠很遠，這叫方便，方便是別走彎路，別把時間都浪費了，那是不行的，不容易得度。

所以，佛在往昔度眾生的時候，為了對治眾生煩惱，想了很多的方便善巧，用了種種方便，這就叫方便。「佛昔修行大劫海，淨治諸願波羅蜜。」除了方便，還得發願。願者，就是希求，還得加個誓，意思就是我這個希求一定要達到目的，這叫誓願。這裡頭含著欲望，欲望堅固，欲望就是願。我要堅固這個願，非達到不可，這個必須得有信，相信自己能做到。學佛法得有願，就像你開公司，沒一個開公司的想要賠本的，都是想賺錢哪！但是，你這個錢怎麼賺？你得發願，發願要很堅固，別遇到挫折就退了，那就不行。「誓」就是不退，使我的願一定能成就，何況你要求菩提呢？想成佛不是那麼容易的，你得要發願。

佛無量劫廣修治　一切法力波羅蜜
由是能成自然力　普現十方諸國土

《華嚴經》在「智慧」底下，又開「慧、方、願、力、智」成十波羅蜜。力波羅蜜能屈伏一切怨敵，一切怨敵都無法欺負你。有力量能降伏煩惱，不被煩惱轉。當你煩惱時，用智慧一照，爲什麼會有煩惱？煩惱從什麼地方來的？找找煩惱原因，一找原因煩惱就沒有了，這得有力量，這個就叫力。力是你隨修隨得，所得的降伏一切怨敵，降伏一切煩惱。有力量就有思惟、有抉擇，對任何能夠審評，能夠下果斷。我們不行，我們對一件事總是想來想去：唉喲！這件事該怎麼做呢？沒有智慧，下不了決定心，有力量就行了。

「佛無量劫廣修治，一切法力波羅蜜。」法力就是力，這個力量是從法產生的，從修道產生的。「由是能成自然力，普現十方諸國土。」力是不可屈伏的，有力任運成就，能降伏一切諸魔，降伏一切諸怨敵。法力是從學法、思惟、抉擇諸法而產生的一種力量；另一種，從你修行布施、持戒、忍辱、精進、禪定產生的力度，這個力度有時無師能成，雖然沒有老師教，自己這麼觀想就成就了。力度能摧壞一切而不被怨敵所摧壞，力是怎麼產生的？從慧裡產生的，慧、方、願、力，從慧產生智，還有方便善巧，還有發願。

佛昔修治普門智　一切智性如虛空
是故得成無礙力　舒光普照十方剎

佛往昔修行普門的智慧，「一切智性如虛空」。什麼是智？智是空的。光明是什麼性體？它是照破黑暗的。一切智慧像虛空似的，智產生力量，因爲他成就無礙的力量，所以「舒光普照十方剎」，一放光明十方都照著，一動念了，念就是光明，念就是力，力所到處光明到，光明到處力到。

十波羅蜜分開解釋是這樣子，等你用的時候把它做爲一個。決斷就叫智，沒有決斷力你出不了家，這就是你的智慧，能夠出家走這麼一步，是智慧。一個聞到法，一個看到三寶，讓你宿世善根成熟。沒有智慧你不能夠行六度，布施、持戒、忍辱、禪定、智慧，沒有六度你也成不了這個智慧，這兩個是相輔相成的。有了妙智慧，才能夠有正了知，有了正了知，你才能做六度萬行。怎麼把六度說成萬行呢？它每一個就含著無量義。這樣，成就一切有情、享受最高的快樂，什麼呢？法喜充滿，法喜充滿就是法樂。

大家斷斷續續的聽《華嚴經》，不曉得你得到什麼法喜？自己感覺到什麼？讀誦《華嚴經》的時候，有什麼感覺？如果你沒個欣樂心，沒個法喜心，學也學了，只是「唐喪光陰」，意思就是把這光陰都浪費了，時間用了很多，得到的卻很少。如果一開始就得法喜，前生的善根力促使你學法精進，學法得有精進力，沒有精進力不行。光在這兒說一個半小時，你得到的很小，像華嚴部的道友，他們用的時間、功夫就很多，所得到的比其他道友要多一點。

如果你只是停留在欣樂心的階段，還是停留在講說的階段，你收的效果不大。效果不大，精進心生不起來，精進心生不起來，你得到華嚴的加持力很少。你來這兒坐一個半鐘頭，不能說沒有得到，如果這一個半鐘頭沒打妄想，沒到法堂外面去，都在法堂裡面。不但一邊耳聞，還得心思，不是聽了就算了，聽到是我說的，說的都是假的。能入你的心，心得到了決定智慧，這才產生決定智，我相信這個法對我能生智慧，對我能得解脫，我一定發願學習、投入，得到什麼呢？得到一個無所得的智慧。

◎雲音菩薩歎佛往修十地行果

爾時雲音淨月菩薩摩訶薩承佛威力。普觀一切道場衆會海。即說頌言。

神通境界等虛空　十方眾生靡不見
如昔修行所成地　摩尼果中咸具說

這些大菩薩讚歎佛往昔修行時，所發心、所行、所願，這已經是十地的境界。這個偈頌是讚佛登地之後，見了法身的境界，他成就了。我們前頭講一位一位的，那屬於三賢位，是修行的助行，現在佛登地見到法性了，神通妙用的境界相是什麼樣子呢？「等虛空」，像虛空一樣的，沒有什麼實際可得，得無所得，把這種佛境界顯示給一切眾生，說「十方眾生靡不見」。「如昔修行所成地」，現在我們要講十地了，每地所含的義理、所證的果、果上所起的用，這個用、這個果是由往昔修行所得到的，以下一地一地的廣說，先說初地。

清淨勤修無量劫　入於初地極歡喜
出生法界廣大智　普見十方無量佛

「劫」就是「時分」、「劫波」，經過很長、很長的時間，「入於初地極歡喜」。一般說，從他發心到見初地，都說一大阿僧祇劫，實際上還不止。這只是他見初地的時間，那發心以前的修因呢？沒有說。登初地見到法性理體了，產生非常大的歡喜，所以叫歡喜地，初地就叫歡喜地。見了一分法身，入了廣大智法界之後，「普見十方無量佛」，以下就要說十地的修行過程。

現在開始講初地，這些從座出生的菩薩，或者屬於普賢菩薩一類的大菩薩，他們述說佛往昔所行的境界相，也就是修行所走的路子。好比你到了五臺山，又不認得五臺山，你可以買張五臺山全山朝聖圖；或者你到了北京，你先買一張北京市圖，就知道你要去的地方往哪邊去，按照地圖去找，就能找到。

所以，你若學佛想證佛果，佛經等於是路線指引圖，告訴你怎麼才能達到佛果。現在我們諸位道友，都是初發意的菩薩，比丘、比丘尼、優婆塞、優婆夷，我們是受三壇大戒的，都受菩薩戒了，都是菩薩。但是以《華嚴經》的道理來看一切衆生，他沒有什麼初發心、二乘、小大之分，他觀一切衆生都可以成佛。爲什麼呢？因爲他本具足佛的體性、佛的智慧德相，法身本具的，只是沒有開發而已。現在我們的信心增長，發菩提心了，從知苦、斷集、慕滅、修道開始，然後讓一切衆生都知道苦集滅道的四聖諦，從凡夫進入聖人。知道是一回事，做還是一回事，就像我們剛才講的，你若想到北京去，買張地圖；想朝五臺山，你買張地圖就知道佛母洞在什麼地方，這五個台怎麼樣走，觀音洞在什麼地方，一個個按圖去找，不會走錯路的。至於你走的方法，或者使用交通工具，乃至你發心一路磕頭朝拜上去，這就是告訴你過程。

每一個菩薩讚歎佛修行的過程、讚歎佛的功德，有些是籠統說的，有些是行布說的，就一般所含的義理來說，它是不分的。從行布來說，一位一位、一地一地的，發心不同，修行的量度不同，所行的法門不同，簡單說，指導你的身怎麼做，口裡怎麼樣說，心裡怎麼樣想，這個過程懂了，然後透過修行證得佛的功德。

佛在修行的時候，他是怎麼進入初地的？他經過好長的時間，一再地清淨、精勤地修行。前面加個「清淨」，清淨是沒有煩惱，在修行過程中沒有煩惱，歡歡喜喜的修行，達到的佛境界像虛空那麼廣、徧。「十方衆生靡不見」，是根據遠傳說，根據經典上所記載的，知道佛的神通，知道佛所走的道路，知道佛往昔修行如何，以及如何累積成就達到佛的境界，經過無量時間的勤修，才登於初地，也就叫歡喜地。斷了一分無明惑，證得一分的法身理，一位一位一直到十地，乃至最後的等覺菩薩，這個時候成就了，但是還沒成佛；像現在彌勒菩薩在兜率天內院一樣，達到究竟將成佛的，就叫等覺菩薩。登了初地後就能生起法界廣大智，法界有多大，他的智慧也就那麼大，能夠到十方佛的世界，親近諸佛。

我們最初開始修行的時候，沒有入位，信心還不堅固，因此在修行中，多修加行求諸佛的加持。什麼叫加行呢？加行有種種方法，在我們漢地，念佛、拜佛、上早晚殿、過堂，按照叢林的規矩，這都叫加行。像密宗在接受灌頂的時候，前頭都要念個加行。除了念以外，還要修四加行，看個人修得快慢，大概得一年時間。四加行就是磕十萬大頭，這個大家都知道、都會磕。再者要供十萬曼達，曼達的供法是一邊抓一邊念咒，四大名山、八大金剛都要供的，供了、倒了，這算一次，再供、再倒，再算一次，一定要供十萬次；還得修觀想。還要念十萬百字明，如果你是依著金剛部直接修成佛的，那這十萬百字明就念金剛薩埵咒，或者你是依著蓮華部修，想生極樂世界的，那就念十萬個蓮華部的百字明咒。這樣都修圓滿了，這只是你在起修當中，前頭的加行。

我們漢地一般沒有這樣做，漢地的作法是念「大慈大悲愍衆生，大喜大捨濟含識，相好光明以自嚴，衆等至心歸命禮。」念十萬遍，這叫四加行。只是加行，修行還沒入門；經過加行，完了才正修。爲什麼要做這些呢？消除你的魔障，魔障就是業障，希望在你修行的時候，別給你做障礙。歡喜地以前的修行，修慈悲喜捨四無量心，要經過很長的時間。

依華嚴教義講，地前修行從你發心、有了信心，這十個信心修起來都很難，我們現在連信位都還沒入呢！要怎樣知道你是入了信位的？說：「覺知前念起惡，能夠止其後念不起」，你可以用這個驗證你的思想。如果你的心裡已經純善了，像〈淨行品〉，文殊師利菩薩給我們啓示的，你都能做到了，這都算加行了。先消除障礙，把你的心純善了，十信修滿了，才叫入了初住位。初住位到了什麼地位呢？

發菩提心，這個時候才眞正地發菩提心，叫發心住。我們以前的發心都不是，因爲不稱理，即使今天發了，到明天沒有了，今天信了，明天就不信了，它是變化的。前一念是菩薩心，後一念就是地獄心，一天裡變化無常。但是入了住位之後就不再變了，這叫發心住，這個時候才發眞正的菩提心，這是地前發菩提心。

登了歡喜地了，重新再發菩提心，這個菩提心是果菩提，發心成佛。不過《華嚴經》沒有講地前這些發心，但是地前必須經過這些發心才能入到初住。像善財童子五十三參的時候，一開始他的心就很猛利的趣向菩提、趣向佛果，這才得遇到文殊師利菩薩，告訴他發菩提心。從初信開始，一個信位一個信位的，前一個信心有了，到第二個信心很不容易，第二個心到第三個心，第三個心到第四個信心，要求的很高才能斷惑。到了發心住就很難了，一步一步的，從初住到第二住，少說恐怕也得一萬年。十住滿了到十行，十行完了十迴向，十迴向滿心了，才登到初地。

等你登到初地後，前頭那個菩提心就非常清淨了，相似證得，這是相似位，前頭三十個相似位，相似見到一眞法界，他沒有眞正證得。到了初地才眞正證得，所以生大歡喜，歡喜地能見到自己的法性。從多劫以前修了加行位，到登了初地，這中間要經過一大阿僧祇劫。但這不是一定的，也有沒經過一個大劫的，有的一發心就證得的，這個不同，中間錯綜複雜，一般的修行就必須經過這樣一個過程。

各個經論的說法不同，我們是依著《華嚴經》，漸漸的跟大家解釋。前面都是讚歎佛的功德，等到了自己修行了，一位一位的，《華嚴經》就是講這個。入了歡喜地，能生起廣大智慧，眞正生了如來家。三賢位的菩薩相似生如來家，不是眞實生如來家，登了地才叫眞實的生如來家，因爲他見到法性的實性。這時候他得到妙觀察智、平等性智，這時候才知道佛的境界無量無邊，眞正入了佛的智慧海。但他也只見了一份，說初地不知二地事，涵義就是這樣的。乃至到十地、到等覺菩薩，經過十忍、十定、十通，不是那麼容易的。這只是標個題而已，第二個講離垢地。

一切法中離垢地　等衆生數持淨戒
已於多劫廣修行　供養無邊諸佛海

供養無邊的諸佛，像海似的那麼深、那麼廣，這是進入第二地，離垢地。這不是像我們以前在生活中，貪瞋癡所對的無明垢染，這只是無明，純粹是細惑而不是粗惑。我們具足的是粗惑中的粗惑，他這是細惑，塵垢還有，但沒有髒、沒有相。從名字就知道，他把這個無明垢染離除了，把這個垢染斷了，又進了一步，斷了第二分無明，證得第二分法身，斷一分無明，證一分法身。

這個戒有好多呢？清淨戒等衆生數，衆生有好多，戒條就有好多，但是都能持得清淨，離垢了。菩薩戒非常微細，不是我們所說的十重四十八輕，而是講無量數。經過無量劫的修行，又供養無邊佛，這就是離垢地，塵垢都能離除、清淨了，這是第二地離垢地。一地一地的行相不同，修行的時分不同，供佛的世界不同，供佛多少有所不同。

積集福德發光地　奢摩他藏堅固忍
法雲廣大悉已聞　摩尼果中如是說

這是第三地，發光地，也是標個名字。發光地斷第三分無明，到了這一地，修成了堅固的忍，忍什麼呢？忍可法性眞理，入一眞法界的眞理。他知道佛所說的一切甚深法，當然這只是三地，初地不知二地事，二地不知三地事，三地不知四地事，一地一地不同。這時候他所修行的境界也不同，他修行一切禪定，不過第三地的忍度偏多。但這個忍不叫忍辱，是無生法忍，心裡明白、覺悟無生法，忍是認可。這個時候聞法特別多，到十方諸佛那兒聞法，廣博知識。第三地的菩薩寄同世間，寄位跟世間相同的，你看不出來他是登地的大菩薩。

燄海慧明無等地　善了境界起慈悲
一切國土平等身　如佛所治皆演暢

四地是世無等的燄慧地，他能夠普徧無等地度衆生，大慈悲徧一切處，一切世間境界相，他的智慧都能明了，隨衆生緣更廣大，隨緣利衆生，國土跟衆生，依報和正報平等平等，以無盡身雲能示現一切境界相，諸佛所演暢的、諸佛所證得的第四地情況，他都知道、了解。這也跟前頭一樣，標他的名字，了達他所證得的，所以跟凡夫地已經不同。

第四地跟前三地不同了，前三地是異凡夫，第四地是異二乘，與二乘的利生是不同的。他的身和土，正報和依報，這個時候他的見地是深入法性，也證得法性理體的第四分，他雖然在世間卻沒有世間相，也沒有身相。初地菩薩斷了一分無明後，他已經遠離了對身見的分別，初地斷對衆生的身見分別，四地就深了，一、二、三地斷的是分別身見，四地斷的是俱生我執的身見，也叫俱生我執，這個他全斷了。

普藏等門難勝地　動寂相順無違反
佛法境界悉平等　如佛所淨皆能說

到了第五地，十地已經進入一半了，這時候他所積集的福德、智慧，叫普藏，已經證得了十個平等心，就是「等門」。這也是標地名。眞跟俗兩個是相對的，絕對相違背的，眞絕對不是俗，俗不是眞，但是俗諦不離開眞諦，眞諦是成熟俗諦，眞俗二諦很是相違的，但五地菩薩把這個相違變成相順、調和了。理跟事，理法界跟事法界，俗諦是世間境界相，諦理是法界相，他以平等觀將理入於事，事入於理，這個境界絕對不同了。五地菩薩所證的十種平等清淨心，是對過去、未來、現在三世佛法的平等清淨心。第四是戒。第五是心。第六是除見疑悔。第七是道非道智，什麼是道，什麼是非道。第八是修行智見，這時候修行不是知見，是智，智慧的見。第九，他能對一切菩提分法深入觀察。第十，以平等心教化一切衆生，譬如苦集滅道四聖諦法，他都能夠平等觀察。

五地所做的，四地菩薩完全不知道，菩薩地位越高深的，境界越深，前地不知後地事，那個境界絕對不同，前四地是出世，五地菩薩則從理上專觀俗境，理入於事，是入世。

廣大修行慧海地　一切法門咸徧了
普現國土如虛空　樹中演暢此法音

這是歎行，到六地菩薩，歎他所行的深入，顯他深入菩薩行的身相，他能了達一切緣起法，知道這個法爲什麼這樣緣起，知道是如何生起。他證得十空三昧，我們只說空，其實空義非常的深，也是一層一層的空，空什麼呢？十空三昧，也就是六地最後所成就的。我們前頭只是標個名，到後頭一地一地，義理很深，將來入了經文，再詳細講。

周徧法界虛空身　普照眾生智慧燈
一切方便皆清淨　昔所遠行今具演

這是七地菩薩，叫遠行地菩薩。好像行菩薩道走了很長很長的路，才證得這個果位，果上所起的一切大用能夠照達一切衆生的機，這時才能善巧方便隨緣說法，巧攝一切衆生，因此度了很多的衆生。

一切願行所莊嚴　無量剎海皆清淨
所有分別無能動　此無等地咸宣說

八地叫不動地，由一切願力、修行的力度，願行所莊嚴的，使他的依報、正報都清淨了。這時候他斷了分別心，平等心究竟達到成就了，所以又叫無等地。前頭叫別地行的行相，到八地就都斷了，這是申明一切佛國土，他也莊嚴成就了。

爲什麼八地叫不動地呢？他從遠行地到這兒，認爲八地跟佛無二無別、成就了，他不再認爲有衆生可度，因此任運流轉，所以十方諸佛都來勸說：「你還沒有成佛，佛的功德也還沒有具足。」

無量境界神通力　善入教法光明力

此是清淨善慧地　劫海所行皆備闡

到了第九地，沒有什麼解釋，只是說善達佛所說的一切教法，就叫善慧地。由八地不動地一轉就是善慧地，具足很大的善巧，然後就進入第十地。

法雲廣大第十地　含藏一切徧虛空
諸佛境界聲中演　此聲是佛威神力

從十地就進入等覺地，十地就是等覺，基本上跟佛相等。他所含藏一切利益眾生的法雲，無量無邊。入了佛的境界，無明都斷盡了，但是等覺還有微細的習氣，「一念不覺」那一念，就是等覺菩薩要斷的。〈大乘起信論〉裡講「一念不覺生三細」，三細就是業相、轉相、現相。現相是八地菩薩斷的，轉相是九地菩薩斷的，十地菩薩斷極微細的業相。在九地菩薩以前的菩薩多觀眾慧，到了十地菩薩的法雲地，就像雲彩在空中似的，他的觀想所緣是普遍的，觀一切眾生平等，達到佛的體相用。法雲地的菩薩已經進入十地，是十地滿心的菩薩。

前面這些都是略說佛在修行當中，所證得的一地一地的境界相，這些菩薩在修的時候，進入了佛的哪個階段，斷的惑、所證的眞理，一地一地的菩薩不同。以禪宗來說是不講次第的，直取佛在菩提樹下的頓悟，而不談佛無量阿僧祇劫的修行。

佛在菩提樹下也是不談的，等到佛說法時，才說他怎麼達到這個過程，這是有過程的，佛說《法華經》、說《華嚴經》，就是演這個過程。禪宗就取他菩提樹下的頓悟，也學佛似的靜坐、修禪、修三昧來達到頓悟。

爲什麼中國祖師說頓悟就是成佛了呢？禪宗有一句話：「禪門一炷香，頓超直入，立證菩提。」這個菩提是素法身，跟我們凡夫所具的一樣的，但是他明了、凡夫不明了。不過明了是一回事，修行又是另一回事。這個立證菩提的效果如何呢？跟成佛的那個佛效果不一樣，中國叫素法身，說法身不錯但沒有功德相，沒有利益衆生的那些方便善巧。證得了是不錯，跟佛無二無別，但我們現在不明白，那就是沒證得，所以照樣得利益衆生、修功德、莊嚴淨土，悟得了你也得有個說法的處所。這說法的處所，這是在內心之中的，不是另外的土地，說建幾間樓房、建個法堂，不是這個涵義。這一切都必須得經過很長的時間，斷惑是一步一步來的，現在我們就是一地一地的了解它的不同。

◎善勇猛菩薩歎佛體用應機自在德

爾時善勇猛光幢菩薩摩訶薩承佛威神。觀察十方。即說頌言。

無量眾生處會中　種種信解心清淨
悉能悟入如來智　了達一切莊嚴境

這是總結歎佛的功德，令一切眾生悟入佛的福智。華嚴法會的大眾很多，我們前面講的世主妙莊嚴，一類一類的，一部分一部分的，都在法會當中，經過信、解、行、證以後，心裡頭清淨的，並且都能入到如來的智慧，有的入一分，有的證得兩分，有的是理解還沒有證得。同時，也了達佛的國土，依報跟正報是平等平等的。利益眾生不同，莊嚴國土也不同，這叫自證分，佛的自分跟其他的不同。例如我們所說的極樂世界，極樂世界跟我們娑婆世界一樣的，也是四土。佛自住常寂光淨土；大菩薩共住實報莊嚴土；一般的菩薩住方便有餘土；我們一般的眾生生到極樂世界，是住凡聖同居土，這裡有聖人有凡夫。方便有餘土純是聖人，沒有凡夫。實報莊嚴土是大聖人了，一般相似位的菩薩沒有，都是果地上的菩薩。

這十地菩薩，雖然都見了法身，他有層次的，福報不同，依報也不同。但是從信、從解、從行、從證，都能進入佛的智慧海，只是進得深、淺不同而已。法會當中的來眾很多，我們舉的很少，他們依信解行證的力量，心都是清淨的，能夠了達一切佛的境界，能夠福慧具足。在同一個大會之中，雖然是悟了，但悟得的深淺不同，入如來境界的深淺不同，國土的莊嚴就不同，國土的莊嚴是福報所感，福報大，莊嚴的國土就清淨，福報小，莊嚴不了的。

從世間相上看，一座小廟或者三間小土房，你可以標個名字叫精舍。以前我跟慈舟老法師的學生，也就是我的同學，一起住在三間小房裡，也叫作「法界學苑」，隨便自己釘個牌、標個名字。特別是在美國那些道友，租了兩間房，甚至房子都租不起，住到人家車庫裡頭，一個月一百塊錢就夠了，外頭寫個牌子叫「法界學苑」，既沒學生，也沒有什麼老師，就他一個人，這是什麼呢？這就是莊嚴境。

我到美國萬佛城宣化法師那兒住，他便宜的買了一塊地，叫萬佛聖城，實際上就是個醫院。醫院大概有七十多幢樓，人家是花了好幾億美金修建的，他只花幾百萬就買了。爲什麼？韓戰、越戰時期有很多傷兵，沒死亡還要治療的，都送到那個醫院。醫院裡有一個老人療養院，還有個瘋人院。後來，宣化法師把瘋人院那所樓房改作如來寺。你若去參觀，那個樓房裡的桌子、板凳、椅子、一切衆具，全是鐵的，都是焊到一起不能動，就怕瘋子他亂動家具，所以都是鐵做的，焊連在地上，這樣就動不了了。

我到那兒去看，說：「好！好！好！這個如來寺好，完全不能動的，這是第八地不動如來了。」整個瘋人院，大概有三百多間，這只是一部分。還有臨時病院，是間很大的醫院。後來怎麼賣給他了？沒水，水斷絕了，乾旱了兩三年，沒有水怎麼活著？沒水就拍賣，拍賣也不成，人家說那兒是怨魂院。爲什麼呢？因爲越戰、韓戰在那裡死的人很多，那個鎮，沒人敢往那地方走，說那是鬼城。我們和尚不怕鬼，所以就賣給他了，他也就買了。

買了之後，他就祈禱，打一個井，那個井居然打出水，又能住人了。那裡沒有一個樓房像是和尚住的寺廟，但是他改了個名叫萬佛聖城。名字，你可以隨便安立，爲什麼呢？假名。他讓我住了一幢樓，他說他自己留的，我說：「你怎麼不住？」他說：「我住了幾天不清淨，你來住，試試看。」他沒有說下文，他一說不清淨，我就知道涵義，那就試試看吧！一看也沒什麼，就是特別的冷。這棟樓有個壁爐，我整天都要燒火，坐在火旁邊觀，就修火觀吧！燒了火，它就不冷了。有人說那兒有響動，那風刮也是響動，動的力量可多了。

我住那兒的時候，他說：「你別惹禍！」我也不知道是什麼涵義，結果我還是惹禍，惹什麼禍呢？有一隻很高很大的孔雀，天天到我那兒去，我就抓把花生米給牠，這就惹禍了。到時候你不給牠，牠就叨你窗戶的玻璃，啪、啪、啪的，讓你不得安寧，你給牠一把，牠就走了。跟牠說：「這樣我不給你，你要開個屏。」哎！牠又懂得，牠就開了。知道孔雀開屏吧？後來一幫鹿子跑來，我也是把吃剩的麵包給牠一塊，也惹禍了。小鹿子一幫一幫來，站著不走，你若不給牠們，牠們絕對不走，給了，牠們才走了。

我在那住著，就有人問我：「老法師，你看見沒有？」「我看見什麼？沒看見！」「那幢樓鬼多的很。」我說我沒看見，我說：「我就是個老鬼，我怕什麼鬼呢？沒有鬼。」修道，自己心裡要先安定。

我們講修到十地，怎麼進入的？心進入的，萬法唯心，現在你一念不生，一念不生則萬法皆空。十地菩薩都是空的，但是這個空可不是像我們所講的二乘空義。初發心菩薩的空義是般若空，這超過了，也超過《心經》觀自在菩薩那個空。它是純粹達到深般若波羅蜜，深般若波羅蜜的空，是什麼樣子呢？不空。空達到不空，這說是我們佛教的術語，說空即不空，不空而空的空，才叫眞空，眞空是不空的。空，我們能入也能進，二乘人都證得空，他一入定就空了。但是這個空的智慧非常的小，非常的劣，劣是不勝的。等到登了初地，初地菩薩的空義，跟這個就不同了。到法雲地的空，不空了，他像雲一樣的給衆生說法，對一切衆生機演說一切法，因爲清淨無障礙，說淨故無礙。說大，大到什麼程度？周偏，沒有對待的周偏，就叫大。清淨呢？無障礙就叫清淨，一切障礙、一切煩惱都沒有了。

我們說周偏包容，有容乃大，能容十個人，你就是十個人的頭頭，若能容下六十億人，你可以做這個世界的頭頭，看你能包容得了不包容。能包容無量義的，只有佛，像觀音菩薩、文殊菩薩、普賢菩薩，他們也能包容一切的。人家問個和尚，文殊菩薩的化身：「你這個道場容納些什麼？包容些什麼？是聖人境界？是凡人境界？」「凡聖交參，龍蛇混雜」，文殊菩薩這樣答覆他。龍跟蛇分別不出來啊！我們看畫畫的龍，畫得五爪金龍，哪有那個龍？那是畫畫。實際上蛇跟龍差不多的，龍會變成小蛇，小蛇一變化就成龍了。

這是最殊勝的，什麼最殊勝呢？法身最殊勝。善勇猛光幢菩薩讚歎佛的這十個偈頌，意思含攝得很廣。這僅是序分，說世主妙莊嚴，有形、有相、有法可依，有形相可得的就叫世間，出世間就沒有，知道這個涵義就行了。

「無量衆生處會中，種種信解心清淨，悉能悟入如來智，了達一切莊嚴境。」這是讚歎佛的功德，在大會無量衆生當中，這中間他的信心、理解，所處的種種環境，種種意識都不一樣的，佛都能夠開示使他們悟入佛的知見、悟入佛的境界、入佛的智慧，也了達佛的國土莊嚴境界相是什麼。

我們看娑婆世界，特別是現在這個世界，怎麼樣呢？刀兵、水火、饑饉，地水火風都成災難了。沒水是災難，有水把水污染了讓你不能用，還是災難；大地隨時震動，也是災難。爲了爭財富，拼命在地底下掏挖，就我們山西省，一年要掏好多煤炭？光我們這小小普壽寺，從上到下一百噸煤、一千噸煤夠嗎？問問客堂就知道我們一年要燒好多噸的煤，把這煤一堆，比普壽寺還大。再說光山西太原要好多煤？不說掏煤死了好多人，一下這個洞垮了，一下那個洞又冒水了。這個世界每天要燒上億萬桶的煤油，開汽車要用什麼？用油，沒開車前得先加油。從地底下掏出的油，一年有多少？你的衣食住行，沒有一樣不是大地掏出來供給的。地球不再長了，光掏、光破壞它，它不毀壞嗎？掏得快毀滅得快，這叫成住壞空。

現在還是住劫，還不到壞劫，住劫的時候就已經破壞得差不多了，等到壞劫的時候，很快就壞了，不是天崩地裂，而是人爲的。懂得這個道理了，你才知道你處的這個世界，福慧沒有了，你處的環境就是這樣，衣食住行就沒有了。但是，你知道這是華藏世界嗎？我們看是娑婆世界，娑婆世界是依著華藏世界起的，我們看著是凡夫境界，這是建立在空中的。現在科學證明，地球只是空中的一點點，你看在銀河系裡，一個小球一個小球，娑婆世界很小很小的，比火星、比太陽小多了，太陽比地球大上千萬倍。看看空中的隕星，一個球一個球都壞的時候就是這樣，一切法都如是。知道這種變化，就知道你的福德智慧。

這個地球上，雖然人不多，也有六十幾億，這只是指人類說的；還有畜生類、蚊蟲類、飛禽類，多種多樣的衆生，牠們的心都不一樣的。我們現在有五百人，有五百個心，多嗎？五百個心？一個人的心都不止五百。我們一天起好多念頭，誰計算過你的心一天起好多念頭？又受生理的侷限，每個人的身體不一樣，生老病死苦，病有多少種？因爲你沒有學過醫科，你若是學醫科的，就知道心臟有多少種病。我們知道的很少，醫生也不能完全知道。尤其是現在的病特別怪，你查病的原因，他怎麼生的？爲什麼得這種病？現在我們吃的東西跟以前不一樣了。有人說以前的植物生長得慢，生出來也不漂亮，因此人吃藥，讓地也吃藥，給地加農藥，加這種藥、那種藥，生出來的糧食漂亮。漂亮是漂亮，但不能養人，人吃了會生種種病；甚至喝的水，要找清淨水喝也不容易。說礦泉水清淨，礦泉水就清淨？大地都不清淨，礦泉水能清淨？那天上下的雨該清淨吧？好多的污染飄到空中去，積成水分下到人間來，那水分含著很多不同的原料。

這叫什麼？這不是莊嚴境，這叫污濁境。佛的智慧了解這一切變化，轉變這些成爲莊嚴的，因爲我們沒有福德享受。現在的工廠多了，財富大了，但你知道它的破壞性吧？我在浙江溫洲雁蕩山的時候，一間造紙廠污染了九千畝地，紙廠排放出來的水有毒，九千畝地都不能生長東西了，地主就跟造紙廠打官司。這種變化就是我們的福德、智慧都變得很薄很薄，把莊嚴境變成污染境了。這僅僅是一個造紙廠嗎？還有好多化學工廠！

大自然的變化，我們也要認識，我們發心念經迴向，就是迴向這些境界相。業是製造的，大了說整個地球的人互相殘殺，互相傷害。現在不是經常爲了化學武器而打官司嗎？在黑龍江挖出來好多沒有發射的毒氣彈，是當年日本人埋的，好多農民都因此中毒了，打官司讓日本人賠。人的生命非常危脆，爲什麼？國土危脆、生命危脆，這就叫末法。末法的現相呢？末法的依報是正報造成的，是人爲的，所以只能轉變人的心。

我們說「說法」，說什麼法？就是告訴你轉變心的方法，讓人家別做壞事。

這就很難講，他說：「我開工廠是做壞事嗎？」開化學工廠，你吃的醫藥，乃至好多食物都具有化學成分的。爲什麼要先轉變人的心？一切物質是因心的主導而變化的。說莊嚴就是福，沒了福怎換得莊嚴？這是集體的莊嚴，不是個人的。我們現在在法堂學習，法堂算不算莊嚴？能在這兒學習表示你有緣。夏天天氣熱，外邊人家在勞動，你坐在這裡學習，算不算福報？算不算福德？這些我們都要從事務上去觀，觀明白了就叫智慧，有智慧的觀察跟沒智慧的觀察，這是兩條道路。

依我看來，現在世界上只有兩種人，一種是造善業的，一種是造惡業的。造善業的得善報，死得很安逸，死得很舒服，身體也不會那麼苦惱。現在社會上爲了錢、爲了做生意、爲了擴展權力，有多少億人在奮鬥？我們說霸權，我說了算就叫霸權，我有力量就欺負你，我要你怎麼做，你得聽我的，不聽就打你，這叫霸權。但是你要曉得，霸權是不能持久的，他只知道現在一時行霸，不知它會轉變、會失掉的。等到轉變、失掉的時候，你就知道受報了，要受苦難了，到那時候悔之晚矣，後悔來不及了。你怎麼加諸於人的，該你受的時候十倍還人家，不是那麼容易的。

爲什麼這叫五濁惡世？說這個時候非常不好，叫劫濁？你看看報紙、看看電視，現在人的知見非常的歪，邪知邪見。他們相信力量，相信科學武器、原子武器，我怎麼樣發明一個新式科學武器來打你，我怎麼樣派我的飛機在空中偵察你的秘密，你的事我都了解，你不聽我的，就消滅你，這叫講理嗎？不講理。

現在這個世界修善的人太少了，作惡的人太多了，這個世界還不會壞嗎？人間的災難還能少嗎？說美國強大，你再強大，大自然的力量還是威力大，最近這幾個月美國刮了好幾次龍捲風，那風一帶過，才幾秒鐘什麼都沒有了，什麼力量也抵擋不了，我說是「業風」，這個風是造業造的。你說你的力量大嗎？大自然就專門跟你鬥，爲什麼？業。

我們是學佛的人，不跟衆生鬥狠，我們鬥什麼？勸人家別造惡，我們自己也絕不造惡。我們不做壞事，身業沒有，口業沒有，心裡想的是怎麼樣了生脫死，怎麼樣沒有煩惱，身口意三業是向善走的。既然我們要求成佛，但是我們現在所講的善還沒達到，還沒有做到，做的不夠，因此成不了佛。成不了佛，退一步吧！退到菩薩，菩薩更難當。佛是成就了，有大智慧任運而做，我們這些才發心的菩薩，連自己都救度不了，怎麼救度別人哪？看見了又救度不了，就鬥爭了，心裡負擔很重。又要行菩薩道，業障又很重，多難哪！

大家的業障都差不多，怎麼辦呢？只好把我們的一切，都寄託在文殊菩薩身上，他是大菩薩，我們求他加持。想度衆生的心有了，但是力量不夠，我們閉門求懺悔，然後把我們所修的、所做的，好的上供給諸佛菩薩、下施給一切衆生，壞的呢？磕頭、禮拜、念經來懺悔掉，我們吃飯也念，睡覺也念。不曉得大家念沒念？

我經常囑咐大家，睡覺的時候，最起碼得念個「皈依佛、皈依法、皈依僧」，早晨一睜開眼睛，第一個念頭，「皈依佛、皈依法、皈依僧」。自己沒有力量幫助衆生，免除他們的苦難，那我早晚二十四時念，白天還做不到，兩頭把他銜接起來，就算二十四時。把這個所做的迴向給衆生，這是我們所能做得到的，這樣來求諸佛菩薩的智慧加持，增長衆生的福德，消滅衆生的罪業。

但是我們做沒做呢？我想大概我們道友都做吧！但是你自己想想，自己做沒做呢？就我剛才所說的，這個世界受苦難的衆生，你給他迴向過好多次呢？想到過他們嗎？你說：「我在普壽寺裡，什麼都不知道，這裡沒有電視也沒有報紙。」那就以你自己所受的苦，你感覺不如意的事，求佛菩薩加持讓它消失。一切衆生都如是，他們比我們還苦得多，他們每天都在熱惱中生活，但是他們從熱惱生活當中，把所得到的一點錢，一點人生的資具拿給我們，分給我們一半，或者分給我們一份。

我們把在這兒修行所得的清淨、所得的福德，都要迴向給他們，這叫回饋。我們沒有力量轉化整個世界，但是起碼可以轉化幾個道友，轉化供養我們的人，這個我們能做得到。我們把修行的福德智慧，分給他們十分之一二，他們已經很享受了。我們心裡雖然是全份給他，但是我們不可能全份給他，他得到的也只是十分一二，因為他跟我們還不相應。他們供養也只是想求消災免難、做生意發財、身心健康、家庭和諧，他們的要求很簡單，他們沒有要求了生死，沒有想證阿羅漢果，也沒想當菩薩，跟我們想的不一樣。但是我們可以晚點成佛，晚點成道。什麼意思呢？把福德、智慧分給他們，我們也是報衆生恩。講佛的功德，講菩薩的功德，我們也現實一點，把他們看成就是佛，一切衆生就是佛，這是我們了生死的最好方法，不然，我們要負債的，負了債更困難。

希望大家這樣對世間做出貢獻，我們沒有這個力量，但是我們的願力大，願力是什麼？轉變世間的災難。希望諸位道友把聽經的功德，把你修行的功德迴向給現實的受苦難的一切衆生。

在還沒有講《華嚴經》之前，我記得跟大家說過，希望大家多祈禱、發願，講《華嚴經》的障礙非常多，容易中斷。這叫什麼呢？共業。這不是我們哪個人願意這樣，大家都不願意，但是障礙自然就出生，有的是共業，甚至也不是由我們這幾百人自願所能達到的。

從我老法師的老法師開始講《華嚴經》，波折障礙就很多，爲什麼呢？法殊勝、魔也殊勝，法往往是跟魔對立的。因此，我們常住的諸位菩薩要自己發願，共同祈求使我們能夠圓滿講下來。小問題小障礙我們可以克服，但是大障礙我們就克服不了，那怎麼辦？只好不講。這障礙有時是人爲的，有時是自然的，人爲的可以消失，懺悔懺悔疏通一下；大的就不行，大的我們的力量達不到，那就要經常發願懺悔。不是懺悔我們自己，是給衆生懺悔，共業所感的需要懺悔。

我們現在講到序品，還沒有眞正講《華嚴經》，只講華嚴法會來的是哪些人。現在講到地上的菩薩，從初地到十地的諸位菩薩，他們所顯現的。「爾時善勇猛光幢菩薩摩訶薩承佛威神，觀察十方，即說頌言：無量衆生處會中，種種信解心清淨，悉能悟入如來智，了達一切莊嚴境。」以下的幾段文說的是菩薩十地滿了，在果上所起的作用。善勇猛光幢菩薩承佛的威神力，觀察在華嚴法會的十方大衆，他們的信心和解的力量，全是清淨的。

大家知道什麼叫清淨？不但沒有貪瞋癡，連無明也斷了，十地菩薩把無明都斷了，這叫心清淨，都能夠進入如來的境界，悟到佛的智慧。不但正報開悟，一切莊嚴的佛土也清淨。悟得智慧，了達福業，這種悟入有四種涵義：一是衆生很多，來這華嚴法會聞法的大衆，多到什麼程度呢？不是以人間的數字計算，是以三千大千世界化爲微塵，一微塵是一個佛世界，一佛世界又有無量的微塵，來的法會大衆有這麼多；二是來參加法會的大衆，各個思想情況不一樣；三是所得的智慧也不一樣，但是都是登地的菩薩福德智慧；四是「悉能悟入如來智」，悟得了佛的智慧，不僅是正報，還有依報所有的福德。

依報的第一個福德就是依報的國土，我們現在感覺所處的世界不好，抱怨也沒用，你只有這麼大的福德，只能處在這個世界。你的福德若達到了，你可以到極樂世界去，到不動世界去，到多寶世界去，到香積世界去，世界無窮無盡的，為什麼你單生到娑婆世界來呢？現在在法堂的一切大眾，也是福報很大，若比較呢？這個福德可不能跟極樂世界比，跟哪個比呢？你跟伊拉克比一比。伊拉克天天鬧炸彈炸，說不定炸到你了，好在我們不在那裡，炸不到，因為你在五臺山。打仗的時候能安定嗎？商店關閉、打水、喝水等等，方便的生活沒有了。昨天北京熱得人發昏，可是我們這裡很冷，還得穿毛衣呢！這就是福德，但是我們這是暫時的。什麼叫莊嚴境界？在幸福當中生活，你有一天的幸福，就是一天的福德，這一天你沒得福德了，就要奔波、勞碌；不管什麼原因，不如住這裡頭清清淨淨的好，這叫福德，不比你不知道，一比你就知道了。

這是歎佛的功德，佛如是能令一切眾生悟得，只有法華會上、華嚴會上才這樣說。來會聽經的大眾無窮無盡，我們讀《金剛經》，般若會上是千二百五十人，現在這個華嚴法會能計數出好多人？而且來參加法會的都是大菩薩，到《華嚴經》最後的〈普賢行願品〉，文殊師利菩薩才度六千比丘，從阿羅漢證入菩薩境地，才提到阿羅漢，以前都沒有。連阿羅漢都沒有這個資格進入華嚴法會，我們現在學《華嚴經》，雖然是末法，但是我們現在聞到《華嚴經》，能聞到這部經的名字都很殊勝，何況我們還在學習。

這叫「了達一切莊嚴境」，這是歎佛的功德，歎佛這個法會所感召來的人，都是大菩薩。莊嚴境，福德就是莊嚴，聞法的智慧，也是莊嚴，福慧兩足尊，一個是慧，一個是福，這個是很不容易的。有那麼一句話：「人在福中不知福」。他在福裡頭不認爲是福，原因是什麼呢？他被業障住了，業把他那個能知的知障住了，要把業障消除了才能理解。這個偈頌就是歎佛的德，令一切衆生都得到佛的福德智慧。

各起淨願修諸行　悉曾供養無量佛
能見如來真實體　及以一切諸神變

前頭總歎佛的德，這個又分開了。什麼是佛的體？什麼是佛的用？一個是發願，一個是具足的菩薩行。體就是佛的體性，大，我們以前也都具足的；一個是見用，用就不同了。「各起淨願修諸行」，這就是願力，起願具行，願修諸行，就是願力、行力。供養無量佛是指佛的體，能見如來眞實體。供養佛，這就是修行，什麼修行呢？只是供養佛，這只是十大願中的一願，供養佛就是見體，「能見如來眞實體」，以發願供養諸佛，能夠悟得、證得如來體。如來的用是什麼呢？神變。利益衆生的方便善巧，神變的力量。

或有能見佛法身　無等無礙普周徧

所有無邊諸法性　悉入其身無不盡

這不是說佛的報身，也不是說的化身，專門說法身，法身是沒有障礙、徧一切處的。如果這個地方有一些眾生要得度了，佛馬上就現化身，或者現報身。一般都是化身，報身都得大菩薩，起碼得八地以上的，才能見佛的報身。我們所見到的，或佛放光、所行的，都是化身佛度眾生，化身不離法身。一切經中都叫釋迦牟尼佛，《華嚴經》叫毗盧遮那佛，那就是化身徧一切處。一切處塵說、剎說，乃至有相的、無相的、有時的、無時的，都在說法，這就是法身。法身徧一切處、一切物、一切時，沒有時間、物質、人類，或有情類、無情類，全是法身。法身說法就是一切都在說法，等到單度我們人一種了，那就是化身。能見佛的法身，就說明你自己悟得、開悟了，開悟、悟得是見法身，沒有作用。入理，悟得了就入理了，入事呢？沒有那麼容易，一件一件的鍛鍊吧！要度一切眾生，那才是莊嚴佛國土。

這都是從化身、報身說的，法身沒有莊嚴也沒有不莊嚴，跟我們一切都平等平等。法身也如是，但是我們沒有周徧含容的神通變化。「無邊諸法性」，無邊一切事物都具足他的性體，那時候就普徧進入，一切都是清淨無礙、周徧含容、甚深廣大難測的，就是含容著眞空絕相觀、理事無礙觀、周徧含容觀。眞空就是法身，理跟事無礙，事能顯理，理徧於事。

這個偈頌是入法身的境界，單指悟入佛的法身，但是沒有妙用。若把法身變成有妙用了，就修成就了。我們那些祖師大德開了悟，那叫素法身，沒有功德、福德、智慧，那還不行，還得修，修什麼呢？修福德智慧，還得修相好。福德智慧具足了，光修相好還得一百大劫，百劫修相好，才能利益眾生。

或有見佛妙色身　無邊色相光熾然
隨諸眾生解不同　種種變現十方中

這是說佛的報身、化身的微妙境界。佛的化身隨各人福報不同，則所見不同。佛的報身是利益眾生的果報所感的。相有十華藏相，佛的光是永遠常放的，不像太陽被烏雲、牆壁遮住了，就現不了了，佛的光遮蓋不了的，是常放的，但是得有緣，我們沒見到，那是我們無緣，還沒有修成，修成了就有緣了。佛的變化身是隨機的，什麼機見佛就什麼相。

你看〈五臺山志〉中記載，文殊師利菩薩顯聖的時候，或者在山上，或在台頂上，現一個年齡很大的老長者，穿得破破爛爛的，頭髮很長的，我們連這麼個化身相都見不著。若是他給你說法，你有什麼感，就有什麼應，福報大的所修的感應，文殊師利現的又不同了，騎著金毛獅子，那不是丈六金身，而是千丈身。「種種變現十方中」就是隨機變，眾生有什麼機就現什麼相。

或見無礙智慧身　三世平等如虛空
普隨眾生心樂轉　種種差別皆令見

見佛的什麼身呢？智慧身。智慧身是無礙的，什麼相都現。什麼是無障礙呢？有時現眞有時現俗，眞是理，俗是事；有時現法性，但這不是凡夫能見到的，那要登地的菩薩才能見到。佛能知道一切眾生的根，你是什麼根基，種的善根深和淺，種的善根多和少，應當聞到什麼法，應當聞到「有」，佛就給說苦集滅道四聖諦；有的聞到六度，再深入的聞到十度，種種不同，反正一切無障礙的。知道眾生根，才能給你現善巧方便，那是佛的善巧方便智慧。

或有能了佛音聲　普徧十方諸國土
隨諸眾生所應解　為出言音無障礙

這是讚歎佛的音聲，佛的音聲是應眾生的根器一音普徧的，根器大的讓你能盛滿，使你滿足，根基小的也讓你盛滿，使你滿足。這是形容佛的音聲普徧、無障礙，隨你的根性現十方國土，國土不同，語言文字也不同，眾生心裡的欲樂愛好也不同。他能隨你的願，隨你的希求，滿足你的要求，一切語言無障礙的，這個我們現在可以理解。說各個省分、國土、世界，我們連娑婆世界都不知道，只知道南閻浮提，四大部洲裡，我們只知道個南贍部洲，北俱盧洲究竟是什麼樣子？我們不知道，只是在佛經上說，那裡的人壽命一千歲，生下來到死的中間沒有病苦；北俱盧洲沒有佛法，因爲他不信，北俱盧洲沒有苦，沒苦他不會增加負擔，因此他不信佛的。那裡沒有佛法，他信什麼？所以韋馱菩薩讚裡說「三洲感應」，就去掉北俱盧洲，其餘這三洲有苦有樂。這是形容佛說法，示現的身形、言語都不同，度衆生要知衆生的根器是什麼，能接受不能接受。

或見如來種種光　種種照耀徧世間
或有於佛光明中　復見諸佛現神通

這是形容見佛的光明。光有多種，光是說法，光是招感，各個經所說的都不同。好比佛在這個世界說法，若想招感其他世界衆生，那就放光，光到哪個世界，那個世界衆生因光也感到這個世界。例如到娑婆世界來聽聞釋迦牟尼佛說法的，這都是因光感召的。光明有多種，雖然普徧的照，得到光的多少不同，所以見佛現神變都不同。

或有見佛海雲光　從毛孔出色熾然
示現往昔修行道　令生深信入佛智

光裡頭顯現種種形相，什麼形相呢？佛在過去的無量劫中，怎麼樣出家？怎麼樣發心？怎麼樣修道？怎樣發願？所示現的都不同，每個毛孔佛都能放光，佛的神力不思議。

或見佛相福莊嚴　及見此福所從生
往昔修行諸度海　皆佛相中明了見
如來功德不可量　充滿法界無邊際
及以神通諸境界　以佛力故能宣說

見佛的福德相，見相就知道相怎麼生起的。相是果，福的果德就是福德相。他是怎麼種的福德因？因不同，相也不同。相必有個體，知道相也要從佛相中見佛的體，從相中要明了他的相的來源，怎麼樣修成的。因爲你修的因不同，每個人所得的相也不同。這主要是明因體，明他的所見處。

○天地徵祥

爾時華藏莊嚴世界海。以佛神力。其地一切六種十八相震動。所謂動。徧動。普徧動。起。徧起。普徧起。踊。徧踊。普徧踊。震。徧震。普徧震。吼。徧吼。普徧吼。擊。徧擊。普徧擊。

◎動地

我們經常聽說地動，或者山搖地動，這個說的就是動相。動相有十八種，一個動，一個徧動，一個是普徧動，不是一個點的動。知道地震吧？地震那個動不是徧動，是一個點的動，徧動是整個大地全部震動。動時有起、徧起、普徧起。踊也有三個：踊、徧踊、普徧踊，徧踊不是普徧的，普徧踊是普徧震動。震、徧震、普徧震；吼、徧吼、普徧吼；擊、徧擊、普徧擊，擊是衝擊、撞擊的意思。

地動有十八種相，我們這個地動沒有這些相，有這些相還得了，特別是普徧動那個相，那個動我們就受不了。佛令地動的時候，對眾生沒有傷害。每一種地動都有這三種相，三種相裡頭分成十八相，一般說六種地動。華藏世界海包括很多的，像三千大千世界世界，娑婆世界是一個，極樂世界是一個，這裡頭世界是無窮無盡的。這個動是承佛的神力，產生十八種動相。動的涵義是什麼呢？從佛體上所發生的，表現佛出世了，表現佛要說《華嚴經》。

地動也是感召緣者，緣者就是跟他有因緣的，沒有因緣的是遇不到的。地下、海中乃至天空，六種動每一種有三相，三六一十八相，動的反面是什麼呢？是安，動就是不安。有的從下而動到上頭的，漸漸地高，漸漸地升起。

踊，什麼叫踊呢？從地下飛起來踊到天空中叫踊。隱隱的出聲音，那叫震，比如說打悶雷。吼，發出一種吼聲，就像獸類吼叫的聲音。還有擊，互相的衝擊磕撞的聲音，這是一方的動，直接叫動；四方都在動，次第都在動，那叫徧動；八方都在震動，那就叫普徧動。動、起、踊、震、吼、擊，每個義都含有三種解釋。

佛動是什麼意思呢？不是像我們地震，地震衆生有感覺，佛動衆生沒有感覺，動相的目的呢？一者怖魔，讓魔王震驚，讓他老實一點，不要給法會做障礙。二者，在佛說法的時候，讓你的心不散亂。三者，說你平常不精進，心裡很放逸，讓你生覺悟，生覺知。四者，讓衆生知道諸法之相，大地山河之相。五者，在動中顯示，令衆生知道在什麼地方說法。

我說的都是有緣者，無緣者十八種動你不感覺也不知道。第六種動就是佛的神力動，動的時候，令已修道者能夠成熟，能夠得解脫，讓你證道。第七種，令你能向佛請示，請示什麼呢？問說法的正義，問這個法的眞正目的，你的發願希求，你發願想求得什麼？這叫七緣，七種緣感召十八種動，這是動相，十八種動的涵義，就是這個意思。

◎興供

此諸世主。一一皆現不思議諸供養雲。雨於如來道場眾海。

來法會的這些人都是世主，世主就是主宰世間的，「世主妙嚴」說這個世界是經過世主來莊嚴成的，他們所起的供養，不可思議。我們前頭只講「世主妙嚴」，還沒有進入正文。只說來法會的是哪些人，每個人所處的情況，每個人的表現。我們看見的是：管土木的神、管草的神，什麼都有神，他們一一都現不可思議的供養。供養有好多呢？雲有好多，供養就像雲似的，供養物像下雨那麼普徧。來供養佛說華嚴這個菩提道場的，都供養什麼呢？

所謂一切香華莊嚴雲。一切摩尼妙飾雲。一切寶燄華網雲。無邊種類

摩尼寶圓光雲。一切眾色寶真珠藏雲。一切寶栴檀香雲。一切寶蓋雲。清淨妙聲摩尼王雲。日光摩尼瓔珞輪雲。一切寶光明藏雲。一切各別莊嚴具雲。如是等諸供養雲。其數無量不可思議。

不是香、花、燈、塗、果、茶食、寶珠、衣，不是八寶，這全現的是摩尼。「雲」是形容詞，供養物就像雲那麼樣多，不是用凡夫心去想的，你想不到的，說討論討論、研究研究，你討論不到、研究不到的。

此諸世主。一一皆現如是供養雲。雨於如來道場眾海。靡不周徧。

每一個主宰世間的世間主，我們講了二百多類，鬼神、羅刹、天、二十八重天，什麼都有。但是這裡沒有說人間主，因爲這是華嚴的境界。從天上到地上來參加法會的都講完了。以下顯示無盡的。

◯結通無盡

如此世界中。一一世主。心生歡喜如是供養。其華藏莊嚴世界海中。一切世界所有世主。悉亦如是而為供養。其一切世界中。悉有如來坐於道場。一一世主。各各信解。各各所緣。各各三昧方便門。各各修習助道法。各各成就。各各歡喜。各各趣入。各各悟解諸法門。各各入如來神通境界。各各入如來力境界。各各入如來解脫門。如於此華藏世界海。十方盡法界虛空界一切世界海中。悉亦如是。

如此世界是專指娑婆世界說的，沒有說到其他世界，這每一個世間主，也不是指的人類，或者這個國家、那個國家的國王，他是普徧性的。

他因爲生歡喜心，都安立在華藏世界海，這個世界所有的主宰者，都如是供養。菩提場無窮無盡的，每一處都有如來坐在道場當中。一一世間主各各的信解，各各的信仰不同，各各的所緣也不同，各各所證的三昧方便門不同。各各修習的助道法不同，他想成道，那怎麼修行？怎麼成就？這都有緣起法，緣起諸法體性是空的。所有來道場的世間主，各各歡喜趣入，趣入就是達到他的目的，趣入到那一法門，各各悟解了。各各所入如來的神通境界不同，無窮無盡的，不管你入哪一法門，或者從定上入、從解脫入，說你眼根得到神通、耳根得到神通了，各各所入如來力的境界，也就各各不同。如來力，做任何事都得靠有力量，什麼力呢？身心。身是從心起的，你的心所達到的神通、達到的妙用，所產生的力量是有境界相的。各各入如來的解脫門，各個都說一個法門，說他怎麼入如來的境界。

此華藏世界海有無窮無盡的世界，十方盡法界虛空界，一切世界海中也如是，這個是專指著華藏世界說的，還指著華藏內說的。什麼是華藏世界呢？在〈世界成就品〉中會講。華藏世界分內外，我們只說華藏世界內，華藏世界內單舉娑婆世界。華藏世界內，娑婆世界如微塵中的一粒微塵。華藏世界有十不可說佛剎剎微塵數世界種，華藏世界有十不可說，一個不可說就已經沒辦法說了，不可說還有不可說，不可說還有不可說，不可說還有不可說轉，不可說轉還有不可說轉的不可說轉，那就達到究竟了。

這一切的世界中，都有世間主在主宰，大地有主宰，山有山神，樹有樹神，一切都有主宰，這是華藏世界。華藏世界是物質的，是依報的。說法的主呢？是毗盧遮那佛。諸世界主各供當處之佛，無窮無盡的佛，他只供養他當處的，就是跟他那個世間所具足的那尊佛，其它的世主也是各個供養各個所管轄處的佛。佛身是普徧的，佛本來一身，徧成無量身，每個世間主供養每個世間主的佛，而這些佛都是佛的法身，由法身而變化的叫化身。

我們前頭講，每一個世間主都有很多的眷屬，用微塵來形容他的眷屬，這不是拿人間的世間主說的。人間一個國王才管轄好多？才有好多人民？現在說的世界都用華嚴境界，用微塵來形容的。每一個世間主所供養的佛，每一佛所說的法，每個世間主所統轄的鬼也好、神也好，有情世間的、無情世間的，都得了法益，法益就是聞法的利益。

聞法利益有三種，第一個是聽到了，這叫「聞益」，得到聽法的利益。第二個是「思益」，聞到了你必須想想，用思想去想這話是什麼意思？特別像我剛才說的這個，我們想不到的，我們的境界還沒有開闊到那麼遠，只能想到現前有的：閻浮提、五大洲、四大洋，這些你看地圖能想得到的，但是等你親身親歷、遊歷過了才知道。有些事你能想到，例如你一天的日常生活，你能想到、知道這些生活是無常的、變化的，在這些生活當中，你得道、悟道了，悟到什麼呢？悟到一切諸法無常，一切諸法苦空，這就叫思益。

第三個是「修益」，我們說般若波羅蜜，什麼叫般若波羅蜜？般若波羅蜜就是智慧，智慧就是明了，也把它解成光明，用這個光明來破除你的煩惱，破除你的障礙。煩惱是黑暗的，你的心不明了之處，就叫黑暗。你得緣慮觀想，觀想就是思慮，思慮就是觀照；換句話說，修禪定的照，照你這個心，這叫思的利益，思的利益就是修道者坐靜，修禪、開智慧，都叫思。「修益」是修行的利益，修法就有資糧道。你若是想修道，必須備辦資糧，這個資糧是什麼呢？不是吃東西的資糧，而是你心裡的資糧。你要想修法，先得遣除你心的障礙，思想上的障礙，先得修觀，觀叫什麼呢？叫三昧，叫禪定，叫靜慮。這不是修止，這是修奢摩他，止是毗缽舍那。修觀的時候，觀裡頭就含著止，叫止觀雙運。你得先找個修行的處所，使你安下心修法。

不管修什麼法，入了佛門之後，四加行非修不可，這叫資糧。資糧道有七種，第一種是非修不可的四加行。皈依三寶，你想入佛門不皈依三寶不是佛弟子，修任何法門，事先必須得皈依三寶，皈依三寶有皈依三寶讚，皈依佛、皈依法、皈依僧，得念十萬遍，說修行必須得備辦資糧，這就是備辦資糧；還得磕十萬個頭，懺悔過去業障。在密宗講修金剛薩埵，金剛薩埵有兩部分，一是金剛部的，一是蓮華部的，修淨土的是修蓮華部的，也都得念十萬遍；另外，還有獻曼達。你看我們後面供佛的，那個叫曼達，要供十萬個曼達，不是叫你請十萬個曼達，而是說你供，供完了洗了再供再洗，是這樣供十萬次，這是密宗的修法。

顯宗呢？觀、懺悔、禮拜、讀誦大乘，這叫資糧道的前方便。然後，你開始修行，或者念佛求生淨土，或者參禪開悟。參禪的觀想有很多種，各各教義不同，禪宗的是觀你念頭沒起的時候是什麼，禪宗是直入法性，這也是資糧道。參禪先練腿子，還得調身、調氣，不是講打坐了就說我去修行，然後一天裡硬坐，整天硬坐氣不順，這會出毛病的，不但修不成還修出一身病。得先把身體調好，你看那喇嘛念經，爲什麼嗡嗡的邊念邊搖？他這樣調沒有病，可以坐上一天。你坐個兩小時都坐不住，坐三個小時就不行了，腰酸背痛的，他不會痛的，他念經的時候就這樣邊念邊搖的調身，他的身體一動氣血就通，你這麼坐氣血不通的。

然後，還得調心，心是很散亂的，把它調得攝而歸一。心調好了，安定了，這才能入定，定不是那麼一說就入的，我們都坐了好久了，能入定？定有世間定，有出世間定，這個法門太多，不是我們在這兒能講完的。你得到修行方法，但是怎麼修？你怎麼行？比如說我們學教義的，要讀誦大乘，讀誦大乘不是念字，好多讀經的就是念字，要隨文入觀，你隨著經上所說的入觀，誦誦經就停下來了，不誦了，入了觀了，觀什麼呢？比如你讀《金剛經》，須菩提請問佛說：「云何住心？云何降伏其心？心如何住？如何降伏？」你的心住沒住？你的心降伏了沒有？降伏的意思就是不讓它亂跑，你全心全意的住到經上，然後你就能夠知道全部經文的次第，從開始到末後，每章每品每段教你做什麼，每部經都有，這叫修行次第。

比如《阿彌陀經》說：若一日、若二日、若三日、若四日、若五日、若六日、若七日，念佛念到什麼程度？一心不亂！這叫修行。不能只念一天、念二天，要念七天，這七天心裡都不動，一心不亂，什麼不亂呢？我念阿彌陀佛，就是阿彌陀佛，觀想阿彌陀佛生極樂世界，不亂，沒有中間說「肚子餓了要吃飯」，或者，「唉！太睏了要睡覺了」，這些念頭都沒有，只有「阿彌陀佛」一個念。

這裡要加上觀想，觀什麼呢？觀想佛的光明照耀我，觀想佛的眉間白毫相光，觀想佛的面孔。如果說我發願要幫助別人，那麼觀想佛面朝外，住到你頂上；觀想佛加持我自己的，阿彌陀佛就面朝裡對著我，我跟佛合爲一體，這叫修法。修的方法是什麼，要看你個人的根機。怎麼叫看你個人根機呢？根機怎麼看呢？你自己知道，怎麼知道？哈，一念這個《阿彌陀經》，那心裡歡喜得不得了，非常契入，可是念《金剛經》就不行，沒法契入。因爲那部經你以前沒讀過，緣不深，契入不了，《阿彌陀經》跟你緣深，前生多生都讀過。有的經你一念心裡生大歡喜，有的經不愛念，越念越糊塗，念念就睡著了，前生你就沒念，今生想進入，怎麼能入得到？無緣。有的人一入佛門之後，他的信心很堅定，想求開智慧，想得道。初入佛門的道友，不論比丘、比丘尼、優婆塞、優婆夷，都有這個願望。

但是一學久了，就有兩種現相，一種在禪宗叫老皮參，換句話說，在佛門裡頭磨洋工，指佛穿衣、賴佛吃飯，有飯吃，有衣服穿，睡大覺去。還有一種，一入佛門求智慧，他勇猛精進，心裡就進入了，開了智慧了，漸漸就修成了，這叫修什麼呢？修果，契果成就，確實念到一心不亂了，生極樂世界。「別念到一心不亂就死了吧？」不會的，念到一心不亂，等到你死的時候，效果就產生了，那時候才一心不亂生到極樂世界。極樂世界現前了，證果的時候，阿羅漢證了果，他得等到這個色身壽命盡了，離開這個肉體之外，他的神通就永遠現前。有這肉體的時候，你請求他什麼事，他得入定，一入定，智慧現前觀察到了，沒入定他不知道。菩薩不是，菩薩隨時都在定中，契了果就成就了。沒有契果之前呢？修，修要得到利益，得到利益使你信心更堅定，你才肯一直修下去，沒得到利益，心裡不容易契入。

這是我們凡夫心的有所得，我修了，得到什麼？或者得到神通、得到天耳通，或者得到天眼通，不是六根全通，六根全通那就行了；或者得到宿命通，或者得漏盡通，漏盡通就證果，這就是你修的利益。因爲法門有無量，在你修的當中，從這個法門轉入那個法門。比如說你修念佛，念念阿彌陀佛，開悟了，悟得什麼？悟得阿彌陀佛就是我自己，自己光明無量，智慧無量，德行無量。因此，以智慧力轉向無量法門。特別是修般若的，一開了智慧，一門通一切門通，能入無量禪度眾生，度無窮無盡的衆生。

這個轉的力量是以修行的力量轉，轉是轉變。在這個過程當中，你會隨時感覺不同的，我們說學到老修到老，乃至到死還沒修明白。修不是那麼容易的，轉化修行所得到的利益，需要無窮無盡的法門，爲什麼呢？衆生無量。度這一類衆生，這個方法很靈，那一類衆生，這個方法完全失效了，得轉入另一個法門。

以前我在自修跟行菩薩道的問題上，搞不清楚。給人家講法，自己也沒有修什麼，爲利益衆生而做事的時候，不認爲是修行，認爲怎樣才是修行呢？坐在那兒念阿彌陀佛，或者坐那念經，坐那兒修觀，坐那參禪，把利益衆生跟修行兩個脫開。

這次到五臺山，我才開始明白，利益衆生本身就是最大的修行，不是坐那裡念佛才叫修行，說給衆生辦點什麼事就不叫修行。特別是在常住任職的知客師、照客師，乃至供佛的香燈師，乃至典座師，所做的一切都在幹什麼呢？行菩薩道。這才是眞正的修行，眞正的付出，不是坐那兒念經才付出。念經，他要吃飯不？你在常住裡頭坐著，若來了個客人，要不要應酬？不要，知客師替你做。你要吃飯呢？典座師在大寮給你做好了，他那是行菩薩道呢！你的修行就是他的供養。

以前我還不理解，經常報怨自己一天到晚講經，自己也不修行，勸人家修行、教他們明白道理，其實那就是自己的修行。智者大師說過，他若不是利益衆生，道業可以成就得更高深，因爲做這些事業了，他的地位就是到頂了，再沒得升。不計較個人的得失，全心奉獻度衆生，到成佛的時候，你就知道這叫轉無量的法門，爲什麼？利益衆生故。本來這個法門你修的很熟練，但這幫衆生不接受，那你就轉吧！轉到大衆的衆生都能接受的那一法面，這就要取無量法門。佛說的法很多，你也不知道哪個衆生，依哪個法門能得度，那你就「修轉」。

另外還有「修同」，你悟解的法門跟先聖、過去的大德修的同不同，要跟他相同的悟解力，說悟解、明白了，也要跟過去大德印證同不同，不同的是你有問題。

這個「修同」，有一句話我很認同。宋朝時候，鼓山的一個老和尚，真歇了禪師，他是大法師，經常弘法。等到病中快要死的時候，他大徹大悟了，回憶起健康的時候，就作了一首詩。他跟我們說什麼呢？「講道論法實可傷」，說我講經說法，不是什麼好事，這是傷心的事，他自己感覺得很傷心。為什麼？「終朝身入涅槃堂」，老寺院都有間化身窯，人快死的時候，就把他抬到那裡。按和尚的規矩，死了之後，在識神還沒有離開你肉體之前不能燒，燒了恐怕你會生起瞋恨心，一生瞋恨心就墮落了。

所以在要死沒死前，把他抬到化身窯，等他死後七天，神識完全走盡了，就是去後來先作主的那個八識走了，它一走再動他。這時候他沒有痛苦的感覺，神識離體了。「門無過客窗無紙」，說這個時候誰還來看你？你將要死了，嚇得人早就跑了，誰上死人那兒去？說他沒病健康的時候來親近他的、來問他的人，這個時候一個也沒有，門無過客，一個都沒有。窗無紙，那個時候不是玻璃窗都是紙窗戶，拿紙糊的，窗戶讓那風吹得連紙也沒有了。「爐有寒灰席有霜」，爐子裡沒燒火，就是冷灰，他躺的那個席子還有霜，可能是冬天吧？風吹進來都冷得結霜，那個境界是很慘的。「病後始知身是苦」，有病才知道這個身體是苦的根本，沒有身體你就沒有病，有病之後才知道身體是苦的。「健時都為他人忙」，好的時候，這個請和尚開示，那個請師父解釋，都幫忙給人家解釋，忘了自己，說病了之後才知道這個身體是苦的，好的時候你為什麼不修行？這句話就是這個涵義。

前頭這幾句話都不好，後頭有兩句話很好，就在這個時候修行、觀心，「老僧自有安心法」，老僧是稱謂自己，那個時候六十歲就稱為老人、老僧。弘一法師五十歲就稱老人，因為身體太差了，他在那時候，寫什麼都稱老人，後來自己起個外號叫「二一老人」，哪兩個一呢？「一事無成人漸老」，修道的事一件也沒有修成人就老了，身體很衰落了，「一文不值何消說」，一文錢賣給誰都不要，誰養你？這是說「二一老人」，他這話跟我剛才念的四句是一樣的。

最後兩句話，「老僧自有安心法，八苦交煎總不妨」，說八苦（按：生、老、病、死、求不得、怨憎會、愛別離、五陰熾盛），八苦都來了也沒有關係，都放得下了。這就是說在你修道的時候，如何認識什麼是修？什麼不是修？菩薩行菩薩道的時候，度人沒有自己，菩薩他是奉獻的，為什麼叫菩薩呢？我們經常講大慈大悲、大喜大捨，這是說話，菩薩是身體去做。修極，修到最頂點，一個「大悲極」，一個「大智極」，一個「自在極」。

什麼叫「大悲極」呢？入了佛的神通境界，只有利益眾生，我們也像這樣發心；但是做不到，因為我們沒有大悲心，說說好聽而已。慈悲喜捨叫四無量，悲無量，要到佛的境界才悲心無量，只想到利益眾生，其他都不想，也沒有想成佛的心，只有利益眾生。說報眾生恩，沒有一切眾生，沒有一切諸佛，諸佛是因為利益衆生而成佛的，這叫入佛的大悲。

「大智極」呢？入佛的智力、入佛的力境，度生要有力量的，沒有力量你度得了嗎？我們一遇到挫折就退了，佛的大悲不是退的，能降伏一切，他有這個力度。然後悲智雙運，以大智產生大悲，究竟成佛的智德。

「自在極」，自在是解脫，我們是不解脫，被束縛住了，做什麼都障礙，一障礙我們就退，這是衆生心，見硬就回，行不通，不通怎麼辦？退回來了，佛有力量，他不退衝過去，衝過去就是勝利了。到那個時候就是解脫了，一切障礙盡消除，有力量消除障礙。心對客觀環境自在，心就能轉境，不被境束縛心。不論什麼環境，什麼苦難，束縛不住我的心，我的心能轉成自在，這叫佛的三德，度衆生、報衆生恩，成此恩德，這是大悲心。大智叫智德，行道有得於心，是智德。自在呢？成佛斷德，斷一切煩惱，無不自在。

地動興供，我們上次講過了，現在依據李通玄長者的〈合論〉再重複一遍。

爲什麼地動興供呢？地動有五種原因，一是此會大衆得道；二是智人出現，有智人將要出現，也就是佛將要出現；三是智人去世，佛將涅槃的時候地動；四是世間災變；五是得道歡悅，證菩薩道果，大衆獲益歡悅地動。

爲什麼說是諸佛神力所加呢？佛是老師，諸菩薩是學生，表示師弟之間，師父啓發學生，學生感激師恩。誰在此段中動地興供呢？明初會中常隨佛衆；華藏世界之內的神天衆，就是護法衆。還有如來座下與佛同因，因地共同修習的大衆；還有佛所住的菩提樹內流光衆，菩提樹放大光明，光明中出現的一些菩薩衆。如來宮殿內大悲衆，爲什麼稱爲大悲衆？因爲是佛如來的大悲心，所感召來的大衆。這些大衆聞佛說法，都得到利益了，也祝賀佛的出興，心生歡悅故動地興供。然後如來面門放光，他方國土的菩薩衆也來到這個法會，這是沒有自他的他，沒有他的他，沒有我的我，自他都沒有，這叫化儀主伴，主是佛，伴是常隨衆。法爾如是，是自然的，所謂自然義就是性體本自具足的。

《華嚴經》的世主妙嚴，殊妙的莊嚴，是一眞法界的法性性體所流現出來的，塵剎一切大衆，就在一剎那之中出興。

現在我們此處大概有四百多衆，要入法堂，得很長的時間。有時候我來早了，也要站著等，進不了法堂。佛在世的時候，佛的法會華嚴會中可不是這樣的，一剎那的時間，大衆全都到會坐下，這叫不可思議，光這點就夠殊勝的。我們這幾百人入坐的時候，最少十分鐘，甚至十五分鐘，每次都是這樣子。華嚴法會，一剎那之中都來了，有過去的、有現在的、還有未來的。未來的怎麼來呢？未來的是他方世界的，未成佛的那些大衆。有從一個地方出來的，有從多個地方出來的，一多相容，塵剎普周，一剎那之中，三世同際，放光集衆，令知佛境界。

這部《華嚴經》總的來說，所表現的有六重因果。第一是從〈世主妙嚴品〉

到〈華藏世界品〉一共有五品經，說的是什麼呢？佛初成正覺，顯示五位行門，住、行、向、地、等覺五位修行的次第，以及示現入法，一重因果。第二是〈毗盧遮那品〉，講的是古佛因果，引古佛證今佛，佛佛相襲，道不虛來。第三是從第二會的普光明殿，講十信因果。第四是從須彌山頂到〈離世間品〉，顯示菩薩的修證因果。第五是〈入法界品〉，明古今本法不思議因果，一切諸佛的本體跟眾生同具的，只是一個迷悟之間的差別。現在我們雖然迷了，還具足佛的體性，佛的本體我們都具足的，這是法界因果周。第六種因果周是顯示菩薩利生的行門，文殊師利菩薩在覺城東，重複勸眾生發起信心，這是善知識攝受眾生的形跡。說明在什麼樣的情況下，以什麼法來攝受，這叫進修因果。這個只明白法，沒有說行，行還是會迷的。「此經前後六度，總舉解行證修因果。」先總說，然後再別說信解行證，這叫「令使啓蒙易解，不滯其功。」〈世主妙嚴品〉到此處就解釋完了。

世主妙嚴品（下冊）竟

國家圖書館出版品預行編目資料

世主妙嚴品 / 夢參老和尚主講 ; 方廣編輯部整理. --
初版. -- 臺北市 : 方廣文化, 2012.11-
冊 ; 公分. --(大方廣佛華嚴經 ; 3-)

ISBN 978-986-7078-42-1(下冊 : 精裝)

1.華嚴部
221.22 101010113

大方廣佛華嚴經《八十華嚴講述》

世主妙嚴品【下冊】

主　　講：夢參老和尚
編輯整理：方廣文化編輯部
封面攝影：仁智
美編設計：隆睿
印　　製：鎏坊工作室
出　　版：方廣文化事業有限公司
住　　址：台北市大安區和平東路-
電　　話：02-2392-0003
傳　　真：02-2391-9603

◎地址變更:2024年已搬遷
通訊地址改爲106-907
台北青田郵局第120號信箱
(方廣文化)

劃撥帳號：17623463　方廣文化事業有限公司
網　　址：*http://www.fangoan.com.tw*
電子信箱：*fangoan@ms37.hinet.net*
裝　　訂：精益裝訂股份有限公司
出版日期：2023年6月 初版3刷
定　　價：新台幣460元 (軟精裝)
經 銷 商：聯合發行股份有限公司
電　　話：02-2917-8022
傳　　真：02- 2915-6275
行政院新聞局出版登記證：局版臺業字第六〇九〇號
ISBN：978-986-7078-42-1
*No.*H209-3　　*Printed in Taiwan*

夢參老和尚系列
書籍

方廣文化出版品目錄〈一〉

八十華嚴講述

HP01 大乘起信論淺述 (八十華嚴 導讀一)
H208 淺說華嚴大意 (八十華嚴 導讀二)
H209 世主妙嚴品 (第1至3冊)
H210 如來現相品・普賢三昧品 (第4冊)
H211 世界成就品・華藏世界品・毘盧遮那品 (第5冊)
H212 如來名號品・四聖諦品・光明覺品 (第6冊)
H213 菩薩問明品 (第7冊)
H214 淨行品 (第8冊)
H215 賢首品 (第9冊)
H301 升須彌山頂品・須彌頂上偈讚品・十住品 (第10冊)
H302 梵行品・初發心功德品・明法品 (第11冊)
H401 升夜摩天宮品・夜摩宮中偈讚品・十行品・十無盡藏品 (第12冊)
(H501~H903陸續出版中......)

華 嚴

H203 華嚴經淨行品講述
H324 華嚴經梵行品新講 (增訂版)
H205 華嚴經普賢行願品講述
H206 華嚴經疏論導讀
H255 華嚴經普賢行願品大意

天 台

T305A 妙法蓮華經導讀

楞 嚴

LY01 淺說五十種禪定陰魔—《楞嚴經》五十陰魔章
L345 楞嚴經淺釋 (全套三冊)

方廣文化出版品目錄〈二〉

夢參老和尚系列
書　籍

● 地藏三經

地藏經

D506　地藏菩薩本願經講述 (全套三冊)
D516A　淺說地藏經大意

占察經

D509A　占察善惡業報經講記 (附占察輪HIPS材質及修行手冊)
D512　占察善惡業報經新講

大乘大集地藏十輪經 D507 (全套六冊)

D507-1　地藏菩薩的止觀法門 (序品　第一冊)
D507-2　地藏菩薩的觀呼吸法門 (十輪品　第二冊)
D507-3　地藏菩薩的戒律法門 (無依行品　第三冊)
D507-4　地藏菩薩的解脫法門 (有依行品　第四冊)
D507-5　地藏菩薩的懺悔法門 (懺悔品　善業道品　第五冊)
D507-6　地藏菩薩的念佛法門 (福田相品　獲益囑累品　第六冊)

● 般　若

B411　般若波羅蜜多心經講述 (合輯本)
B406　金剛經
B409　淺說金剛經大意
B412　應無所住：金剛經十四堂課

● 開 示 錄

S902　修行 (第一集)
Q905　向佛陀學習 (第二集)
Q906　禪・簡單啟示 (第三集)
Q907　正念 (第四集)
Q908　觀照 (第五集)

方廣文化出版品目錄〈三〉

地藏系列

D503 地藏三經（經文版）
（地藏菩薩本願經、大乘大集地藏十輪經、占察善惡業報經）

D511 占察善惡業報經行法（占察拜懺本）（中摺本）

華嚴系列

H201 華嚴十地經論
H202 十住毘婆沙論
H207 大方廣佛華嚴經（八十華嚴）（全套八冊）

般若系列

B402 小品般若經
B403A 大乘理趣六波羅蜜多經
B404A 能斷金剛經了義疏（附心經頌釋）
B408 摩訶般若波羅蜜經（中品般若）（全套三冊）

天台系列

T302 摩訶止觀
T303 無量義經（中摺本）
T304 觀普賢菩薩行法經（中摺本）

部派論典系列

S901A 阿毘達磨法蘊足論
Q704 阿毗達磨俱舍論（全套二冊）
S903 法句經（古譯本）（中摺本）

瑜伽唯識系列

U801 瑜伽師地論（全套四冊）
U802A 大乘阿毗達磨集論
B803 成唯識論
B804A 大乘百法明門論解疏
B805 攝大乘論暨隨錄

憨山大師系列

HA01 楞嚴經通議（全套二冊）

方廣文化出版品目錄〈四〉

密宗系列

M001　菩提道次第略論釋（全套四冊）
M002　勝集密教王五次第論
M003　入中論釋
M004　大乘寶要義論(諸經要集)
M006　菩提道次第略論
M007　寂天菩薩全集
M008　菩提道次第廣論
M010　菩提道次第修法筆記
M011　白度母修法(延壽法門修法講解)
M012 A 中陰–死亡時刻的解脫
M018　菩提道次第廣論集註（卷一～卷十三)
M019　佛教的本質–《佛教哲學與大手印導引》
M020　業的力量–(與死亡的恐懼共處)

能海上師系列

N601 般若波羅蜜多教授現證莊嚴論名句頌解
N602 菩提道次第論科頌講記
N345 戒定慧基本三學
N606 能海上師傳
N607 現證莊嚴論清涼記
N608 菩提道次第心論

論頌系列

L101 四部論頌(釋量論頌 現證莊嚴論頌 入中論頌 俱舍論頌)
L102 中觀論頌（中摺本)
L103 入菩薩行論頌（中摺本)
L104A 彌勒菩薩五部論頌
L105A 龍樹菩薩論頌集
L106 中觀論頌釋
R001 入中論頌（小摺本)

方廣文化出版品目錄〈五〉

南傳佛教系列

SE05 七種覺悟的因素
SE06 南傳大念處經 (中摺本)
SE07 三十七道品導引手冊 (阿羅漢的足跡增訂版)
SE08 內觀基礎 《從身體中了悟解脫的真相》
SE09 緬甸禪坐 《究竟的止觀之道》(增訂版)

其他系列

Q701 單老居士文集
Q702 肇論講義
Q703B 影 塵-倓虛老法師回憶錄
Q705 佛學小辭典 (隨身版)
ZA01 參 禪《虛雲老和尚禪七開示》
ZA02 禪淨雙修《虛雲老和尚開示錄》
Z005《禪宗公案》-李潤生著

廣
方廣文化事業有限公司
http://www.fangoan.com.tw